KORea Special Education Teacher

김남진

- 영역별 마인드맵 수록 • 2009~2024년 기출문제 수록

KORSET 특수교육학 기출분석 3

특수교사임용시험 대비   김남진 편저

이 책의 **머리말**

기출문제를 풀고, 분석하고, 이를 토대로 시험을 준비하는 일련의 과정은 시험을 준비하는 수험생들에게는 가장 기본이면서 필수적인 과정에 해당한다. 그만큼 기출문제 풀이 및 분석의 중요성은 아무리 강조해도 지나침이 없는 것이다. 이에 기출문제 분석집을 개정하는 입장에서는 심적으로 상당한 부담이 될 수밖에 없다. 편저자의 문제 풀이 접근 방식 및 제시하는 모범답안이 수험생들에게 절대적인 영향을 미친다는 것을 너무나 잘 알기에 더욱 그러하다. 그간 본인이 보고, 듣고, 생각했던 모든 것을 원형 그대로 교재에 활자로 담아내고자 욕심을 부려 본 적도 있으나 현실적으로 많은 제약이 있을 수밖에 없음을 체득한 만큼 이번 개정판은 다음과 같은 변화에 초점을 두었다.

첫째, 기출문제를 14개 영역별로 구분한 후, 문제를 연도별(2009~2024년)로 제시하였다. 지난 기출분석집의 경우도 영역별로 제시하였으나, 문제를 전체적으로 인용하는 과정에서 관련없는 영역의 문제가 섞여 제시되기도 하는 아주 소소한 문제가 있었다. 그러나 이번 개정판은 하나의 문제를 구성하더라도 서로 다른 영역인 경우는 문제의 흐름을 깨지 않는 선에서 별개로 분리, 제시함으로써 내용 정리 및 기출 동향 파악을 보다 수월하게 할 수 있도록 하였다.

둘째, 내용을 보다 정확하고 명료하게 전달하는 데 초점을 두었다. 이는 기출문제 분석집이 갖추어야 할 기본에 해당하는 것으로, 정답 혹은 모범답안의 내용을 더 깔끔하게 정리하여 제시함과 동시에 정답 또는 모범답안의 근거를 수험생들이 자주 접하는 각론서를 중심으로 명확히 제시하였다.

셋째, 문제 및 해설과 관련하여 반드시 확인해야 할 내용을 보다 간결하게 정리하여 'Check Point'로 제시하였다. 이를 통해 반복학습을 유도함으로써 학습에서의 효율성 증진을 추구하였다.

넷째, 필요한 경우 '지문 돋보기'를 통하여 제시된 지문의 내용을 보다 구체적으로 분석하였다. 이는 문제와 제시된 내용에 대한 분석이 동시에 가능하게 하였다.

수험서를 써 내려가다 보면 뭔가 이전과는 다른 형식에 남들과는 다른 내용으로 채워 넣어야 할 것만 같은 욕심이 마음 한편에 지속적으로 남아 있던 것이 사실이다. 그러나 교재가 목적으로 삼고 있는 바를 고려하여 현재의 범위와 깊이 내에서 마무리 지었다. 끝으로 이 책이 특수교사 임용시험을 준비하고 있는 수험생들이 한 걸음 더 나아갈 수 있도록, 그래서 모두가 바라는 자랑스러운 대한민국 특수교사의 꿈을 이루는 데 조금이나마 도움이 되었으면 하는 바람이다.

Put on your KORSET, Be a KORSET

2024년 4월

김남진

이 책의 **차례**

김남진
KORSET 특수교육학 기출분석 3

PART **11**

의사소통
장애아교육

Mind Map

Chapter 1 언어와 의사소통의 이해

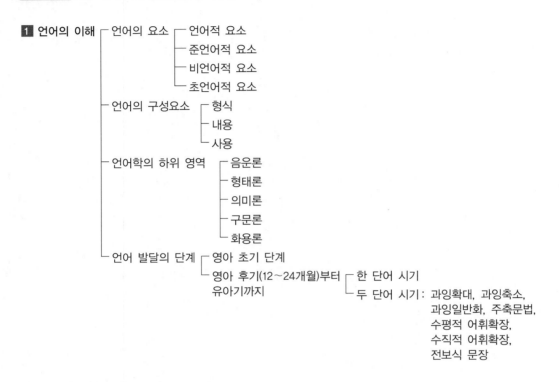

1 언어의 이해
- 언어의 요소
  - 언어적 요소
  - 준언어적 요소
  - 비언어적 요소
  - 초언어적 요소
- 언어의 구성요소
  - 형식
  - 내용
  - 사용
- 언어학의 하위 영역
  - 음운론
  - 형태론
  - 의미론
  - 구문론
  - 화용론
- 언어 발달의 단계
  - 영아 초기 단계
  - 영아 후기(12~24개월)부터 유아기까지
    - 한 단어 시기
    - 두 단어 시기: 과잉확대, 과잉축소, 과잉일반화, 주축문법, 수평적 어휘확장, 수직적 어휘확장, 전보식 문장

2 의사소통의 이해
- 의사소통의 개념
- 의사소통 관련 용어의 구분
  - 말(speech)
  - 언어(language)
  - 의사소통(communication)
- 의사소통 능력의 발달
  - 의사소통 발달 단계
    - 전의도적 단계(언향적)
    - 의도적인 비구어 단계(언표내적)
    - 의도적인 상징적 의사소통 단계(언표적)
  - 언어 전 의사소통 발달 단계(의사소통 행동 발달 단계)
- 대화 능력의 발달
  - 대화 참여 기술의 발달
    - 말차례 주고받기 능력
    - 대화 주제관리 능력
    - 의사소통 실패 해결 능력
  - 참조적 의사소통의 발달
    - 개념
    - 화자의 참조적 의사소통 능력
      - 전제기술
      - 겉속표지와 같은 특정한 방식으로 그 정보를 전달하는 능력
      - 상대방의 반응에 대해 적절한 피드백을 줄 수 있는 능력

3 의사소통장애의 개념 ┬ 장애인 등에 대한 특수교육법 ┬ 정의
  │   └ 진단 · 평가 영역
  └ 미국 언어청각협회(ASHA)

Chapter 2 조음 · 음운장애

1 조음 · 음운장애의 이해 ┬ 조음 · 음운장애의 개념
  └ 조음장애와 음운장애 ┬ 조음장애
    │   ├ 음운장애
    │   └ 조음장애와 음운장애의 비교

2 조음 · 음운장애의 원인 ┬ 기질적 원인 ┬ 구개파열
  │   │   ├ 혀의 구조적 이상
  │   │   ├ 청력의 이상
  │   │   └ 중추 혹은 말초신경계의 이상
  └ 기능적 원인 ┬ 지능
               ├ 청각적 변별능력
               ├ 입 근육의 운동능력
               ├ 잘못된 습관
               └ 문화적 영향

3 조음 · 음운장애의 진단 · 평가 ┬ 검사 종류 ┬ 선별검사와 심화검사
  │   └ 표준화검사와 비표준화검사
  └ 진단에 필요한 평가기준 : 조음정확도와 음소오류, 발달연령,
                          오류 음운변동 발생빈도와 출현율, 자극반응도,
                          오류 자질 분석, 말명료도, 말용인도

4 조음 · 음운의 산출과 오류 유형 ┬ 자음과 모음의 산출 방법
  │   ├ 개별음소의 조음오류 형태 ┬ 생략
  │   │   ├ 대치
  │   │   ├ 왜곡
  │   │   └ 첨가
  └ 음운 과정의 오류 형태 ┬ 생략 및 첨가 음운변동
                         └ 대치 음운변동 : 조음 위치, 조음 방법, 동화,
                                          긴장도, 기식도

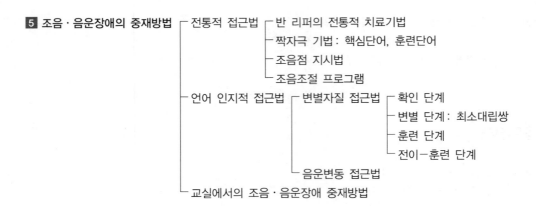

5 조음 · 음운장애의 중재방법 ─ 전통적 접근법 ─ 반 리퍼의 전통적 치료기법
                                                        ├ 짝자극 기법 : 핵심단어, 훈련단어
                                                        ├ 조음점 지시법
                                                        └ 조음조절 프로그램
                              ├ 언어 인지적 접근법 ─ 변별자질 접근법 ─ 확인 단계
                                                                    ├ 변별 단계 : 최소대립쌍
                                                                    ├ 훈련 단계
                                                                    └ 전이─훈련 단계
                                              └ 음운변동 접근법
                              └ 교실에서의 조음 · 음운장애 중재방법

Chapter 3 유창성 장애

1 유창성 장애의 이해 ─ 유창성 장애의 개념
                    └ 유창성 장애의 유형 ─ 말더듬
                                        └ 말빠름증

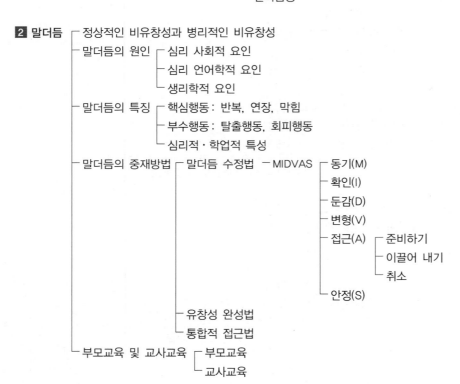

2 말더듬 ─ 정상적인 비유창성과 병리적인 비유창성
        ├ 말더듬의 원인 ─ 심리 사회적 요인
                        ├ 심리 언어학적 요인
                        └ 생리학적 요인
        ├ 말더듬의 특징 ─ 핵심행동 : 반복, 연장, 막힘
                        ├ 부수행동 : 탈출행동, 회피행동
                        └ 심리적 · 학업적 특성
        ├ 말더듬의 중재방법 ─ 말더듬 수정법 ─ MIDVAS ─ 동기(M)
                                                    ├ 확인(I)
                                                    ├ 둔감(D)
                                                    ├ 변형(V)
                                                    ├ 접근(A) ─ 준비하기
                                                              ├ 이끌어 내기
                                                              └ 취소
                                                    └ 안정(S)
                            ├ 유창성 완성법
                            └ 통합적 접근법
        └ 부모교육 및 교사교육 ─ 부모교육
                              └ 교사교육

3 말빠름증 ─ 말빠름증의 원인
            ├ 말빠름증의 특징
            └ 말빠름증의 중재방법

Chapter 4 음성장애

1 음성장애의 이해 ┬ 음성장애의 개념
             └ 음성장애의 원인별 유형 ┬ 기능적 음성장애
                                       ├ 기질적 음성장애
                                       └ 신경학적 음성장애

2 음성장애의 원인 ┬ 기능적 음성장애의 원인 : 성대 비대증, 성대 결절, 성대 폴립, 변성기 음성장애,
                                                  기능적 발성장애, 근긴장성 발성장애, 기능적 무성증
               ├ 기질적 음성장애의 원인 : 성대 유두종, 접촉성 궤양, 후두횡격막, 라인케 부종,
                                                  후두염, 성대 휘어짐, 후두외상, 성대 고랑
               └ 신경학적 음성장애의 원인 : 연축성 발성장애, 성대마비, 파킨슨병, 근무력증, 후두암

3 음성장애의 예방 ┬ 가정에서의 예방
               └ 학교에서의 예방

4 음성장애의 중재방법 ┬ 의학적 처치와 행동적 음성치료
                     ├ 행동적 음성치료 ┬ 직접 치료 : 하품-한숨 기법, 부드러운 시작, 저작하기,
                                              노래조로 말하기 기법
                                       └ 간접 치료 : 음성 위생 프로그램, 수분 섭취, 음성 휴식
               └ 원인별 음성장애의 치료 ┬ 성대 남용 및 오용으로 인한 음성장애의 치료방법
                                       ├ 심리적 이상으로 인한 음성장애의 치료방법
                                       └ 신경 손상으로 인한 음성장애의 치료방법

5 공명장애 ┬ 공명장애의 개념
          └ 공명장애의 유형

Chapter 5 말운동장애

1 말운동장애의 이해 ┬ 말운동장애의 개념
                  └ 말운동장애의 종류

2 말실행증 ┬ 말실행증의 개념
          ├ 말실행증의 특성
          └ 말실행증의 중재방법

3 마비말장애 ┬ 마비말장애의 개념
           ├ 마비말장애의 유형 및 특성
           └ 마비말장애의 중재방법 ┬ 화자 중심적 치료
                                   └ 의사소통 중심적 치료

Chapter 6 **단순언어장애**

1 단순언어장애의 개념

2 단순언어장애의 진단 기준 ─진단 기준 : 언어, 지능, 청력, 신경학적, 구강, 사회성

3 단순언어장애의 언어적 특성 ┬ 음운론적 영역
        ├ 의미론적 영역
        ├ 형태론 및 구문론적 영역
        └ 화용론적 영역

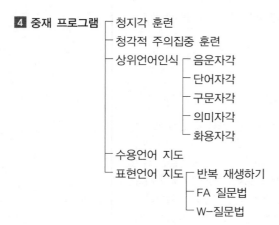

4 중재 프로그램 ┬ 청지각 훈련
     ├ 청각적 주의집중 훈련
     ├ 상위언어인식 ┬ 음운자각
     │   ├ 단어자각
     │   ├ 구문자각
     │   ├ 의미자각
     │   └ 화용자각
     ├ 수용언어 지도
     └ 표현언어 지도 ┬ 반복 재생하기
             ├ FA 질문법
             └ W-질문법

Chapter 7 **실어증**

1 실어증의 이해 ┬ 실어증의 개념
        └ 실어증의 원인

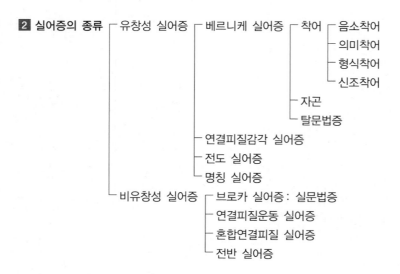

2 실어증의 종류 ┬ 유창성 실어증 ┬ 베르니케 실어증 ┬ 착어 ┬ 음소착어
        │   │   ├ 의미착어
        │   │   ├ 형식착어
        │   │   └ 신조착어
        │   ├ 자곤
        │   └ 탈문법증
        │   ├ 연결피질감각 실어증
        │   ├ 전도 실어증
        │   └ 명칭 실어증
        └ 비유창성 실어증 ┬ 브로카 실어증 : 실문법증
                  ├ 연결피질운동 실어증
                  ├ 혼합연결피질 실어증
                  └ 전반 실어증

3 실어증의 중재방법

Chapter 8 **자발화 평가**

1 자발화 평가의 이해 ┬ 자발화 평가의 개념
　　　　　　　　　　└ 자발화 평가 및 분석 절차 ┬ 자발화 표본의 수집
　　　　　　　　　　　　　　　　　　　　　　├ 자발화 표본의 전사
　　　　　　　　　　　　　　　　　　　　　　└ 자발화 표본의 분석 ┬ 의미론적 측면
　　　　　　　　　　　　　　　　　　　　　　　　　　　　　　　├ 구문론적 측면
　　　　　　　　　　　　　　　　　　　　　　　　　　　　　　　└ 화용론적 측면

2 의미론적 분석 ┬ 개별 의미유형 분석 ┬ 체언부
　　　　　　　　│　　　　　　　　　　├ 용언부
　　　　　　　　│　　　　　　　　　　├ 수식부
　　　　　　　　│　　　　　　　　　　├ 대화요소
　　　　　　　　│　　　　　　　　　　└ 개별 의미유형 및 의미관계 보고 방법
　　　　　　　　├ 구나 절 간의 의미관계 분석 ┬ 복문 구별 요령
　　　　　　　　│　　　　　　　　　　　　　　├ 구나 절 간의 의미관계 분석 방법
　　　　　　　　│　　　　　　　　　　　　　　└ 구나 절 간의 의미관계 보고 방법
　　　　　　　　└ 어휘다양도 ┬ 개념 : 아동이 사용한 다른 낱말의 수 / 아동이 사용한 전체 낱말의 수
　　　　　　　　　　　　　　　└ 분석 방법

3 구문론적 분석 ┬ 평균발화길이 ┬ 개념
　　　　　　　　│　　　　　　　└ 종류 ┬ 형태소에 의한 발화길이 산출 방법
　　　　　　　　│　　　　　　　　　　├ 낱말에 의한 발화길이 산출 방법
　　　　　　　　│　　　　　　　　　　└ 어절에 의한 발화길이 산출 방법
　　　　　　　　└ 문법 형태소 및 구문유형의 분석 ┬ 문법 형태소 분석
　　　　　　　　　　　　　　　　　　　　　　　　　└ 구문유형 분석

4 화용론적 분석 ┬ 문장의 자율성 분석 ┬ 자발적 문장
　　　　　　　　├　　　　　　　　　　└ 모방
　　　　　　　　├ 문장의 적절성 분석
　　　　　　　　└ 언어기능의 다양성 분석 ┬ 초기 구어기능 분석 : 명명, 반복, 대답, 행동 요구, 대답 요구, 부르기, 인사,
　　　　　　　　　　　　　　　　　　　　│　　　　　　　　　　　　　　　　　저항, 연습
　　　　　　　　　　　　　　　　　　　　└ 대화기능 분석

Chapter 9 **언어중재방법**

1 문자언어 지도 방법 ┬ 발음 중심 교수법
├ 총체적 언어 접근법
├ 균형적 언어 접근법
└ 언어경험 접근법

2 교사의 발화 전략 ┬ 발화유도 전략에 대한 이해 ┬ 개념
│ └ 종류 ┬ 혼잣말기법
│ ├ 평행적 발화기법
│ ├ FA 질문법
│ └ 대치요청
└ 발화 후 언어자극 전략 ┬ 확장
├ 확대
├ 문장의 재구성
└ 교정적 피드백 ┬ 명시적 오류 수정
├ 고쳐 말하기
├ 상위언어적 교정
├ 명료화 요구
├ 이끌어 내기
└ 반복하기

3 스크립트 일과법 ┬ 스크립트에 대한 이해 ┬ 개념
│ └ 활용 절차
└ 언어치료를 위한 스크립트 일과법 적용 방법

4 낱말찾기 훈련 ┬ 낱말찾기 장애의 개념
└ 낱말찾기 훈련 시 유의사항 ┬ 훈련목표낱말의 선정
├ 언어중재 상황
└ 활동 ┬ 의미적 단서
├ 구문적 단서
└ 음향-음소적 단서

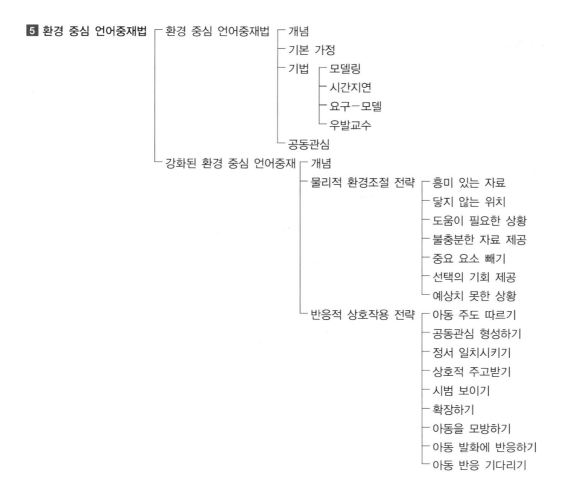

5 환경 중심 언어중재법 ┬ 환경 중심 언어중재법 ┬ 개념
　　　　　　　　　　　　　　　　　├ 기본 가정
　　　　　　　　　　　　　　　　　├ 기법 ┬ 모델링
　　　　　　　　　　　　　　　　　│　　 ├ 시간지연
　　　　　　　　　　　　　　　　　│　　 ├ 요구－모델
　　　　　　　　　　　　　　　　　│　　 └ 우발교수
　　　　　　　　　　　　　　　　　└ 공동관심
　　　　　　　　　└ 강화된 환경 중심 언어중재 ┬ 개념
　　　　　　　　　　　　　　　　　　　　 ├ 물리적 환경조절 전략 ┬ 흥미 있는 자료
　　　　　　　　　　　　　　　　　　　　 │　　　　　　　　　 ├ 닿지 않는 위치
　　　　　　　　　　　　　　　　　　　　 │　　　　　　　　　 ├ 도움이 필요한 상황
　　　　　　　　　　　　　　　　　　　　 │　　　　　　　　　 ├ 불충분한 자료 제공
　　　　　　　　　　　　　　　　　　　　 │　　　　　　　　　 ├ 중요 요소 빼기
　　　　　　　　　　　　　　　　　　　　 │　　　　　　　　　 ├ 선택의 기회 제공
　　　　　　　　　　　　　　　　　　　　 │　　　　　　　　　 └ 예상치 못한 상황
　　　　　　　　　　　　　　　　　　　　 └ 반응적 상호작용 전략 ┬ 아동 주도 따르기
　　　　　　　　　　　　　　　　　　　　　　　　　　　　 ├ 공동관심 형성하기
　　　　　　　　　　　　　　　　　　　　　　　　　　　　 ├ 정서 일치시키기
　　　　　　　　　　　　　　　　　　　　　　　　　　　　 ├ 상호적 주고받기
　　　　　　　　　　　　　　　　　　　　　　　　　　　　 ├ 시범 보이기
　　　　　　　　　　　　　　　　　　　　　　　　　　　　 ├ 확장하기
　　　　　　　　　　　　　　　　　　　　　　　　　　　　 ├ 아동을 모방하기
　　　　　　　　　　　　　　　　　　　　　　　　　　　　 ├ 아동 발화에 반응하기
　　　　　　　　　　　　　　　　　　　　　　　　　　　　 └ 아동 반응 기다리기

기출문제 다잡기

정답 및 해설 p.4

01
2009 유아1-12

다음은 소라의 의사소통장애와 관련된 진단평가 결과이다. 소라가 가진 문제와 가장 관련이 깊은 것은?

진단평가 결과

유소라(7세)

○ 이비인후과적 검사
- 평균청력손실 15 dB
- 중이염 없음
- 구강구조 정상

○ 신경학적 검사
- MRI 검사(뇌손상): 정상
- 뇌파 검사(간질): 정상

○ 언어심리학적 검사
- K-WISC-Ⅲ: 언어성 지능(IQ) 75, 동작성 지능(IQ) 102
- 언어학습능력진단검사(ITPA): 5세

○ 기타
- 정서, 사회성 발달에 심각한 문제없음
- 감각에 심각한 문제없음

---

① 구개파열
② 운동말장애
③ 마비말장애
④ 단순언어장애
⑤ 신경언어장애

02
2009 유아1-30

〈보기〉는 환경중심 언어중재(환경 교수법)의 하나인 아동중심 시범 절차를 사용하여 윤희에게 '상황에 적절한 말로 요구하기'를 지도한 과정의 예시이다. 지도과정에서 바르지 <u>않은</u> 것은?

〈보기〉

ㄱ. 윤희가 좋아하는 비눗방울 놀이 활동에서 용기에 비눗물을 조금만 채워 주었다.

ㄴ. 비눗물을 다 쓴 윤희는 교사가 들고 있는 비눗물 용기를 쳐다보았다. 교사는 즉시 윤희 앞에 앉으며 눈높이를 맞추었다.

ㄷ. 윤희가 "더, 더!" 하자, 교사는 "윤희야, '더, 더' 하지 말고 '더 주세요.' 해 봐."라고 하였다.

ㄹ. 윤희가 모방하지 않자, 교사는 구어적 시범을 제공하였다.

ㅁ. 윤희가 "더 주세요." 하자 교사는 활짝 웃으며 "비눗물 더 주세요."라고 하면서 비눗물을 주었다.

---

① ㄱ   ② ㄴ
③ ㄷ   ④ ㄹ
⑤ ㅁ

03

김 교사는 발달지체 유아인 영지의 표현언어 수준을 평가하려고 자발화 표본을 수집하였다. 김 교사가 자발화 표본 수집에 사용한 방법으로 적절한 것을 〈보기〉에서 고른 것은?

─〈보기〉──
ㄱ. 총 발화수를 총 낱말수로 나누어 평균 발화 길이를 구하였다.
ㄴ. 발화 자료를 사용하여 영지의 의미 발달과 구문 발달, 화용론에서의 발달을 분석하였다.
ㄷ. 어머니와의 대화, 친구나 형제와의 대화와 같은 다양한 대화 상대자들과의 발화 자료를 수집하였다.
ㄹ. 영지의 발화와 대화 상대자의 말이나 행동, 의사소통 시의 상황 등을 기입한 후, 영지와 상대자의 문장에 순서대로 문장 번호를 붙였다.

① ㄱ, ㄴ   ② ㄱ, ㄷ
③ ㄴ, ㄷ   ④ ㄴ, ㄹ
⑤ ㄷ, ㄹ

04

어머니가 이주여성인 다문화가정의 선호는 만 5세로서 유치원 통합학급에 재원 중이다. 다음은 선호에 대한 정보이다.

• 선호는 언어발달이 지체되어 있고, 발음이 부정확하다.
• 선호는 할머니, 아버지, 이주여성인 어머니와 함께 살고 있다.
• 선호의 주 양육자인 어머니는 한국으로 이주해온 지 7년째이며 한국말 사용에 많은 어려움을 겪고 있다.
• 김 교사는 선호와 어머니의 대화를 들어보고 선호의 발음문제가 어머니의 부정확한 한국어 발음에서 비롯된 것임을 알았다.
• 선호는 말을 할 때마다 또래로부터 놀림을 당하기 때문에 다른 사람 앞에서 말하기를 싫어한다.

담임인 김 교사는 총체적 언어접근을 적용하여 선호에게 말하기를 지도하려고 한다. 총체적 언어접근의 5가지 원리를 진술하고, 선호 사례의 경우 각 원리가 어떻게 적용될 수 있는지 구체적으로 논하시오(500자).

05

다음은 장 교사가 2008년 개정 특수학교 기본교육과정 국어과에 기초하여 낱말읽기를 지도하는 과정의 일부분이다. 장 교사가 사용한 교수법과 관련이 <u>없는</u> 것은?

> 장 교사 : 오늘은 지난 시간에 배운 자음과 모음을 결합시켜 글자를 만들어 보아요.
> (노란색 'ㄴ' 카드와 빨간색 'ㅏ' 카드를 들고)
> 'ㄴ'과 'ㅏ'를 합치면 어떻게 읽을까요?
> 학　생 : '나'요.
> 장 교사 : 잘했어요.
> (노란색 'ㅁ' 카드와 빨간색 'ㅜ' 카드를 들고)
> 자, 이번에는 'ㅁ'과 'ㅜ'를 합치면 어떻게 읽을까요?
> 학　생 : '무'요.

① 구조화된 교수자료를 사용한다.
② 음소의 분석 및 결합 기능을 가르친다.
③ 문자해독과 관련된 개별 기능을 가르친다.
④ 상향식 접근을 적용하여 문자를 습득시킨다.
⑤ 의미중심 접근을 통해 문자해독 기능을 습득시킨다.

06

'자연적 언어중재'에 대하여 설명하고 있는 내용을 〈보기〉에서 모두 고른 것은?

─〈보기〉─
> ㄱ. 학생이 좋아하는 주제나 활동을 사용한다.
> ㄴ. 학생이 자주 만나는 사람들을 중재자로 포함한다.
> ㄷ. 사회적 상호작용이 일어나기 쉬운 중재환경을 조성한다.
> ㄹ. 학생의 언어행동을 구체적으로 조절하는 중재자 중심의 조작적 모델이다.
> ㅁ. 자연적 언어중재의 목적은 일상생활 속에서 사회적 의사소통을 향상시키는 것이다.
> ㅂ. 최근에는 컴퓨터 프로그램을 사용하여 특정한 언어기술을 집중적으로 지도하고 스스로 배우도록 한다.

① ㄷ, ㅁ　　　　　　② ㄱ, ㄴ, ㅁ
③ ㄱ, ㄴ, ㄷ, ㅁ　　④ ㄷ, ㄹ, ㅁ, ㅂ
⑤ ㄱ, ㄴ, ㄷ, ㄹ, ㅂ

07

다음은 그림의 각 기관들이 말소리 산출에 작용하는 일부 과정을 기술한 것이다. 글을 읽고 이 과정에 관한 〈보기〉의 내용 중 바른 것을 고른 것은?

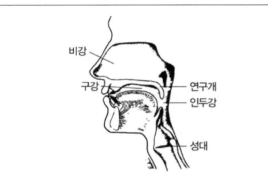

성대의 진동을 지난 공기가 인두강의 윗부분에 도달하면 구강으로 나가는 길과 비강으로 들어가는 두 갈래 길이 있다. 연구개 근육이 위로 올라가 인두벽에 닿으면 비강문이 닫히고 공기는 입으로 나가게 된다. 반면, 공기가 입으로 나가는 길을 막고 연구개를 아래로 내려 비강문을 열면 공기는 비강으로 나가게 된다.

〈보기〉
ㄱ. 구강음과 비강음의 형성과정
ㄴ. 성문 아래 공기 압력의 형성과정
ㄷ. 성대를 지나면서 조절된 소리의 공명과정
ㄹ. 횡격막의 하강으로 인한 에너지원의 공급과정

① ㄱ, ㄴ
② ㄱ, ㄷ
③ ㄴ, ㄷ
④ ㄴ, ㄹ
⑤ ㄷ, ㄹ

08

〈보기〉는 발달지체 유아 숙희의 의사소통 능력을 향상시키기 위해 김 교사가 활용한 다양한 언어활동이다. 〈보기〉에서 '총체적 언어교수법'에 근거한 활동을 모두 고른 것은?

〈보기〉
ㄱ. 좋아하는 노래를 반복해서 들려주고 부르도록 하였다.
ㄴ. 낱말카드를 주고 '다'로 시작하는 단어를 찾도록 하였다.
ㄷ. 팜플릿, 광고지 등을 이용하여 간단한 단어를 읽도록 하였다.
ㄹ. 녹음 동화를 듣고 생각나는 단어의 음운을 결합하도록 하였다.
ㅁ. 또래가 읽어주는 간단한 이야기를 듣고 지시에 따라 그림 문장을 완성하도록 하였다.

① ㄱ, ㄴ
② ㄴ, ㄷ
③ ㄱ, ㄷ, ㅁ
④ ㄴ, ㄹ, ㅁ
⑤ ㄷ, ㄹ, ㅁ

09

민희는 수줍음이 많고 언어발달이 늦어 자신의 요구를 잘 표현하지 못한다. 박 교사는 다양한 중재전략을 통해 민희의 요구행동을 촉진하려고 한다. 〈보기〉에 제시한 사례별 중재 전략이 바르게 연결된 것은?

〈보기〉

ㄱ. 미술 활동 중에 민희가 요구행동을 할 상황을 만들고 기대하는 표정으로 바라보며 일정시간 기다린다. 민희가 "풀"하고 요구하면 풀을 준다. 오반응이나 무반응을 보이면 시범을 보인다.

ㄴ. 자유놀이 시간에 소꿉놀이 영역에서 민희가 모자를 가리키며 "모자"라고 말하면 교사는 "모자?"라고 말하여 민희의 의사를 확인한 후 민희의 말을 "모자 주세요."로 반복하여 말해준다.

ㄷ. 간식시간에 마실 것을 선택해야 하는 민희에게 "뭘 마시고 싶니?"라고 한 후 "주스"라고 말하면 "주스가 마시고 싶구나, 여기 주스 줄게."라고 말하고 주스를 준다. 민희가 오반응이나 무반응을 보이면 시범을 보인다.

ㄹ. 이야기 나누기 시간에 융천으로 만든 물고기를 들고 바라보는 민희에게 교사는 "물고기"라고 시범을 보인 후 민희가 모방하면 "그래 이건 물고기야, 물고기 여기에 붙이렴."이라고 말한다. 오반응이나 무반응을 보이면 다시 "물고기"라고 말한다.

	ㄱ	ㄴ	ㄷ	ㄹ
①	시간지연	확장하기	요구-모델	시범
②	시간지연	시범	확장하기	요구-모델
③	시범	확장하기	요구-모델	시간지연
④	요구-모델	시간지연	확장하기	시범
⑤	확장하기	시간지연	시범	요구-모델

10

다음은 황 교사가 지체장애 학생 은희에게 2008년 개정 특수학교 국민공통기본교육과정 영어과를 지도하는 과정을 기술한 것이다. (가)와 (나)에서 황 교사가 적용한 환경교수(환경중심 언어중재) 방법으로 가장 적절한 것은?

(가)

황 교사 : (연필을 보여주며) 어제 은희가 배웠는데 이것을 영어로 뭐라고 하지?

은　 희 : (모른다는 표정을 지으며 대답을 하지 않는다.)

황 교사 : pencil이지? pencil이라고 말해봐.

은　 희 : pencil.

황 교사 : 잘 했어요.

(나)

은　 희 : (연필 옆에 교사가 교수환경을 구조화하기 위해 놓아둔 지우개에 관심을 보이며 지우개를 쳐다본 후 교사의 눈을 응시한다.) 지우개.

황 교사 : (지우개를 영어로 뭐라고 하는지 알고 싶다는 은희의 요구를 이해하고 웃으며) 지우개는 영어로 eraser라고 해.

	(가)	(나)
①	반응요구후 모델링	우발(우연)교수
②	우발(우연)교수	시간지연
③	반응요구후 모델링	시간지연
④	시간지연	반응요구후 모델링
⑤	시간지연	우발(우연)교수

11

다음은 특수교사가 일반교사에게 학생의 표현언어능력 평가 결과를 설명한 것이다. ㉠~㉣에서 옳은 것을 고른 것은?

특수교사: 학생 A의 자발화를 분석한 결과입니다. ㉠ 어휘 다양도 수준을 고려하면 형태론 발달은 문제가 없다고 봅니다. 일반교사: 그럼 화용론 발달 수준은 어떤가요? 특수교사: ㉡ 평균 발화 길이를 평가한 결과, 화용론 발달에는 별 문제가 없습니다. 일반교사: 다른 언어 능력의 특성은 어떤가요? 특수교사: ㉢ 조사나 연결어미의 발달을 확인한 결과 구문론 발달에는 문제가 없는 것 같은데, ㉣ 다른 낱말의 수(number of different words ; NDW)를 살펴보니 의미론 발달에 문제가 좀 있는 것 같습니다. 그래도 A의 말은 알아 듣기 쉽죠? 일반교사: 맞아요. 아주 정확하게 말해요.

① ㉠, ㉡   ② ㉠, ㉣
③ ㉡, ㉢   ④ ㉡, ㉣
⑤ ㉢, ㉣

12

「장애인 등에 대한 특수교육법 시행령」의 의사소통장애를 지닌 특수교육대상자 선정 기준 중 '언어의 수용 및 표현능력이 인지능력에 비하여 현저하게 부족하여 특별한 교육적 조치가 필요한' 학생의 언어적 특성과 가장 거리가 먼 것은?

① 조음 발달의 어려움을 동반하는 경우가 많다.
② 문법 형태소 습득과 사용에 특별히 어려움을 겪는다.
③ 대화할 때 사용할 적절한 낱말을 찾는 데 어려움을 겪는다.
④ 대화할 때 낱말의 반복, 회피, 막힘과 같은 발화 특성이 나타난다.
⑤ 동사의 과거형과 같은 활용형의 습득과 사용에 곤란을 겪는다.

13

다음은 특수교사가 일반교사에게 학생 A를 지도할 때 사용할 수 있는 지도 방법을 제시한 것이다. 밑줄 친 부분에 해당하는 지도 방법으로 옳은 것은?

> 일반교사 : 선생님, 우리 반의 학생 A는 말을 빨리 하려고 하다 보니, "서, 서, 서, 서---선생님 지, 지, 지--집에 가도 되지요?"라며 낱말 일부를 반복해요. 말이 빨리 나오지 않으니까 말하려고 안간힘을 쓰다가 갑자기 고개가 뒤로 젖혀지기도 해요. 그래서 보고 있자니 답답하고 애가 타요. 어떻게 지도해야 할까요?
>
> 특수교사 : 먼저 A에게 말을 잘 하는 사람도 때때로 말을 더듬을 수 있다고 말해 주고, A가 자신의 비유창성을 수용하고 부정적인 감정과 태도를 갖지 않도록 격려해 주세요.
>
> 일반교사 : 그 외에 도움을 줄 수 있는 방법이 있나요?
>
> 특수교사 : 네, 선생님께서 지도할 수 있는 방법이 있어요. A에게 말을 더듬을 것으로 예상하는 낱말을 천천히 쉽게 시작하고 조절하도록 지도해 보세요. 특히 쉽게 천천히 말을 시작하면 갑자기 고개가 뒤로 젖혀지는 행동도 줄어들 거라고 말해 주세요. 그러면 선생님도 좀 더 편안한 마음으로 A와 대화할 수 있을 거예요.

① 둔감화
② 이완치료 접근법
③ 이끌어내기(pull-out)
④ 취소기법(cancellations)
⑤ 준비하기(preparation set)

14

다음은 김 교사가 만 3세 발달지체 유아 준호에게 2008년 개정 특수학교 기본교육과정 국어과 내용인 '간단한 낱말로 자기의 생각 말하기'를 지도하기 위해 사용한 교수 방법이다. 김 교사가 사용한 교수 방법을 바르게 설명한 것을 〈보기〉에서 모두 고른 것은?

> ㉠ 김 교사는 준호 옆에서 블록을 만지면서 혼잣말로 "나는 블록을 만져. 블록, 나는 블록을 만져."라고 말하였다.
> ㉡ 준호가 장난감 자동차를 가리키며 "자동차."라고 말하면 김 교사는 준호의 의도를 알고 "자동차 줘."라고 말해 주었다.
> ㉢ 준호가 장난감 자동차를 갖고 놀면 김 교사는 "자동차 운전하네. 자동차, 준호는 자동차 운전하네."라고 말해 주었다.

〈보기〉
ㄱ. ㉠은 '혼잣말하기'로, 김 교사는 자신이 무엇을 하고 있는지 말하여 주어 준호가 즉시 따라하게 하였다.
ㄴ. ㉡은 '확장하기'로, 김 교사는 준호가 의사소통하려는 내용을 이해하여 준호의 현재 수준보다 조금 더 복잡한 언어로 말해 주었다.
ㄷ. ㉢은 '상황설명하기(평행말)'로, 김 교사는 준호의 행동을 말로 표현해 줌으로써 준호가 자신의 행동을 나타낸 말을 들을 수 있게 하였다.
ㄹ. 김 교사가 사용한 ㉠~㉢의 교수 방법은 자연적 교수 방법의 하나인 '반응적 상호작용'으로 이 방법은 유아와 성인 간의 균형 있는 의사소통에 효과적이다.

① ㄱ, ㄷ　　　　　　　② ㄱ, ㄹ
③ ㄴ, ㄹ　　　　　　　④ ㄱ, ㄴ, ㄷ
⑤ ㄴ, ㄷ, ㄹ

15

다음은 만 6세 된 의사소통장애 아동 지우의 언어적 특성이다. <보기>에서 지우에 대한 판단 또는 지도 방법으로 적절한 내용을 고르면?

- 어휘 발달이 느리다.
- 적절하거나 다양한 낱말을 이해 또는 표현하는 데 제한이 있다.
- 반향어 형태의 구어를 사용하기도 한다.
- 첫 낱말 출현시기가 일반아동들에 비해 늦었다.
- 일반아동보다 정교함이 떨어지는 문장을 사용한다.
- 대화에서 주제나 맥락과 관련이 적은 문장을 사용한다.

─〈보기〉─
ㄱ. 지우가 보이는 의사소통 문제는 자폐성장애 아동에게서 나타날 수 있다.
ㄴ. 지우의 장애는 언어발달에만 문제를 보이는 유형이다.
ㄷ. 지우에게는 발음을 중점적으로 지도해야 한다.
ㄹ. 지우에게 위치나 동작을 나타내는 낱말의 의미를 가르칠 때에는 직접 시범을 보이며 지도해야 한다.
ㅁ. 지우에 대한 평가는 음운론, 구문론, 의미론, 화용론 영역에서 측정 가능한 객관적 검사와 임상적 관찰 등이 병행되어야 한다.

① ㄱ, ㄴ, ㄷ   ② ㄱ, ㄷ, ㄹ
③ ㄱ, ㄹ, ㅁ   ④ ㄴ, ㄷ, ㅁ
⑤ ㄷ, ㄹ, ㅁ

16

초등학교 2학년 통합학급을 담당하는 김 교사가 (가)와 같은 국어과 수업을 한 후, 경호의 어려움에 대해 특수교사에게 (나)와 같이 조언을 요청하였다. 특수교사가 조언한 내용으로 적절한 것을 <보기>에서 모두 고른 것은?

(가) 김 교사의 국어 수업

단원	마음을 담아서
학습 목표	칭찬하는 말을 주고받으면 어떤 점이 좋은지 안다.
학습 활동	그림을 보고 칭찬하는 말을 들은 경험을 이야기하기
수업 자료 (그림카드)	

(나) 김 교사가 조언을 요청한 내용

> 우리 반 경호라는 학생 때문에 고민이 되어서 선생님께 여쭤보려고 해요. 어제 국어 시간에 '칭찬하는 말 주고받기' 수업을 하는데, 경호가 '음식'은 /음식/으로, '석현이'는 /억현이/로, 또 '심부름'이나 '인사'는 /임부음/과 /인다/라고 발음하더군요.
> 경호가 말하는 것을 듣고 깔깔대고 웃는 아이들도 있어서 경호는 울려고 했어요. 그래서 아이들에게 놀리지 말라고 했는데요, 요즘에는 친구들과 거의 말하려고 하지 않아요. 평소에 경호가 저한테도 너무 작고 짧게 응답만 하는 것 같아서 수업시간에 일부러 발표도 많이 시키려고 하거든요.
> 경호 어머니께서 지난 겨울방학 때 경호가 설소대 수술을 했다고 하셨어요. 경호를 위해서 제가 어떻게 해야 할까요?

─〈보기〉─
ㄱ. 경호의 좌석은 수업에 적극적이고 상호작용이 활발한 급우들 사이에 배치하라고 권한다.
ㄴ. 경호의 언어적 어려움을 고려해서 '인사', '음식' 등 /ㅅ/이 들어간 낱말을 이용하여 짧은 글짓기 수업을 해 보라고 권한다.
ㄷ. 현재 언어치료 지원 서비스가 진행되고 있는지 알아보게 하고 발음 오류에 대한 진단 및 처치에 직접 개입하라고 권한다.
ㄹ. 언어치료가 진행되고 있다면 훈련된 낱말 중심으로 다양한 상황에서 일반화가 일어날 수 있도록 국어시간에 적극 활용하라고 권한다.
ㅁ. 경호의 어휘력이 풍부해지고, 발음 능력이 향상되도록 첫 낱말이 /ㅅ/로 시작되는 '끝말잇기' 같은 말놀이를 말하기 수업시간에 적용해 보라고 권한다.

① ㄱ, ㄷ   ② ㄴ, ㄹ
③ ㄹ, ㅁ   ④ ㄱ, ㄹ, ㅁ
⑤ ㄴ, ㄷ, ㅁ

17

다음은 김 교사가 학생 A의 음성 산출 행동을 관찰하여 정리한 것이다. 김 교사가 학생 A를 위하여 교실 내에서 적용할 수 있는 음성 관리 방법에 대한 설명으로 가장 적절한 것은?

- 쉬는 시간에 자주 큰 소리로 노래를 부른다.
- 수업 시간에 습관적으로 과도한 기침이나 헛기침을 한다.
- 운동 경기를 보며 지나치게 큰 소리로 응원하는 경우가 많다.
- 수업 시간에 다른 학생들에 비해 지나치게 큰 소리로 말하여 자주 목쉰 소리가 난다.

① 책상을 손바닥으로 강하게 밀면서 음을 시작하게 한다.
② 숨을 들이마시면서 목에 긴장을 주며 음을 시작하게 한다.
③ 목청을 가다듬으며 내는 소리를 길게 늘여 음을 시작하게 한다.
④ 말을 적게 하게 하고, 빠르게 숨을 쉬며 힘주어 음을 시작하게 한다.
⑤ 하품이나 한숨을 쉬는 것처럼 부드럽게 속삭이듯이 음을 시작하게 한다.

18

다음은 특수학교에 재학 중인 중학생 A와 B가 쉬는 시간에 나눈 대화이다. 대화 내용을 분석한 것으로 옳은 것을 〈보기〉에서 고른 것은?

학생 A: 나는 책이 이렇게 많아.
학생 B: ㉠엄마가 빨리 온대.
학생 A: 나랑 같이 볼래?
학생 B: ㉡(책을 쳐다본다.)
학생 A: 나하고 책 같이 보자.
학생 B: (고개를 가로저으며) 나하고 책 같이 보자.
학생 A: 여기서 무슨 책 볼거야?
학생 B: ㉢응.
학생 A: 네가 그러면 너랑 안 본다!
학생 B: 응. 같이 본다.

〈보기〉
ㄱ. ㉠의 의미관계는 '행위자-용언수식-행위'이다.
ㄴ. ㉡은 행동에 해당하므로 화용론적 능력을 분석하는 데 포함하지 않는다.
ㄷ. ㉢은 화용론적 분석의 대화 기능에서 '반응하기'에 해당한다.
ㄹ. 학생 A의 발화 중 최장형태소 길이는 10.0이다.
ㅁ. 학생 A의 모든 발화에서 어휘다양도(TTR)는 .50이다.

① ㄱ, ㄴ, ㄷ   ② ㄱ, ㄴ, ㅁ
③ ㄱ, ㄷ, ㄹ   ④ ㄴ, ㄹ, ㅁ
⑤ ㄷ, ㄹ, ㅁ

19

다음은 언어장애 학생 A가 미술 시간에 특수교사와 나눈 대화이다. 특수교사가 학생 A의 언어 문제를 해결하기 위하여 제시할 수 있는 언어적 단서와 그에 따른 교수 활동이 바르게 연결된 것을 (가)~(라)에서 고른 것은?

학 생 A :	(그림 오려 붙이기 활동 중 색종이를 들고 교사에게 다가와) 선생님!
	(손가락으로 가위 모양을 만들어 자르는 흉내를 내며) 이렇게 이렇게 하는 거 있잖아요. 그거 주세요. (머뭇거리다가) 어-어- 자르는 건데……
특수교사 :	무엇이 필요한데요?
학 생 A :	어-어- 동그란 손잡이가 있고 쇠로 만들었고, (손가락으로 가위 모양을 만들어 자르는 흉내를 내며) 자르는 거요. 그거, 음- 그거요.

	단서	교수 활동
(가)	의미적 단서	"이건 문구의 종류인데요."라고 학생 A에게 말하기
(나)	구문적 단서	학생 A 앞에서 '가위'의 음절수만큼 손으로 책상 두드리기
(다)	형태적 단서	(손동작으로 '가위 바위 보'를 하며) "○○, 바위, 보"라고 말하기
(라)	음소적 단서	학생 A의 손바닥에 'ㄱ'을 적어 주며 "선생님이 쓴 글자로 시작합니다."라고 말하기

① (가), (나)　　② (가), (다)
③ (가), (라)　　④ (나), (라)
⑤ (다), (라)

20

제스처와 한 낱말로 말하기를 주로 사용하는 만 4세 현아에게 카이저(A. Kaiser)의 강화된 환경교수(enhanced milieu teaching)에 포함되는 반응적 상호작용(responsive interaction) 전략을 적용하여 '두 낱말로 말하기'를 지도하고자 한다. 이 전략을 가장 옳게 적용한 것은?

① 현아가 말없이 손으로 우유를 가리키면 반응을 하지 않고, '우유'라고 말하는 경우에만 반응을 한다.
② 현아가 창가에 앉아 있는 새를 가리키면서 '새'라고 말하면, "책에 새가 몇 마리 있나 보자."라고 말하며 새에 대한 그림책을 가리킨다.
③ 현아가 인형을 만지며 '아기'라고 말하면, "아기? 아기가 뭐하니? 아기가 잔다고 해 봐, 아기가 자니? 아기가 잔다."라고 연속적으로 말한다.
④ 퍼즐 맞추기에 집중하고 있는 현아 옆에 앉아서 퍼즐 조각을 가리키며 "무슨 색이니?"라고 묻고, 현아가 반응이 없더라도 반복하여 묻는다.
⑤ 현아가 빗으로 머리 빗는 시늉을 하며 '머리'라고 말하면, 현아의 행동을 따라하며 "머리 빗어."라고 말한 후 현아가 반응할 수 있게 잠시 기다린다.

KORea Special Education Teacher

21

다음은 자폐성장애 학생 A와 B의 언어 특성이다. 학생들의 의사소통 능력 향상을 위한 가장 적절한 중재 방법은?

학생 A는 일상생활에 필요한 기본적인 단어의 의미는 이해할 수 있고, 일상 사물의 이름들을 주로 한 단어(일어문)로 말할 수 있다. 그러나 자신의 관심사에만 집착하고, 타인과 의사소통하는 데 관심이 없어서 자발적으로 언어표현을 시도하는 경우가 매우 드물고 교사나 친구들과 의사소통하는 것이 어렵다.

학생 B는 학교 일과에서 교사나 친구들과 이야기할 때에 주로 두 단어(이어문)로 의사소통을 할 수 있다. 그러나 어떤 특정한 활동 속에서 요구되는 상황적 언어를 논리적인 순서에 따라 말하는 데 어려움이 있다. 특히 지역사회 참여활동, 복지관 실습, 가사실습 시간에 요구되는 상황적 언어들을 그 활동 맥락 안에서 표현하는 데 어려움이 있다.

	학생 A의 중재 방법	학생 B의 중재 방법
①	환경중심 언어중재	스크립트활용 언어중재
②	환경중심 언어중재	언어경험 접근법
③	언어경험 접근법	스크립트활용 언어중재
④	언어경험 접근법	환경중심 언어중재
⑤	스크립트활용 언어중재	환경중심 언어중재

22

다음은 패스트푸드점 주문대 앞에서 교사와 정신지체 학생이 나눈 대화이다. 화용론적 관점에서 학생의 대화 내용을 분석한 결과가 적절한 것을 〈보기〉에서 고른 것은?

교사 : 뭐 먹을래?
학생 : 햄버거요.
교사 : 무슨 햄버거 먹을래?
학생 : 햄버거 먹고 싶어요.
교사 : 뭐라고? 무슨 햄버거?
학생 : 햄버거 먹고 싶어요.
　　　 햄버거 맛있어요.
교사 : 주스 먹을래?
학생 : 네, 주스 좋아요.
　　　 집에 엄마 있어요. 엄마 집에서 살아요.
교사 : 나도 알아.
학생 : 가방 주세요. 집에 갈래요.
교사 : 갑자기 어딜 간다고 그래?
　　　 햄버거 먹고 학교에 가야지.

〈 보기 〉

ㄱ. '행위 요구'는 가능하지만, 자기중심적이어서 대화 상황에 부적절하다.
ㄴ. '질문에 대한 반응'은 나타나지만, 상황에 부적절한 대답을 하는 경우가 있다.
ㄷ. 상대방에게 '명료화 요구하기'는 가능하나, '주관적 진술'은 나타나지 않는다.
ㄹ. 단순한 '요구에 대한 반응'은 하지만, 상대방의 '명료화 요구'에는 적절하게 응답하지 못한다.
ㅁ. 상황에 적절한 '주제 유지'가 가능하나, '전제 기술(presuppositional skills)'은 나타나지 않는다.

① ㄱ, ㄴ, ㄹ　　　　② ㄱ, ㄴ, ㅁ
③ ㄱ, ㄷ, ㄹ　　　　④ ㄴ, ㄷ, ㅁ
⑤ ㄷ, ㄹ, ㅁ

24　　Part 11 _ 의사소통장애아교육

23

유아특수교사인 김 교사는 만 4세 발달지체 유아 미나의 말하기 지도 방향을 구상하고 있다. 이를 위해 '취학 전 아동의 수용언어 및 표현언어 척도(PRES)'를 사용하여 검사를 실시한 후, 미나가 한 말을 수집하여 분석하였다. 물음에 답하시오.

(가) 김 교사가 분석한 자료의 일부

> 김 교사 : 미나 거기서 뭐하니?
> 미　　나 : 이거 이거 보고 이떠.
> 김 교사 : 어머, 나비구나.
> 미　　나 : 나비 와떠.
> 미　　나 : 어 노난 나비.
> 김 교사 : 나비가 진짜 예쁜데?
> 미　　나 : 애뻐.
> 미　　나 : 나비 음 조아.

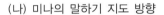

(나) 미나의 말하기 지도 방향

> ① 문장 길이를 늘일 수 있도록 지도한다.
> ② /ㄹ/을 정확히 발음할 수 있도록 지도한다.
> ③ 다양한 연결어미를 사용할 수 있도록 지도한다.
> ④ 어휘 습득을 위해 새로운 낱말에 관심을 갖게 한다.

1) 다음 ㉠과 ㉡에 들어갈 말을 쓰시오.

> 미나가 한 말을 수집하여 분석하는 언어 평가 방법을 (㉠)이라 하며, 이를 통해 평균발화길이를 측정할 수 있다. 평균발화길이는 어절, 낱말, (㉡) 단위로 측정한다.

㉠ :

㉡ :

2) (가)에서 미나의 평균발화길이를 낱말 단위(MLU-w)로 산출하시오.

3) (가)를 근거로 (나)에서 적절하지 않은 내용 2가지를 찾아 기호를 쓰고, 적절하지 않은 공통된 이유 1가지를 쓰시오.

 • 기호 :

 • 이유 :

24

2013 유아A-8

영지는 만 3세 발달지체 유아이다. 유아특수교사인 최 교사는 부모 지원을 위해 영지와 어머니가 상호작용하는 동영상 자료를 보고 영지 어머니의 의사소통 행동을 분석하였다. 물음에 답하시오.

(가) 동영상 자료의 일부

> 영 지: (장난감 자동차를 가지고 놀고 있다.)
> 어머니: ㉠(그림책을 가지고 와서) 영지야, 엄마랑 책 보자.
> 영 지: (어머니를 보지 않고 계속 장난감 자동차를 가지고 논다.)
> 어머니: (그림책을 펴며) 동물원이네. 사자랑 호랑이랑 있네.
> 영 지: (장난감 자동차를 굴리며) 빠~.
> 어머니: ㉡빠~, 그래 그건 큰 빵빵이야.
> 어머니: ㉢영지야, 빵빵 해볼까? 빵빵.

1) ㉠에서 어머니는 의사소통 참여자로서 상호작용에 필요한 (   )을(를) 이루지 못하고 있다. 괄호 안에 알맞은 말을 쓰시오.

2) 최 교사는 ㉡의 행동을 긍정적으로 판단하여 어머니를 격려하였다. 최 교사의 판단 근거 2가지를 쓰시오.

3) 최 교사는 ㉢과 관련하여 어머니에게 "영지가 반응을 보일 수 있도록 기다려 주세요."라고 조언하였다. 이는 환경중심 언어중재의 전략 중 무엇인지 쓰시오.

4) 다음은 최 교사가 영지 어머니에게 제안한 내용이다. 괄호 안에 알맞은 말을 쓰시오.

> 환경중심 언어중재를 실행하기 위해서는 (   )이(가) 중요합니다. 이는 영지의 의사소통 욕구를 촉진하기 위한 전략입니다. 예를 들어, 영지가 원하는 것을 약간 부족하게 주거나 원하는 물건을 눈에 보이지만 손이 닿지 않는 곳에 두는 것입니다.

25 　　　　　　　　　　　　　2013 초등A-5

다음의 (가)는 최 교사가 실시한 2학년 국어과 교수·학습 활동이고, (나)는 의사소통장애 학생 영희를 관찰한 내용이다. 물음에 답하시오.

영희의 특성	• K-WISC-Ⅲ 검사 결과: 지능지수 59 • PRES 검사 결과: 수용언어 발달연령 5세 　　　　　　　　　표현언어 발달연령 4세 6개월 • 우리말 조음·음운검사 결과: 1%ile 미만 • 청력 및 신경학적 손상 없음. • 심각한 상호작용 문제 없음.
학습 목표	• 그림을 보고 동물의 움직임을 나타내는 낱말을 말한다. • 동물의 움직임을 나타내는 낱말을 따라 읽는다. • 동물의 움직임을 나타내는 낱말을 따라 쓴다.

(가) 교수·학습 활동	(나) 관찰 내용
• 동물원에서 찍은 동영상 함께 보기 • 학생들이 동물원에서 경험한 것을 이야기하도록 동기 부여하기 　－동물의 움직임을 나타내는 낱말을 말하도록 격려한다. 　－동물의 움직임을 나타내는 낱말을 동작으로 표현하도록 한다. • 학생들이 이야기한 내용을 받아 적기 　－교사는 움직임을 나타내는 낱말을 추가한다. • 받아 적은 글로 읽기 활동하기 　－받아 적은 글에서 움직임을 나타내는 낱말을 따라 읽도록 한다. • 받아 적은 글로 쓰기 활동하기 　－받아 적은 글에서 움직임을 나타내는 낱말을 따라 쓰도록 한다.	• ㉠ 모음은 정확하게 발음하는 편이나, 자음은 발음 오류를 자주 보임(㉡ 예: '호랑이'를 /호앙이/, '원숭이'를 /원충이/, '꼬리'를 /꼬디/, '동물원'을 /동물런/으로 발음). • 움직임을 나타내는 낱말의 의미는 이해하지만 자발적 표현은 어려움. • ㉢ '표범', '치타', '호랑이'를 모두 '호랑이'라고 함. • 소리와 표기가 다른 낱말을 읽는 데 어려움이 있음(예: 같이, 걸어가). • 낱말을 따라 쓸 수 있으나 낱자의 획순대로 쓰지 못함. • 평소 국어 시간에 비해 흥미를 보이고 주의집중을 잘 함.

1) (가)에 적용된 국어과 교수·학습 방법과 특징 2가지를 쓰시오.

　• 교수·학습 방법:

　• 특징 1:

　• 특징 2:

3) (나)의 ㉡에서 가장 많이 나타난 자음의 발음 오류 형태를 쓰시오.

4) 일반적인 어휘 발달 과정에서 흔히 나타나는 (나)의 ㉢과 같은 현상이 무엇인지 쓰시오.

26

다음은 교사가 학생의 효과적인 발화를 유도하기 위해 적용한 언어중재 기법의 예이다. (가)~(마)에서 적용한 기법에 대한 설명으로 옳은 것은?

(가)	학생 A: (색연필로 그림을 그리고 있다.) 정 교사: 색연필로 그림을 그려요.
(나)	학생 B: (소방차 그림을 보고) 경찰차. 최 교사: 아니, 이건 소방차예요.
(다)	학생 C: 사과를 먹어요. 김 교사: 맛있는 사과를 먹어요.
(라)	학생 D: 어제 책 읽어요. 박 교사: 어제 책을 읽었어요.
(마)	학생 E: 당근 못 좋아요. 이 교사: 당근을 안 좋아해요.

① (가)에서 정 교사는 A의 행동을 A의 입장에서 말하고 있는데, 이는 '평행적 발화' 기법을 적용한 것이다.

② (나)에서 최 교사는 B가 말한 틀린 단어를 지적하고 바른 단어로 고쳐서 제시하고 있는데, 이는 '재구성' 기법을 적용한 것이다.

③ (다)에서 김 교사는 C의 발화에 의미적 정보를 첨가하고 있는데, 이는 '확장(expansion)' 기법을 적용한 것이다.

④ (라)에서 박 교사는 D의 발화에 문법적 표지를 첨가하고 있는데, 이는 '확대(extension)' 기법을 적용한 것이다.

⑤ (마)에서 이 교사는 E의 발화에서 나타난 오류를 맥락 안에서 다른 형태로 바꾸어 말하고 있는데, 이는 '수정' 기법을 적용한 것이다.

27

다음은 학생 A가 보이는 말더듬 사례이다. 교사는 A를 위해 말 더듬는 순간을 수정하는 '말더듬 수정법'을 적용하고자 한다. 이 중재법에 대한 설명으로 옳은 것만을 〈보기〉에서 있는 대로 고른 것은?

"서서서서언언-생님, 수수수수(갑자기 머리를 뒤로 젖히고 발을 구르며)수요일에 국어 교과서만 가져오면 되나요? 그리고 사사사사회 수수수우숙제는 어떻게 해요?"

〈보기〉
ㄱ. 자신의 말과 관련된 두려움을 줄이도록 지도한다.

ㄴ. 말을 더듬을 때의 이차행동을 다루기보다는 편하게 말하기에 초점을 둔다.

ㄷ. 말할 때 자신의 말더듬 행동과 말에 대한 심리 및 태도를 스스로 확인하는 단계를 거치도록 한다.

ㄹ. 초반에는 짧은 발화 내용을 말하도록 하고 점차 긴 발화 내용을 유창하게 말하도록 유도하는 방법이다.

ㅁ. 말을 더듬을 것으로 예상되는 단어를 천천히 쉽게 시작하고 조절하는 준비하기(preparation set) 기법으로 지도한다.

① ㄱ, ㄷ   ② ㄴ, ㄹ

③ ㄷ, ㄹ   ④ ㄱ, ㄷ, ㅁ

⑤ ㄴ, ㄹ, ㅁ

28

다음은 자발화 평가에 대한 내용이다. ㉠~㉢에 대한 설명으로 옳은 것을 〈보기〉에서 고른 것은?

> ㉠자발화 평가는 각 언어 영역별 능력, 즉 의미론적 능력, ㉡구문론적 능력, ㉢화용론적 능력 등을 측정할 수 있다. 자발화 분석은 많은 시간과 노력이 요구된다는 단점이 있지만, ㉢교육적 장점도 포함하고 있다.

〈보기〉

가. ㉠을 통해 언어 영역별 능력을 알아보기 위해서는 구조화된 상황에서의 자발화 수집이 요구된다.

나. ㉡을 알아보기 위해서 복문은 문장 간 의미관계를 분석한 후, 각 단문의 문장 내 의미관계를 분석한다.

다. ㉡을 알아보기 위해서 학령기 아동의 문장능력과 문장성숙도는 T-unit(terminable unit)를 활용하여 분석한다.

라. ㉢을 알아보기 위해서 의사소통의 의도와 대화능력을 분석한다.

마. ㉢을 알아보기 위해서 어휘다양도를 통해 다양한 낱말의 사용 정도에 대하여 살펴본다.

바. ㉢에는 성취 수준 및 교수 목표를 파악하는 데 유용하다는 점이 포함된다.

① 가, 나, 라
② 가, 다, 마
③ 나, 라, 바
④ 다, 라, 바
⑤ 다, 마, 바

29

다음 (가)~(라)의 유형에 따른 내용 중 옳은 것을 〈보기〉에서 고른 것은?

> (가) 브로카 실어증(Broca's aphasia)
> (나) 베르니케 실어증(Wernicke's aphasia)
> (다) 마비말장애(dysarthria)
> (라) 말실행증(apraxia of speech)

〈보기〉

ㄱ. (가)는 유창하지만 청각적 이해력에서 어려움을 보이고, 느린 발화 속도와 단조로운 운율 특성 등을 보인다.

ㄴ. (나)는 청각적 이해력, 유창성, 따라 말하기는 좋은 편이나 이름대기 수행력이 낮고, 착어(paraphasia)가 자주 관찰된다.

ㄷ. (다)는 체계적인 호흡 훈련, 조음 지도 및 운율 지도 등을 통해 말 명료도를 향상시킬 수 있다.

ㄹ. (다)는 말 산출과 관련된 근육의 약화, 불협응 등에 의한 말장애로 정확한 말소리 산출에 어려움을 보인다.

ㅁ. (라)는 노래 형식으로 발화 길이를 늘려가는 방식을 통해 표현력을 향상시킬 수 있다.

ㅂ. (라)는 근육 약화나 협응 곤란은 없지만 말 산출 근육의 프로그래밍 문제로 조음 및 운율 오류를 보이고, 정확한 조음 위치를 찾으려는 모색행동(groping)이 관찰된다.

① ㄱ, ㄴ, ㅁ
② ㄱ, ㄷ, ㅂ
③ ㄴ, ㄷ, ㅁ
④ ㄴ, ㄹ, ㅂ
⑤ ㄷ, ㄹ, ㅂ

30

다음은 말소리 산출에 어려움을 겪고 있는 철수에 대한 두 교사의 대화이다. 물음에 답하시오.

> 김 교사 : 철수는 '사자'를 '다자'라고, '기린'을 '디린'이라고 말해요.
> 이 교사 : 말소리 이외의 문제는 없나요?
> 김 교사 : 네. 인지 능력과 신체 발달은 또래 아동과 차이가 없어요. 그런데 왜 이런 문제가 생길까요?
> 이 교사 : 아, 그것은 ⓛ 한국어 음소 체계의 특징을 분석해 보면 알 수 있답니다.
> 김 교사 : 네, 그렇군요. 철수에게 도움이 되는 지도 방법을 소개해 주시겠어요?
> 이 교사 : 예를 든다면 ⓒ 최소대립쌍 훈련이 있습니다.

1) 철수에게 나타난 말소리 산출 오류와 관련하여 ( )에 알맞은 용어를 순서대로 쓰시오.

> 조음장애는 말소리 산출의 결과에 따라 그 유형을 4가지로 나눌 수 있다. 그 유형으로는 /가위/를 /아위/라고 하는 음의 (①), /아기/를 /가기/라고 하는 음의 (②), 정상 산출된 음과 일치하지 않는 부정확한 소리를 내는 음의 (③), /사과/를 /다과/라고 말하는 음의 (④)이(가) 있다.

①: ②: ③: ④:

2) ⓛ에 따라 〈예시〉를 참고하여 철수에게 나타나는 조음 오류현상을 ①과 ②에 쓰시오.

바른 조음 → 틀린 조음	
〈예시〉 /바람/ → /마람/	파열음 /ㅂ/ → 비음 /ㅁ/
/사자/ → /다자/	(①)
/기린/ → /디린/	(②)

①: →

②: →

3) ⓒ에 대한 설명으로 적절하지 않은 것 2가지를 찾아 번호를 쓰고, 바르게 수정하시오.

> ① 훈련 목적은 철수의 말소리 오류 패턴을 찾아 음운론적 규칙을 확립시키는 것이다.
> ② 철수의 조음 오류 /다자/는 현재 지속성(+)를 보이는 조음을 지속성(−)로 수정해 주어야 한다.
> ③ 철수의 조음 오류 /디린/은 현재 전방성(+)를 보이는 조음을 전방성(−)로 수정해 주어야 한다.
> ④ 철수에게 적용하는 최소대립쌍은 초분절적 요소부터 시작하는 것이 효과적이다.

• 번호와 수정 내용 :

• 번호와 수정 내용 :

31

(가)는 경직형 뇌성마비 유아 주희의 언어 관련 특성이고, (나)는 특수교사와 언어재활사가 협의한 내용이다. 물음에 답하시오.

(가) 주희의 언어 관련 특성

- 호흡이 빠르고 얕으며, 들숨 후에 길게 충분히 내쉬는 것이 어려움.
- 입술, 혀, 턱의 움직임이 조절되지 않고 성대의 과도한 긴장으로 쥐어짜는 듯 말함.
- 말소리에 비음이 비정상적으로 많이 섞여 있음.
- 전반적으로 조음이 어려우며, 특히 /ㅅ/, /ㅈ/, /ㄹ/음의 산출에 어려움을 보임.

(나) 협의록

- 날짜: 2013년 3월 13일
- 장소: 특수학급 교실
- 협의 주제: 주희의 언어 능력 향상을 위한 지도 방안
- 협의 내용:
  ① 호흡과 발성의 지속 시간을 점진적으로 늘릴 수 있도록 지도하기로 함.
  ② 비눗방울 불기, 바람개비 불기 등의 놀이 활동을 통해 지도하기로 함.
  ③ /ㅅ/, /ㅈ/, /ㄹ/ 발음의 정확성을 높이기 위하여 반복 연습할 기회를 제공하기로 함.
  ④ 자연스럽고 편안한 발성을 위하여 바른 자세 지도를 함께 하기로 함.
  ⑤ 추후에 주희의 의사소통 문제는 ㉠ 언어의 3가지 주요 요소(미국언어·청각협회: ASHA)로 나누어 종합적으로 재평가하여, 필요하다면 주희에게 적합한 ㉡ 보완대체의사소통(AAC)체계 적용을 검토하기로 함.

2) ㉠ 언어의 3가지 주요 요소 중 ①~④와 관련된 요소를 쓰고, ①~④와 관련 있는 언어학적 영역을 쓰시오.

- 요소:

- 언어학적 영역:

32 _____ 2014 유아B-4

특수학교 유치부의 지후는 의사소통 기술이 부족한 4세의 발달지체 유아이다. (가)는 지후의 월평균 의사소통(몸짓, 단어, 문장) 횟수와 누적된 총 어휘 수이며, (나)는 의사소통 지도방법 및 내용이다. 물음에 답하시오.

(가) 지후의 월평균 의사소통 횟수와 누적된 총 어휘 수

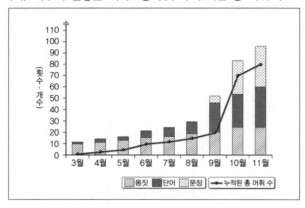

(나) 의사소통 지도방법 및 내용

지도방법	내용	사례
㉠	우발교수를 실시하기 전, 유아의 의사소통 동기를 유도하기 위해 의도적으로 상황을 만드는 것	교사 : (지후가 좋아하는 파란색 블록을 눈에는 보이지만 손이 닿지 않는 교구장 위에 올려놓은 후) "지후가 블록놀이를 하는구나." 유아 : (파란색 블록을 보고 교사의 팔을 잡아당기며) "아, 아, 줘, 줘."
유아 주도에 따르기	(생략)	(생략)
단어 사용과 설명하기	유아의 행동이나 발화를 경험과 연결하여 들려줌으로써 주요 단어와 개념을 학습하게 하는 것	(생략)
㉡	(생략)	유아 : (새로 산 신발을 자랑하듯 교사에게 보여주며) "신발, 신발" 교사 : "예쁜 신발이네."
㉢	유아의 발화를 문법적으로 바르게 고쳐서 다시 들려주는 것	유아 : (교사가 간식을 나눠 주자) "간식, 먹어." 교사 : (유아를 보며) "간식을 먹어요."

1) (가)의 그래프에서 지후가 어휘 폭발(vocabulary burst)을 보인 달(월)을 찾고, 그 판단 근거를 쓰시오.

- 어휘 폭발을 보인 달 :   월

- 판단 근거 :

2) (나)의 지도방법 ㉠을 쓰시오.

- 지도방법 ㉠ :

3) (나)의 지도방법 ㉡과 ㉢을 각각 쓰시오.

- 지도방법 ㉡ :

- 지도방법 ㉢ :

33

다음은 말소리 산출에 어려움을 보이는 학생 A에 대해 특수학급 최 교사와 일반학급 김 교사가 나눈 대화 내용이다. 밑줄 친 ㉠의 말더듬 핵심행동과 ㉡의 말더듬 부수행동의 명칭을 각각 쓰시오.

김 교사: 선생님, 우리 반 학생 A는 말을 더듬는 것 같아요.

최 교사: 학생 A가 어떻게 말을 더듬던가요?

김 교사: 예를 들면, 학생 A는 말을 할 때 "ㅂㅂㅂㅂ 보여요."라고 하기도 하고, ㉠"보-------여요."라고 하기도 하고, "-------보여요."라고 하기도 해요.

최 교사: 또 다른 행동은 보이지 않나요?

김 교사: 학생 A가 말을 더듬다가 ㉡갑자기 고개를 뒤로 젖히기도 해요.

34

다음의 (가)는 특수교사가 의사소통장애학생 A에게 스크립트 문맥을 이용하여 언어 중재를 실시한 장면이고, (나)는 학생 A가 (가) 스크립트에 익숙해진 후에 다시 언어 중재를 실시한 장면이다. (가)에서 특수교사가 스크립트 문맥을 이용하여 언어 중재를 실시한 목적을 2가지만 쓰고, 특수교사가 (나)에서 ㉠과 같이 행동한 이유를 쓰시오.

(가) 스크립트 문맥을 이용한 언어 중재 장면

학생: (다양한 종류의 아이스크림을 훑어보고 카운터로 간다.)

교사: 뭐 드릴까요?

학생: 바닐라 아이스크림 주세요.

교사: 콘, 컵 중 어디에 드려요?

학생: 콘에 주세요.

교사: 콘 사이즈는 뭐로 하실래요? 싱글콘요, 더블콘요?

학생: 싱글콘요.

교사: 2,800원입니다. 카드로 계산할 거예요, 현금으로 계산할 거예요?

학생: 현금으로요. (돈을 건네며) 여기 있어요.

교사: (바닐라 아이스크림을 콘에 담아 학생에게 건넨다.)

(나) 학생 A가 (가) 스크립트에 익숙해진 후의 언어 중재 장면

… (상략) …

교사: 2,800원입니다. 카드로 계산할 거예요, 현금으로 계산할 거예요?

학생: 현금으로요. (돈을 건네며) 여기 있어요.

교사: (㉠딸기 아이스크림을 콘에 담아 학생에게 건넨다.)

학생: (의아한 표정을 지으며) 어……. 바닐라 아이스크림 주세요.

교사: (바닐라 아이스크림을 콘에 담아 학생에게 건넨다.)

---

35 _____ 2015 유아A-7

(가)는 활동계획안의 일부이고, (나)는 통합학급 최 교사와 특수학급 박 교사의 대화 내용 중 일부이다. 물음에 답하시오.

(가) 활동계획안

활동명	나의 꿈	누리과정 관련 요소	• 사회관계 : 사회에 관심 갖기 －지역사회에 관심 갖고 이해하기 • 의사소통 : 말하기 －㉠ 느낌, 생각, 경험 말하기
활동 목표	나의 꿈을 말할 수 있다.		
활동 자료	다양한 직업에 대한 그림 자료, ppt 자료		

(나) 두 교사의 대화

> 박 교사 : 선생님, 요즘 지수가 슬기반에서 잘 지내고 있나요?
>
> 최 교사 : 네. 대부분의 수업 활동에는 잘 참여하고 있어요. 그러나 자기의 느낌이나 생각을 말하는 시간에는 어려움이 있어요. 작년에는 ㉡말이 막히거나 말을 더듬는 현상이 종종 있었는데, 올해는 많이 좋아졌어요. 그런데 아직까지도 지수의 발음이 정확하지 않아서 친구들이 잘 알아듣지 못하는 것 같아요. 친구들하고 이야기 할 때 ㉢지속적으로 '풍선'을 '푸선'이라고 하고 '사탕'을 '아탕'이라고 하거든요.
>
> 박 교사 : 그렇군요. 저는 ㉣지수가 이야기할 때 상황에 적절치 않게 말을 하는 경우를 많이 보았어요. 얼핏 보면 말을 잘 하는 것 같지만, 실제로는 친구들과 대화를 할 때 어려움이 있어요.

2) ㉡과 ㉢에 나타난 언어 장애 유형을 쓰시오.

㉡ :

㉢ :

3) 언어의 하위 체계에는 5가지(음운론 등)가 있다. ㉣에서 언급된 지수의 언어 행동은 언어의 하위 체계 중 무엇과 관련된 문제인지 쓰시오.

36

(가)는 단순언어장애 학생 정우에 대한 검사 결과이고, (나)는 통합학급 최 교사와 특수학급 오 교사가 나눈 대화이다. 물음에 답하시오.

(가) 검사 결과

- 생활연령 : 7세 2개월
- K-WISC-III 결과 : 동작성 지능지수 88, 언어성 지능지수 78
- ㉠ 취학 전 아동의 수용언어 및 표현언어 발달 척도 (PRES) 결과 : 수용언어 발달연령 64개월, 표현언어 발달연령 58개월, 통합언어 발달연령 61개월
- 언어 문제 해결력 검사 결과 : 원점수 17점, ㉡ 백분위 9
- 순음청력검사결과 : 양쪽 귀 모두 10 dB
- 사회성숙도 검사 결과 : 사회성 지수 90
- 구강조음기제에서 특이사항 관찰되지 않음.
- 사회 · 정서적 문제를 보이지 않음.

(나) 대화 내용

최 교사 : 선생님, 정우는 틀린 발음을 하고도 본인이 틀렸다는 것을 잘 모르는 것 같아요.

오 교사 : 정우가 ㉢ 말소리를 듣고 오조음과 목표음 자체를 다르다고 인식하지 못하는 것일 수도 있습니다.

최 교사 : 그렇군요. 그런데 정우는 청력도 정상이고 조음기관에도 이상이 없다고 하는데, 왜 발음에 문제를 보이나요?

오 교사 : 정우의 경우는 조음장애보다 ㉣ 음운장애에 더 가깝다고 볼 수 있습니다.

3) (나)의 ㉢을 확인하기 위한 활동을 다음 〈조건〉에 맞게 1가지 쓰시오.

〈조건〉
- 첫음절이 모두 파찰음인 단어 활용
- 최소대립쌍(최소낱말짝) 활용

4) 다음 밑줄 친 단어들은 (나)의 ㉣에 해당하는 사례들이다. 공통적인 대치 오류 유형 1가지를 쓰시오.

오류 현상
• "주전자는 어디에 있어요?"를 "두던자는 어디에 있어요?"라고 말한다.
• "나는 공부 그만 하고 싶어요."를 "나는 동부 그만 하고 싶어요."라고 말한다.

37

민호는 뇌성마비와 최중도 정신지체의 중복장애 학생으로 그림이나 사진을 이해하지 못하며, 구어로 의사소통이 어렵다. (가)는 교사와 민호의 상호작용 기록의 일부이다. 물음에 답하시오.

(가) 교사와 민호의 상호작용

(교사는 민호가 볼 수 있으나 손이 닿지 않는 책상 위에 장난감 자동차가 움직이도록 태엽을 감아 놓아 두고 다음 시간 수업을 준비하고 있다. 장난감 자동차가 소리 내며 움직이다 멈춘다.)

민호 : (교사를 바라보며 크게 발성한다.) 으으~으으~
교사 : 민호야, 왜 그러니? 화장실 가고 싶어?
민호 : (고개를 푹 떨구고 가만히 있다.)
교사 : 화장실 가고 싶은 게 아니구나.
민호 : (고개를 들고 장난감 자동차와 교사를 번갈아 바라 보며 발성한다.) 으으응~응~
교사 : (장난감 자동차를 바라보며) 아! 자동차가 멈추었구나.
민호 : (몸을 뒤로 뻗치며) 으으응~으으응~
교사 : 자동차를 다시 움직여 줄게. (장난감 자동차가 움직이도록 해 주고 잠시 민호를 보고 있다.) ㉠이번에는 민호가 한번 해 볼까? (교사는 장난감 자동차에 스위치를 연결하여 휠체어 트레이 위에 놓은 뒤 민호의 손을 잡고 함께 스위치를 누른다.)
민호 : (오른손으로 천천히 스위치를 눌러 자동차가 움직이자 교사를 바라보며 웃는다.)
교사 : 민호 잘하네. ㉡(강아지와 고양이 장난감이 놓인 책상에서 강아지 장난감을 집어 들고) 민호야, 이것도 한번 움직여봐. (강아지 장난감을 스위치에 연결해 준다.)
민호 : (㉢고양이 장난감 쪽을 바라본다.)

2) 민호의 행동 ㉢을 고려한다면, (가)의 교사 행동 ㉡이 어떻게 바뀌어야 하는지 1가지 쓰시오.

3) 교사가 환경중심교수(Milieu Teaching)의 환경 조성 전략을 적용한 사례를 (가)에서 찾아 1가지 쓰시오.

4) 다음은 교사가 (가)와 같은 상호작용을 분석한 후, 다른 교사와 또래들이 민호의 행동을 해석하고 민호에게 적절하게 반응하는 방법을 알려주기 위해 만든 의사소통 사전(communication dictionary)의 일부이다. ⓐ와 ⓑ를 각각 쓰시오.

〈민호의 의사소통 사전〉

학생 이름 : 이민호　　　　　　　　　　환경 : 교실

민호의 행동	화용론적 기능	반응해 주는 방법
크게 발성하기	부르기, 자기에게 관심 끌기	민호에게 간다.
고개를 숙이고 가만히 있기	ⓐ	하던 행동을 멈추고 민호가 원하는 것이 무엇인지 관찰한다.
물건과 사람을 번갈아가며 보기	ⓑ	민호가 바라보는 물건을 함께 보며, "와! 멋있구나. 이것 ○○이구나."와 같이 반응해주고, 그 물건의 상태나 정보에 대해 얘기해준다.
몸을 뒤로 뻗치기	요구하기	"민호는 ○○ 해주기를 원하는구나."와 같이 반응해주고, 민호가 원하는 행동을 해준다.

ⓐ :

ⓑ :

38

다음은 장애학생 A의 조음·음운 문제에 대해 두 교사
가 나눈 대화 내용이다. 밑줄 친 ㉠을 3가지 제시하고,
박 교사가 제시한 ㉡의 4가지 지도 방법을 전통적(말
운동) 접근법과 언어인지 접근법으로 구분하여 쓰고, 두
접근법의 차이점을 비교하여 설명하시오.

김 교사 : 학생 A는 발음에 문제가 많은데, 왜 그런지
　　　　모르겠어요.
박 교사 : 이런 경우를 조음·음운장애라고 해요. 조
　　　　음·음운장애는 ㉠기질적 원인과 기능적 원
　　　　인이 있습니다. 우선 기질적 원인이 있는지
　　　　알아보아야 할 것 같아요.

… (중략) …

김 교사 : 그럼 학생 A의 조음·음운 문제를 지도하는
　　　　방법에는 어떤 것들이 있나요?
박 교사 : 현재 많이 활용되는 지도 방법은 ㉡짝자극 기
　　　　법, 변별자질 접근법, 음운변동 접근법, 조음
　　　　점 자극법(지시법)이 있습니다.

39 _____

다음은 통합학급 유아교사인 김 교사와 유아특수교사인 최 교사의 대화이다. 물음에 답하시오.

> 김 교사: 최 선생님, 오늘 은미가 교실에서 말을 많이 했어요.
>
> 최 교사: 와! 우리 은미 멋지네요.
>
> 김 교사: 실은 오늘뿐 아니라 요즘 계속 말을 많이 해서 얼마나 달라졌는지 알아보고 싶어요. 어떤 방법이 있을까요?
>
> 최 교사: 언어 발달 평가에는 여러 가지가 있지만, 자발화 평가를 해도 좋을 것 같아요.
>
> 김 교사: 그러면 ㉠은미가 가장 말을 많이 하는 영역인 도서 영역 한 곳에서 자발화 수집을 하면 되겠네요. ㉡은미는 좋아하는 동화책을 외워 그 내용을 혼자 계속 중얼거리는데, 그것도 자발화 수집에 포함시켜야겠어요. 그런데 은미가 하는 말이 계속 같은 낱말을 반복하는 것인지 아니면 여러 가지 어휘를 사용하는 것인지도 알아보고 싶어요. 그것은 어떻게 알 수 있을까요?
>
> 최 교사: 아, 그건 은미가 ㉢사용한 총 낱말 중에서 서로 다른 낱말의 비율을 산출해보면 알 수 있어요.
>
> 김 교사: 네, 잘 알겠습니다. 그리고 저번에 말씀드렸던 지호에 대해서도 의논드릴 일이 있어요. 내일 지호 어머님과 상담하기로 했는데, 어머님께서 지호에 대해 걱정이 많으세요. 저도 지호가 다른 친구들과 달리 가르치기 힘들다는 생각이 들어서요. 내일 어머께 지호가 특수교육대상자인지 진단·평가를 받으라고 말씀드리는 것이 좋겠지요?
>
> 최 교사: ㉣그 전에 일반 학급에서 교수 방법 등을 수정하여 지도해 보면서, 지호의 발달에 변화가 있는지 살펴보는 것이 우선인 것 같아요. 저도 도와드릴게요. 그렇게 해도 지속적으로 어려움이 있을 경우 특수교육대상자 선정을 의뢰해야겠지요.

1) 자발화 수집 시 고려할 사항에 근거하여 ㉠과 ㉡이 적절하지 <u>않은</u> 이유를 각각 쓰시오.

㉠ :

㉡ :

2) ㉢에서 측정하고자 하는 것은 무엇인지 쓰시오.

40 _____ 2016 초등A-3

다음은 ○○특수학교의 담임교사와 교육 실습생이 나눈 대화 내용이다. 물음에 답하시오.

실 습 생: 선생님, 그동안 은수의 의사소통 지도를 어떻게 해 오셨는지 궁금해요.

담임교사: 은수처럼 비상징적 언어 단계에 있는 아이들의 경우에는 먼저 부모와 ㉠면담을 하거나 ㉡의사소통 샘플을 수집하여 아이가 어떻게 의사소통을 하는지 분석하는 것이 중요하답니다.

실 습 생: 그렇군요.

담임교사: 저는 은수의 의사소통 샘플을 수집하던 중, 은수의 이름을 부르면 은수가 어쩌다 눈맞춤이 된다는 것을 알게 되었어요. 그래서 눈맞춤 빈도를 증가시키기 위한 중재를 실시했지요. 비록 기능적인 관계를 입증할 수는 없지만 ㉢이 그래프에 나타난 결과를 보면 중재가 효과적이었다는 것을 알 수 있어요.

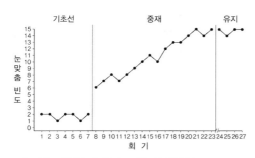

※ 눈맞춤 기회를 매 회기 15번 제공하였음.

실 습 생: 정말 효과가 있었네요.

담임교사: 네, 이제는 ㉣은수가 학급 친구들과도 눈맞춤을 한답니다.

---

2) ㉡의 방법을 사용할 때 주의해야 할 점을 1가지 쓰시오.

41 _____

(가)는 '2011 개정 특수교육 교육과정' 중 기본 교육과정 실과 '생활용품 만들기' 단원 전개 계획의 일부이고, (나)는 2차 시 '도구의 쓰임새 알기' 수업 장면의 일부이다. 물음에 답하시오.

(가) '생활용품 만들기' 단원 전개 계획

차시	학습 주제	주요 학습 내용	유의사항
1	물건을 만들 때 자주 사용하는 도구 알기	물건을 만들 때 자주 사용하는 도구의 종류와 이름 알기	
2	도구의 쓰임새 알기	여러 가지 도구의 쓰임새를 알고 상황에 필요한 도구 찾기	㉠ 나무 조각을 붙일 때는 목공용 본드를 사용한다.
3~6	도구 사용하기	가위와 풀, 테이프, 드라이버, 바늘 중 세 개를 선택하여 사용 방법 익히기	
7	도구를 사용하여 고치기	테이프와 드라이버를 사용하여 물건 고치기	㉡ 테이프 사용이 어려울 경우에는 풀로 붙여서 고칠 수 있는 물건을 제시한다.
8	생활용품 조립하여 만들기	순서에 맞게 부품을 조립하여 액자 만들기	
9~10	나무로 생활용품 만들기	연필꽂이, 수납함 중 한 개를 선택하여 만들기	㉢ 나무를 사포질할 때, 나무의 표면을 더 매끄럽게 하기 위해서는 사포의 숫자가 큰 것에서 작은 것 순으로 한다. ㉣ 톱으로 마름질할 때는 완성 치수로 그어진 마름선에서 가공 여유를 두지 않고 자른다.
11~12	손바느질로 생활용품 만들기	주머니, 헌 옷 재활용품 중 한 개를 선택하여 만들기	㉤ 천을 선택할 때 두꺼운 청바지 천은 피하는 것이 좋다.

(나) 수업 장면

박 교사: 여러분, 오늘은 여러 가지 도구가 어디에 사용되는지 공부해 볼 거예요. 풀은 어디에 사용되는 걸까요? 선우가 한번 말해 볼까요?

선　우: (㉥매우 거칠고 쉰 목소리로) 붙여요! 붙여요!

박 교사: (소란스러운 아이들을 조용히 시키며) 선우야! 다시 한번 말해 볼까?

선　우: (더 큰 소리로) 붙여요!

박 교사: 그래요. 풀은 붙이는 데 사용해요.

(박 교사가 책상 아래에서 풀, 가위, 투명 테이프 등이 들어 있는 도구 상자를 꺼내는 사이에 교실은 다시 소란해진다.)

박 교사: 자, 지금부터 풀로 색종이를 붙여 볼 거예요. (도구 상자를 영미에게 보여 주며) 영미야, 선생님에게 무엇을 달라고 해야 하지?

영　미: (대답은 하지 않고 도구 상자만 바라본다.)

박 교사: (영미에게 풀을 건네주며) (　　㉦　　)

영　미: (분명하지 않은 발음으로) ⊙풀 주세요.

3) 성대를 습관적으로 남용하는 선우는 (나)의 ㉥과 같은 음성적 특성을 보인다. 박 교사가 선우를 위해 할 수 있는 교실 내의 물리적 환경 개선 방안을 1가지 쓰시오.

4) (나)의 ㉦에 들어갈 교사의 말을 다음 〈조건〉에 맞추어 쓰시오.

　┌〈조건〉─────────────────
　• 영미가 발화한 ⊙과 관련지어야 함.
　• 평행적 발화 기법(parallel talk)을 사용해야 함.
　└────────────────────────

42

다음은 필통 만들기 활동 중에 교사가 정신지체 학생의 발화를 유도하기 위한 목적으로 언어중재 기법을 사용한 대화의 일부이다. (가)에 사용된 기법의 명칭을 쓰고, (나)에 사용된 기법의 특성을 (가)에 사용된 기법의 특성과 비교하여 쓰시오.

(가)

> 민호: (색종이를 만지며) 종이 붙여요.
> 교사: 색종이 붙여요.

(나)

> 은지: (선생님이 보여 주는 재료를 보며) 은지 파랑 좋아.
> 교사: 은지가 파란색을 좋아해요.

43

(가)는 학생 A에 대한 정보이고, (나)는 국어과 교수·학습 방법 및 평가 계획이다. 〈작성 방법〉에 따라 순서대로 쓰시오.

(가) 학생 A의 정보

- 중도 정신지체와 경도 난청을 가진 중도·중복장애 중학생임.
- 기본 교육과정 초등학교 1~2학년군의 학업 수행 수준임.
- 음성언어로 의사소통을 하기가 어렵고, 자발적인 발화가 거의 나타나지 않음.

(나) 국어과 교수·학습 방법 및 평가 계획

관련 영역		적용
교수·학습 방법	교수·학습 계획	음성언어를 사용하는 데 어려움이 있는 중도·중복장애 학생이므로 ㉠보완·대체의사소통체계를 활용함
	교수·학습 운용	일반적인 교과학습과 동시에 언어경험접근법과 ㉡환경중심 언어중재 등을 상황에 맞게 활용하여 지도함.
		㉢
평가 계획		㉣

──〈작성 방법〉──
- 밑줄 친 ㉡과 비교하여 '강화된 환경중심 언어중재'가 가지는 차이점을 2가지 쓸 것

44

초임 특수교사 A는 자폐성장애 학생 성우의 자발화를 분석하기로 하였다. (가)는 성우와 어머니의 대화를 전사한 것이고, (나)는 발화를 구분하여 기록한 표이다. 〈작성 방법〉에 따라 순서대로 서술하시오.

(가) 전사 기록

> (주차장에서 차 문을 열면서)
> 성　우: ㉠성우 주차장에서 뛰면 안 돼.
> 어머니: 그렇지. 엄마가 주차장에서 뛰면 안 된다고 말했지?
>
> (엘리베이터를 타고 나서)
> 성　우: 일 이 삼 사 오 육 칠 (5초 경과) 칠 육 오 사 삼 이 일.
> 어머니: 성우야, 육층 눌러야지.
> 성　우: 육층 눌러야지.
>
> (마트 안에서)
> 성　우: 성우 아이스크림 먹고 싶어요.
> 어머니: 알았어. 사줄게.
> 성　우: 네.
> 어머니: 성우야, 무슨 아이스크림 살까?
> 성　우: ㉡오늘 비 왔어요.
>
> (식당에서)
> 어머니: 성우야, 뭐 먹을래?
> 성　우: ㉢물 냄새나요 물 냄새나요.
> 어머니: 성우야, 김밥 먹을래?
> 성　우: ㉣김밥 먹을래?

(나) 발화 기록표

> ① 성우 주차장에서 뛰면 안 돼
> ② 일 이 삼 사 오 육 칠
> ③ 칠 육 오 사 삼 이 일
> ④ 육층 눌러야지
> ⑤ 성우 아이스크림 먹고 싶어요
> ⑥ 네
> ⑦ 오늘 비 왔어요
> ⑧ 물 냄새나요
> ⑨ 물 냄새나요
> ⑩ 김밥 먹을래

〈작성 방법〉

- 자폐성장애 학생의 언어적 특성에 근거하여 (가)의 밑줄 친 ㉠과 ㉣의 공통점 1가지를 쓰고, ㉠의 의사소통 기능을 쓸 것
- '화용적 능력'의 의미가 무엇인지 쓰고, 밑줄 친 ㉡과 ㉢에서 나타난 화용적 기술의 문제점을 설명할 것
- (나)의 발화 구분에서 잘못된 점을 2가지 찾고 그 이유를 각각 설명할 것

45

다음은 중복장애 유아 동우의 어머니가 유아특수교사인 김 교사와 나눈 상담 내용의 일부이다. 물음에 답하시오.

> 김 교사: 어머니, 가족들이 동우와 의사소통하는 데 어려움이 있다고 하셨지요?
> 어머니: 네. 동우는 ㉠근긴장도가 높아서 팔다리를 모두 움직이기가 어렵고, 몸을 움직이려고 하면 뻗치는 경우가 많잖아요. 그리고 선생님께서 아시는 것처럼 시각장애까지 있어서, 말하는 것은 물론 눈빛으로 표현하는 것도 어려워해요. 가족들은 동우가 뭘 원하는지 알 수가 없어요.
> 김 교사: 그래서 이번 개별화교육계획지원팀 회의에서 결정한 바와 같이 동우에게 보완대체의사소통을 사용하려고 해요. 이를테면, 동우에게 ㉡우선적으로 필요한 어휘를 미니어처(실물모형)로 제시하고 자신이 원하는 것을 만져서 표현하도록 하면 좋겠어요. ㉢미니어처를 사용하면 누구나 동우가 표현하고자 하는 바를 명확하게 알 수 있으니까요.
> 어머니: 그러면 집에서 동우를 위해 우리 가족이 해야 하는 일은 무엇인가요?
> 김 교사: 가족들이 반응적인 의사소통 환경을 만들어 주시면 동우의 의사소통 기술이 발달하는 데 도움이 될 수 있어요. 예를 들어, ㉣동우가 장난감 트럭을 앞뒤로 밀고 있다면 어머님도 동우가 밀고 있는 장난감 트럭을 보고 있다는 것을 동우에게 알려 주시고, 동우가 보이는 행동에 즉각적으로 의미 있게 반응해 주세요.

4) ㉣에서 김 교사가 동우 어머니에게 제시하고 있는 반응적 대화의 요소를 쓰시오.

46

다음은 5세 발달지체 유아의 부모들이 부모 참여 수업 후 나눈 대화 내용의 일부이다. 물음에 답하시오.

> 우리 세호는 발음이 정확하지 않아요. ㉠ 사탕을 [타탕], 참새를 [참때], 풍선을 [풍턴]이라고 발음한다니까요.

> 우리 민지는 ㉡ 말이 너무 빨라서 발음이 뒤섞이고 심지어 말소리의 위치를 바꾸는 실수를 자주 해서 무슨 말을 하는지 못 알아듣겠어요.

> 민규는 발음은 괜찮은데 작년부터 말을 더듬기 시작하더니 요즘에는 ㉢ 말을 할 때 얼굴을 찌푸리기도 하고 아랫입술을 심하게 움직이기도 해서 걱정이에요. 말을 더듬고 있을 때 천천히 부드럽게 말하도록 하는 방법이 있다고 하던데 선생님께 여쭈어 봐야겠어요.

> 우리 딸 둘은 모두 인공와우 이식 수술을 하고 꾸준히 청능 훈련을 받았어요. 그랬더니 선희는 ㉣ 요즘 심부름도 곧잘 하고 대답도 잘 해요. 며칠 전에는 선희가 언니의 어음처리기가 궁금한지 언니 것을 달아 보더라고요. 그러더니 ㉤ 너무 시끄럽고 무슨 말인지 안 들린다고 했어요. 머리도 어지럽다고 하면서 어음처리기를 떼어 버렸어요.

1) ㉠의 조음 오류 형태를 쓰시오.

2) ㉡에 해당하는 유창성 장애의 유형을 쓰시오.

3) 민규가 ㉢의 행동을 하는 이유를 쓰시오.

47

(나)는 유아의 발화 수준을 평가하기 위하여 수집한 교사와 영미의 대화 내용이다. 물음에 답하시오.

(나)

> 교사 : 영미야, 뭐 하니?
> 영미 : 돌 쌓아.
> 교사 : 어머! 영미가 돌탑을 쌓고 있구나!
> 영미 : 큰 돌 많이 쌓아.
> 교사 : 돌을 몇 개나 쌓았니?
> 영미 : 많이.
> 교사 : 선생님이랑 함께 세어 볼까?
> 영미 : 이거 같이 세.
> 교사 : 그래, 같이 세어 보자.
>
> … (하략) …

4) (나)에 제시된 영미의 평균발화길이를 낱말 수준 (MLU-w)에서 산출하여 쓰시오.

48

(가)와 (나)는 5세 통합학급 최 교사의 반성적 저널 내용의 일부이다. 물음에 답하시오.

(가)

> 일자 : 2016년 ○월 ○일
>
> 의사소통에 자발적으로 참여하지 않는 연지를 위해 유아 특수교사인 김 선생님에게 조언을 구했다. 김 선생님은 연지에게 자연스러운 상황에서 말할 수 있는 기회를 주는 것이 필요하다고 강조하며, ㉠교사가 유아의 입장에서 유아가 하고 있는 행동을 말로 묘사하는 방법을 알려 주었다. 다음 시간에는 연지가 ㉡바구니에 공을 넣고 있을 때 이 방법을 사용해서 말을 해 보아야겠다.
> … (하략) …

(나)

> 일자 : 2016년 △월 △일
>
> 나는 ㉢아이들에게 자음 'ㅎ'은 [ㅎ]로, 모음 'ㅐ'는 [ㅐ]로 발음하고, 'ㅎ'과 'ㅐ'가 더해지면 [해]라고 발음한다고 가르쳐주고, '해'라는 낱말 그림 카드를 보여주며 그 의미를 알려주었다. 그리고 ㉣아이들의 경험이나 이야기, 그림 동화책으로 문장 전체 맥락에서 적절하게 '해'의 의미를 가르쳤다.
>
> 의사소통 욕구가 부족한 민호를 위해서는 몇 가지 방법을 사용하였다. 자유놀이 시간에는 민호가 좋아할 만한 놀잇감을 제공하여, 그중에서 민호가 원하는 것을 선택할 수 있도록 해 주었다. 이야기 나누기 활동 시간에는 민호가 하고 싶어 하는 말을 내가 대신 해 주었다. 미술 활동 시간에는 활동 자료를 약간 부족하게 주어서 민호가 다른 친구들에게 자료를 빌려 달라고 요청할 수 있는 기회를 제공하였다. 그 외에도 민호가 발음을 잘못했을 경우에는 틀린 발음을 반복적으로 지적하여 계속 연습하게 하였다. 그리고 가끔 민호의 손이 닿지 않는 곳에 민호가 좋아하는 놀잇감을 볼 수 있게 두어서 나에게 도움을 요청할 수 있도록 하였다. **[A]**
> … (하략) …

1) (가)의 ① ㉠에 해당하는 교사의 발화 유도 전략을 쓰고, ② 이 전략을 사용하여 ㉡의 상황에서 최 교사가 할 수 있는 적절한 발화의 예를 쓰시오.

① :

② :

2) (나)의 ㉢과 ㉣에 해당하는 언어교육 방법을 각각 쓰시오.

㉢ :

㉣ :

3) (나)의 [A]에서 민호의 특성을 고려할 때, 최 교사의 의사소통 지도 방법으로 적절하지 <u>않은</u> 내용 2가지를 찾아 쓰시오.

① :

② :

49 _____

(가)는 일반교사와 특수교사가 단순언어장애 학생 민규의 검사 결과에 대해 나눈 대화의 일부이다. 물음에 답하시오.

(가)

> 일반교사 : 민규의 발음이 분명하지 않아 말을 알아듣기 힘들어요.
>
> 특수교사 : 민규의 '우리말 조음·음운평가' 결과를 보면, 자음과 모음의 정확도가 낮은 것을 알 수 있어요.
>
> **민규의 '우리말 조음·음운평가' 결과 요약**
>
> | 구분 | 자음정확도 | 모음정확도 |
> |------|-----------|-----------|
> | 낱말 수준 | 28/43 (65%) | 7/10 (70%) |
> | 문장 수준 | 22/43 (51%) | 6/10 (60%) |

1) (가)의 우리말 조음·음운평가에서 민규는 다음과 같은 자음 오류를 보이는 것으로 나타났다. ① 민규가 공통적으로 보이는 자음 오류 형태를 조음위치 측면에서 쓰고, ② 이러한 오류가 자주 발생할 때 음운변동 접근법이 효과적인 이유 1가지를 쓰시오.

> **민규의 자음 오류**
>
> '가방'을 /다방/, '토끼'를 /토띠/, '꼬리'를 /토리/라고 발음함.

① :

② :

50 _____

(다)는 지체장애 특수학교에서 제작한 '학생 유형별 교육 지원 사례 자료집'에 수록된 Q & A의 일부이다. 물음에 답하시오.

(다)

> **Q** 혼합형 뇌성마비 학생 C는 교사가 '요구하기('집' 소리가 녹음된 음성출력도구의 버튼 누르기)' 시범을 보이면 쉽게 따라할 수 있습니다. 교사의 시범 없이도 학생이 '요구하기'를 할 수 있게 하는 방법을 알고 싶습니다.
>
> **A** 강화된 환경중심 언어중재 전략(EMT) 중 '요구-모델' 절차를 적용하여 다음과 같이 지도할 수 있습니다.
>
> > 학생 : (하교할 준비를 마치고 닫혀 있는 교실 문을 바라본다.)
> >
> > 교사 : (ⓓ 학생이 바라보고 있는 교실 문을 바라본다.) 뭘 하고 싶어?
> >
> > 학생 : ('집'소리가 녹음된 버튼을 누른다.) '집' 🔊
> >
> > 교사 : 그렇구나! 집에 가고 싶구나! (학생을 통학 버스 타는 곳까지 데려다 준다.)
> >   … (하략) …
> >
> > ※ 🔊는 녹음된 말소리를 의미함.

4) 교사가 (다)의 ⓓ과 같이 행동한 이유를 쓰시오.

51

다음은 학생 D와 K에 대해 특수교사와 일반교사가 나눈 대화이다. 학생 D는 언어학의 하위 영역(예 : 음운론 등) 중 무엇에 어려움을 보이는 것인지 쓰시오. 그리고 학생 K의 ㉠을 알아보는 방법을 제시하고, K에게 적용할 수 있는 ㉡의 유형 1가지와 그 예 1가지를 순서대로 제시하시오.

일반교사 : D는 친구들과 대화할 때 상대방의 말이 끝나기 전에 끼어들거나 대답을 듣지도 않고 질문만 합니다. 그래서 대화 내용을 잘 따라가지 못해서 주제를 놓치는 경우가 많습니다. 그리고 반 친구들이 하는 간접적이고 완곡한 표현을 이해하지 못하기도 합니다.

특수교사 : 네. D가 대화할 때 '명료화 요구하기' 전략을 활용할 수 있겠어요.

일반교사 : 그리고 K는 많은 단어를 사용하지 못하고 같은 단어들만 반복하는 것 같아요.

특수교사 : 그래요? 그럼 K의 어휘력을 알아보는 것이 좋겠네요. K에게 TV 프로그램에 대하여 말하게 한 후 ㉠어휘다양도를 살펴봐야겠습니다.

일반교사 : 요즘 K는 표현하려는 단어의 이름을 잘 말하지 못합니다. 예를 들면, "어… 그거 있잖아… 그거…"라고 말하곤 해요.

특수교사 : K가 단어를 떠올리는 데 어려움을 보일 때는 ㉡의미 단서나 구문 단서와 같은 다양한 단서를 사용하는 활동이 도움이 됩니다.

52

(가)는 유치원 통합학급 김 교사의 이야기 나누기 활동 장면의 일부이며, (나)는 중재 계획이다. 물음에 답하시오.

(가)

김 교사 : 자, 오늘은 이 책을 가지고 말놀이를 할 거예요.

유 아 A : ㉠(책 표지의 글자를 손으로 가리키며) 제목이 무엇이에요?

김 교사 : (손가락으로 제목을 짚으며) '동물 이야기'라고 쓰여 있어요.

유 아 B : 재미있을 것 같아요.

김 교사 : 여기에 호랑이가 있어요. 선생님을 따라 해 볼까요? ('호. 랑. 이' 하면서 손뼉을 세 번 친다. 짝! 짝! 짝!)

유 아 들 : (교사를 따라 '호. 랑. 이' 하면서 손뼉을 세 번 친다. 짝! 짝! 짝!)

김 교사 : 곰도 있네요. 그럼, ㉡ 곰에서 /ㅁ/를 빼고 말하면 어떻게 될까요?

유 아 C : '고'요.

김 교사 : 잘했어요. 여기 강아지가 공을 가지고 놀고 있어요. ㉢ '공'에서 /ㄱ/ 대신 /ㅋ/를 넣으면 어떻게 될까요?

유 아 D : ㉣ '콩'이요, '콩'.

          … (하략) …

(나)

㉤ 유아가 발음하지 못하는 음소가 무엇인지를 확인한다.

㉥ 핵심단어(열쇠단어)는 유아가 표적음을 10번 중 적어도 9번은 사회적으로 수용되는 방법으로 발음할 수 있는 단어로 한다.

㉦ 훈련단어(목표단어)는 유아가 표적음을 3번 중 적어도 2번은 바르게 발음하지 못하는 단어로 한다.

㉧ 핵심단어(열쇠단어)는 어두와 어말 위치에 각각 표적음을 내포하고 있어야 한다.

---

3) (나)는 밑줄 친 ㉣과 같은 말소리 오류를 보이는 유아를 위한 중재 계획이다. ① (나)에서 기술된 중재 방법을 쓰고, ② ㉤~㉧ 중 틀린 것을 찾아 기호를 쓰고 바르게 고쳐 쓰시오.

① :

② :

53

다음은 예비 유아특수교사가 통합학급 4세반 준혁이의 의사소통 특성을 관찰한 일화 기록의 일부이다. 물음에 답하시오.

관찰 장소	특수학급

준혁이의 자발적 의사소통 지도를 위해 교사는 준혁이가 볼 수 있지만 손이 닿지 않는 선반에 준혁이가 좋아하는 모형 자동차를 올려놓는다. 준혁이가 선반 아래에 와서 교사와 자동차를 번갈아 쳐다보며 교사의 팔을 잡아당긴다. 교사는 준혁이가 말하기를 기대에 찬 눈으로 바라본다. 잠시 후 준혁이는 모형 자동차를 가리키며 "자동차"라고 말한다. 교사가 준혁이에게 모형 자동차를 꺼내 주니 자동차를 바닥에 굴리며 논다. [A]

실외 놀이 후 준혁이는 교실에 들어오자마자 교구장에서 무엇인가를 찾는다. 교사는 준혁이에게 다가가서 모형 자동차를 보여 주며 "이게 뭐야?"라고 묻는다. 준혁이가 잠시 생각하더니 "자동차"라고 대답한다. 교사는 "우와! 그래, 이건 자동차야."라며 모형 자동차를 준혁이에게 건네준다. 준혁이가 '자동차'라고 말하지 않을 때는 자동차를 주지 않는다. 교사는 일과 활동 중에 시간 간격을 두고 이와 같은 교수 전략을 사용한다. [B]

관찰 장소	통합학급

㉠ 통합학급 교실로 준혁이가 들어오며 말없이 고개만 끄덕이자 통합학급 담임 교사가 준혁이에게 "선생님, 안녕하세요?"라고 말한다. 미술 영역에서 유아특수교사는 준혁이와 '소방차 색칠하기' 활동을 하고 있다. 준혁이의 자발적 발화를 유도하기 위해서 ㉡ 교사는 소방차를 색칠하면서 "소방차는 빨간색이니까 빨간색으로 칠해야겠다."라고 말한다. 준혁이가 색칠하기에 집중하고 있을 때 지섭이가 소방차 사이렌 소리를 요란하게 내면서 교사와 준혁이 옆을 지나간다. ㉢ 준혁이는 갑자기 몸을 웅크리며 두 귀를 양손으로 막는다. 준혁이는 활동 중에 큰 소리가 나거나 여러 유아들이 함께 큰 소리를 내면 귀를 막으며 소리를 지르는 행동을 보인다.

1) 교사가 준혁이의 자발적 발화를 증진하기 위하여 ① [A]에서 사용한 환경중심 의사소통 전략과 ② [B]에서 사용한 교수 전략을 쓰시오.

①:

②:

2) ① 밑줄 친 ㉠과 ㉡에 사용된 발화 유도 전략을 기호와 함께 각각 쓰고, ② 두 전략의 차이점을 비교하여 쓰시오. 그리고 ③ 밑줄 친 ㉢에서 준혁이가 보이는 감각 체계 특성을 쓰시오.

①:

②:

③:

54

다음은 특수학교에서 교육 실습 중인 예비 교사가 작성한 의사소통 관찰 결과와 그에 대해 지도 교사가 제공한 피드백의 일부이다. 물음에 답하시오.

학생	예비 교사 관찰 결과	지도 교사 피드백
철수	언어 이해만 가능함. 표현 언어는 관찰되지 않음. 예를 들면, ㉠"하지 마!"라는 금지어를 듣고 하던 행동을 멈춤. ㉡"아빠 어딨어?"라는 말을 듣고 아빠를 바라보며 "아바바"라고 함. ㉢"손뼉을 쳐요.", "눈을 감아요."라는 말을 듣고 동작을 수행함. ㉣몇 개의 물건들 중에서 지시하는 한 가지의 물건을 고를 수 있음.	지적장애가 있고 언어 발달 지체가 심하긴 하지만 ㉤표현 언어 발달도 함께 이루어지고 있음. 영유아 언어 발달 검사(SELSI)나 언어 발달 점검표로 평가해 볼 필요가 있음.
순이	부정확한 발음으로 인해 의사 전달이 어려움. 오류의 예: ㉥'땅콩' → [강공], '장구' → [앙쿠], '똑똑' → [도톡], '나무' → [나푸] 등. 자발화 표본을 수집하여 자음 정확도 측정 예정임.	㉦자음 정확도 분석뿐만 아니라 ㉧음운 변동 분석도 해 볼 필요가 있음. 이때 검사자 간 신뢰도 확보에 주의해야 함.
지우	주로 2~3개의 단어를 연결하여 말함. 기본적인 단어를 배열하는 수준임. 대부분 조사가 생략된 문장 형태를 보임.	생활 연령에 비해 특히 표현 언어 발달이 더 지체되어 있음. ㉨지우의 언어 발달 수준을 고려한 언어 자극을 주는 것이 중요함.

1) 밑줄 친 ㉤의 근거를 밑줄 친 ㉠~㉣에서 찾아 기호로 쓰고, 그렇게 판단할 수 있는 이유를 언어의 형식(기호)과 내용(의미)의 관계를 활용하여 쓰시오.

2) 다음은 밑줄 친 ㉥의 음운 변동 분석 결과의 일부이다. ① '땅콩'과 ② '장구'의 첫음절과 둘째 음절에서 나타난 오류 각각 1가지씩을 [A]에서 찾아 순서대로 쓰시오.

목표 단어	발음 전사	[A]					
		생략	첨가	긴장 음화	탈긴장 음화*	기식 음화	탈기식 음화
땅콩	강공	( )	( )	( )	( )	( )	( )
장구	앙쿠	( )	( )	( )	( )	( )	( )

* 이완음화와 동일한 용어임.

① :

② :

3) 밑줄 친 ㉦과 밑줄 친 ㉧의 실시 목적의 차이점을 쓰시오.

4) 다음은 밑줄 친 ㉨을 위한 방법이다. 적절하지 않은 방법을 찾아 기호로 쓰고, 바르게 고쳐 쓰시오.

ⓐ 말을 약간 천천히 하고, 중요한 단어에는 강세를 준다.

ⓑ 발음을 분명하게 하고, 질문이나 지시문의 경우에는 짧은 문장으로 말한다.

ⓒ 구체적이고 일상적인 단어를 사용하며, 복잡하고 어려운 단어는 이미 알고 있는 말로 바꾸어 들려준다.

ⓓ 새로운 단어는 전보식 문장으로 반복하여 말해주고, 의사소통의 기회를 충분히 주기 위하여 폐쇄형 질문을 주로 해 준다.

55

다음은 특수교사인 김 교사가 보완·대체 의사소통 (AAC) 기기를 사용하는 학생 J의 부모님께 보낸 전자 우편이다. 〈작성 방법〉에 따라 서술하시오.

안녕하세요? Y교육지원청 특수교육지원센터에서 실시하는 'AAC 기기 활용 워크숍'에 대해 안내를 드립니다.

㉠ 이번 워크숍에서는 학생 J가 사용 중인 AAC 기기를 개발한 전문가와 함께 기기에 새로운 상징을 추가해 보고, 유형에 따라 상징을 분류하는 방법을 실습합니다. 또한 배터리 문제 발생 시 해결할 수 있는 기기 관리 방법에 대해서도 안내할 예정입니다.

저와 학생 J의 담임교사도 이 워크숍에 참여합니다. 부모님께서도 이 워크숍이 AAC 기기 활용과 관리에 많은 도움이 되시기를 바랍니다. 워크숍에 대한 자세한 내용은 첨부한 파일을 참조하십시오.
감사합니다.

p.s. 다음과 같이 패스트푸드점을 이용하는 상황을 구조화 한 내용으로 의사소통 중재를 시작할 예정입니다. 학생 J가 잘 참여할 수 있도록 격려해 주십시오.

㉡
점　원: 안녕하세요?
학생 J: [안녕하세요]
점　원: 무엇을 주문하시겠어요?
학생 J: [치즈버거] [주세요]
점　원: 2,500원입니다.
학생 J: (카드를 꺼내며) [카드 여기 있어요]
점　원: 예, 맛있게 드십시오.
학생 J: [감사합니다]

※ [　]는 상징을 눌렀을 때 출력된 음성을 의미함.

의사소통판 구성(안)

안녕하세요	주세요	카드 여기 있어요	감사합니다
치즈버거	음료수	감자튀김	아이스크림

〈 작성 방법 〉
• ㉡에 해당하는 의사소통 중재 방법의 명칭을 쓰고, 이 중재 방법의 장점을 교사 입장에서 1가지 서술할 것

56

다음은 4세 발달지체 유아 승우의 어머니와 특수학급 민 교사 간 대화의 일부이다. 물음에 답하시오.

민　교　사 :	승우 어머니, 요즘 승우는 어떻게 지내나요?
승우 어머니 :	승우가 말로 의사 표현을 하지 못하니 집에서 어려움이 많아요. 간단하게라도 승우가 원하는 것을 알고 상호작용을 할 수 있으면 좋겠는데, 어떻게 해야 할지 모르겠어요. 유치원에서는 승우를 어떻게 지도하시는지요?
민　교　사 :	유치원에서도 ㉠승우에게는 아직 의도적인 의사소통 행동이 명확하게 잘 나타나지 않아서, 승우의 행동이 뭔가를 의미한다고 생각하고 반응해 주고 있어요. 그리고 ㉡승우가 어떤 사물을 관심을 가지고 바라보고 있을 때, 그것을 함께 바라봐 주는 반응을 해 주고 있어요.
승우 어머니 :	그렇군요. 저는 항상 저 혼자만 일방적으로 말하고 있는 것 같아서 답답했어요.
민　교　사 :	집에서도 승우와 대화할 때 어머니의 역할이 중요해요. 그럴 때는 ㉢어머니께서 승우가 의사를 표현할 수 있을 거라는 기대를 가지고 기회를 제공하여, 의사를 표현하는 동안 충분히 기다려 주는 것이 필요하지요. 승우에게 필요한 표현을 ㉣간단한 몸짓이나 표정, 그림 등으로 나타낼 수 있도록 만들어 가면 어떨까요? 예를 들면, ㉤간식 시간마다 승우가 먼저 간식을 달라는 의미로 손을 내미는 행동을 정해서 자신의 의도를 표현할 수 있도록 하는 것이지요.
승우 어머니 :	아, 그렇군요. 원하는 것을 표현하면 얻을 수 있다는 것도 가르쳐야 하는군요.

1) ① ㉠에 나타난 승우의 언어 전 의사소통 발달단계를 쓰고, ② ㉡에서 민 교사가 의도한 초기 의사소통 기능을 쓰시오.

① :

② :

57

다음은 교육 봉사를 다녀온 예비 특수교사와 지도 교수의 대화 내용이다. 물음에 답하시오.

예비 특수교사 : 교수님, 어제 ○○학교에 교육 봉사를 다녀 왔습니다. 교실 환경이 상당히 인상 깊었는데, 가장 특이했던 것은 교실 한쪽에 있던 커다란 플라스틱 이글루였어요. 입구에 '북극곰의 집'이라고 쓰여 있고 흔들의자도 있는 것 같았어요. 마침 1교시 시작할 때였는데 자폐성장애 학생인 민우가 그 안에서 나오는 거예요. 담임 선생님께 여쭤 보니 민우가 자주 이용하는 곳이라고 하시더군요.

지 도 교 수 : 아하! 아마도 (㉠)인가 봐요. 교실 한쪽이나 학교 내 별도 공간에도 둘 수 있는 건데, 물리적 배치를 통해 환경적 지원을 제공하기 위한 거죠. 유의해야 할 점은 타임아웃을 하거나 벌을 주기 위한 공간은 아니라는 겁니다.

… (중략) …

예비 특수교사 : 2교시에는 민우가 흥분이 되었는지 몸을 점점 심하게 흔드는 거예요. 그때 담임 선생님께서 손짓과 함께 '민우야, 북극곰!' 하시니까, 갑자기 민우가 목에 걸고 있던 명찰 같은 것을 선생님께 보여 주면서 '민우 북극곰, 민우 북극곰' 그러더라고요. 목에 걸고 있던 거랑 똑같은 것이 민우의 책상과 이글루 안쪽에도 붙어있었어요.

지 도 교 수 : 그건 자폐성장애 학생에게 주로 사용하는 파워카드 전략입니다. 자폐성장애 학생의 (㉡)을/를 활용해 행동 변화의 동기를 제공하기 위한 시각적 지원 전략의 하나죠. 파워카드에는 그림과 (㉢)이/가 사용됩니다.

예비 특수교사 : 중재 전략이 정말 다양하더군요.

지 도 교 수 : 중요한 것은 어떤 전략이든 ㉣<u>자연스러운 환경에서 적용해야 일반화가 쉽다는 겁니다. 언어중재도 마찬가지예요.</u>

---

3) ㉣에 해당하는 언어중재 방법에서 사용되는 요구모델이 모델링과 다른 점을 1가지 쓰시오.

58 _____ 2019 중등A-11

(가)는 중도 지적장애 학생 M의 특성이고, (나)는 학생 M을 위한 스크립트 중재 적용 계획의 일부이다. 〈작성 방법〉에 따라 서술하시오.

(가) 학생 M의 특성

- 15번 염색체 쌍 가운데 어머니로부터 물려받은 염색체가 결손이 있음.
- 발달지연이 있으며, 경미한 운동장애를 보임.
- 부적절한 웃음, 행복해하는 행동, 손을 흔드는 것 같은 독특한 행동을 종종 보임.
- 수용언어 능력이 표현언어 능력보다 비교적 좋음.
- 표현언어는 두 단어 연결의 초기 단계임.

(나) 스크립트 중재 적용 계획

〈중재 전 점검 사항〉

1. 상황 선정 시 점검 사항
   - ㉠ 학생이 상황 맥락을 이해하는 데 신경 쓰지 않도록, 화자 간에 공유하는 상황지식(shared event knowledge)을 제공하는 상황으로 선정
   - 학생에게 익숙하고 자연스러운 상황으로 선정
2. 상황언어 선정 및 중재 적용 점검 사항
   - 일상적이고 익숙한 상황언어를 선택
   - 기능적 언어 사용을 향상시킬 수 있도록 지도
   - 수용 및 표현언어의 습득 효율성을 고려한 지도

… (하략) …

〈활용할 스크립트〉

상황	하교 시 학교버스 이용하기			
하위행동	유도 상황/발화	가능한 목표언어	목표언어 구조	
			의미관계	화용적 기능
교실에서 하교 준비하기	겉옷을 입도록 한다.	"옷 주세요."	대상-행위	행동 요구
교실에서 복도로 이동하기	"누가 교실 문을 열까요?"	"제가 열래요."	(㉡)	주장
… (중략) …				
자리에 앉기	"어디에 앉을까요?"	"(㉢)"	장소-행위	질문에 대한 반응

㉣

〈작성 방법〉
- 밑줄 친 ㉠의 이유를 인지부하(cognitive load) 측면에서 1가지 서술할 것[단, 목표언어와 관련지어 서술할 것]
- 괄호 안의 ㉡에 해당하는 의미관계를 쓰고, 괄호 안의 ㉢에 해당하는 '가능한 목표언어'를 밑줄 친 ㉣에 근거하여 쓸 것

59

(가)는 자폐성장애 학생 P의 특성이고, (나)는 김 교사가 학생 P의 선호하는 사물과 활동을 통해 학생의 공동관심을 형성하기 위한 방안이다. 〈작성 방법〉에 따라 서술하시오.

(가) 학생 P의 특성

- '보드게임'과 '라면 끓이기'를 좋아함.
- 구어를 사용하지 않음.

(나) 공동관심 형성 방안

• EMT 환경 구성 전략: 도움 • 활동: 보드게임	학생의 공동관심 유형	교사와 학생 행동
(㉠)	(㉡)	(㉢)

• EMT 환경 구성 전략: 불충분한 자료 • 활동: 라면 끓이기	학생의 공동관심 유형	교사와 학생 행동
(㉣)	(㉤)	(㉥)

※ EMT는 강화된 환경 교수(Enhanced Milieu Teaching)를 의미함.

〈 작성 방법 〉
- 'EMT 환경 구성 전략'과 '활동'을 고려하여 괄호 안의 ㉠, ㉣에 해당하는 예 1가지를 순서대로 서술할 것
- 괄호 안의 ㉡, ㉤에 들어갈 수 있는 '학생의 공동관심 유형'의 명칭을 순서대로 쓰고, 각 유형에 따라 괄호 안의 ㉢, ㉥에 해당하는 '교사와 학생 행동'의 예 1가지를 순서대로 서술할 것[단, ㉡, ㉤은 교사와 학생의 행동 순서와 관련하여 서로 다른 유형임. ㉠-㉡-㉢, ㉣-㉤-㉥의 내용 연계성을 고려하여 작성할 것]

60

(가)는 ○○고등학교 특수학급에 재학 중인 학생 H의 말더듬 행동에 관한 관찰 내용이고, (나)는 국어과와 과학과 수업 장면의 일부이다. 〈작성 방법〉에 따라 서술하시오.

(가) 학생 H의 말더듬 행동 관찰 내용

- 수업 시간 중 어려운 단어가 나오면 연장(prolongation)과 막힘(block)이 나타남.
- ㉠더듬는 단어를 말할 때 동의어로 자주 바꾸어 말함.
- 바리스타 직업교육 첫날, ㉡커피 종류를 말할 때 눈을 깜빡이거나 아래턱을 떠는 행동이 나타남.

(나) 수업 장면

[국어과]
김 교사: 오늘 주제는 '육하원칙에 따른 대화하기'입니다. (그림을 제시하며) 언제 일어난 일인가요?
학생 H: 일요일 오후입니다.
김 교사: 어디에서 일어난 일인가요?
학생 H: ㉢ㅂㅂㅂ바닷가입니다.

… (중략) …

김 교사: 육하원칙을 이용하여 말을 하면 어떤 점이 좋습니까?
학생 H: ㅈㅈ제 생각을 잘 전달할 수 있습니다.

[과학과]
김 교사: 다 같이 포유류의 특징을 핵심 단어로 말해봅시다. 척추, 폐호흡.
학생 H: ㉣ㅊㅊ척추.
김 교사: 포유류는 폐로 호흡합니다.
학생 H: ㉤(입 모양만 보이고 소리가 나오지 않다가) 프프포유류는 폐로 호흡합니다.

〈 작성 방법 〉
- 밑줄 친 ㉠과 ㉡의 말더듬 행동 유형을 쓰고, 특성을 순서대로 서술할 것
- 밑줄 친 ㉢~㉤에서 나타난 말더듬 행동 특성을 심리언어학적 요인 중 음운론적 측면에서 2가지 서술할 것

61

다음은 통합학급 최 교사와 특수학급 윤 교사가 협의회에서 나눈 대화이다. 물음에 답하시오.

윤 교사: 선생님, 은지의 언어평가를 위해서 자발화 분석을 했어요. 여기 평균발화길이 분석 결과를 한번 보세요.

최 교사: 어떻게 나온 결과예요?

윤 교사: 100개의 발화를 수집하여 평균발화길이를 분석했어요.

평균발화길이	유아 발화	계산식
㉠	① 아빠-가 | 주-었-어 (5) ② 돔-인형 | 좋-아 (4) ③ 아빠 | 돔 (2) ④ 이 | 돔-인형 | 은지 | 돔 (5) ⋮	5+4+2+5 +⋯ / 100=4.00
㉡	① 아빠-가 | 주었어 (3) ② 돔인형 | 좋아 (2) ③ 아빠 | 돔 (2) ④ 이 | 돔인형 | 은지 | 돔 (4) ⋮	3+2+2+4 +⋯ / 100=2.75
평균어절길이	① 아빠가 | 주었어 (2) ② 돔인형 | 좋아 (2) ③ 아빠 | 돔 (2) ④ 이 | 돔인형 | 은지 | 돔 (4) ⋮	2+2+2+4 +⋯ / 100=2.50

최 교사: 평균발화길이 분석은 ㉢유아의 수용언어 능력을 평가하고, 교육진단에 목적을 두며, 구문론적 특성을 알아보기 위해서 하는 것이군요.

… (중략) …

윤 교사: 자발화 분석을 하면 조음오류도 분석할 수 있어요. 예를 들면, ㉣/곰인형/을 /돔인형/이라고 조음하는 것 등이 되겠지요.

---

1) ㉠과 ㉡에 들어갈 평균발화길이(MLU)의 유형을 각각 쓰시오.

㉠ :

㉡ :

2) ㉢에서 틀린 내용을 찾아 바르게 고쳐 쓰시오.

3) ① ㉣에 나타난 조음오류 현상은 무엇인지 쓰고, ② ㉣의 음운변동을 조음위치 측면에서 쓰시오.

① :

② :

62 _____

2020 유아A-8

다음은 통합학급 5세반 황 교사와 유아특수교사 정 교
사의 대화이다. 물음에 답하시오.

황 교사: 선생님, 영주는 ㉠말의 흐름이 자연스럽지
않고, 말 리듬이 특이해서 무슨 말을 하는지
이해하기가 힘들어요. 특정 음절을 반복, 연
장하고, 말이 막히기도 해요. 반면, 선미는 말
을 할 때 ㉡부자연스러운 고음과 쥐어짜는
듯한 거칠고 거센소리를 내요.

… (중략) …

황 교사: 지수의 경우는 점심시간에 제가 지수에게
"계란줄까?"라고 물어봤는데, ㉢지수가 로
봇처럼 단조로운 음으로 바로 "계란줄까, 계
란줄까, 계란줄까."라고 했어요. 또 "연필 줄
래?"라고 했더니 연필은 주지 않고 "줄래, 줄
래, 줄래."라고 말했어요. 또 ㉣자신의 말하
기 순서를 기다리지 못해서 불쑥 얘기하기도
해요.

정 교사: 그렇군요. 그건 지수와 같은 아이들에게서
자주 나타나는 현상이죠.

황 교사: 그리고 지수는 ㉤몸을 앞으로 숙였다 펴고,
손을 들어 손가락을 접었다 펴는 행동을 반
복해요. 그러면서 "꺄악꺄악"이라는 의미 없
는 소리를 내기도 해요.

… (하략) …

---

1) ㉠과 ㉡에 해당하는 말장애(구어장애) 유형을 쓰시
오.

㉠ :

㉡ :

2) ㉢과 같이 지수가 보이는 의사소통의 특성을 무엇
이라고 하는지 쓰시오.

3) ① ㉣에 해당하는 언어학의 하위 범주를 쓰고, ②
㉤의 행동 특성을 무엇이라고 하는지 쓰시오.

① :

② :

63

다음은 초임 특수교사가 관찰한 학생들의 특성과 이에 대한 수석 교사의 조언 일부이다. 물음에 답하시오.

학생	학생 특성	조언
은지	• 인지 및 언어발달 지체가 심함.	
	• 자신의 요구를 나타내려는 듯이 "어-, 어-, 어-", "우와, 우와, 우와"와 같은 소리를 내고, 교사가 이해하기 어려운 몸짓을 사용하기도 함.	• ㉠ 표정, 몸짓, 그림 가리키기, 컴퓨터 등을 포함한 비구어적 수단을 활용하는 지도 방법을 통해 언어 발달을 도와줄 수 있음.
소희	• 상황에 맞지 않거나 문법적 오류가 많이 포함된 2~3어절 정도 길이의 말을 함.	• ㉡ 언어지도 시 일상생활과 관련하여 잘 계획되고 통제된 맥락의 활용을 고려해 볼 수 있음.
	• 대화 시 교사의 말에 대한 반응이 없거나 늦음.	• 학생의 의사소통 기회를 증가시키기 위해 교사가 말을 하다가 '잠시 멈추기'를 해 주는 방법을 쓸 수 있음.
인호	• ㉢ "김치 매운 먹어요."와 같은 문장을 사용하거나, ㉣ "생각이 자랐어."와 같은 말을 이해하지 못함.	• 언어학의 하위 영역별로 지도하면 좋음.
	• ㉤ 주어를 빼고 말하는 경우가 자주 있음.	• ㉥ W-질문법을 활용하면 좋음.

2) ㉡의 예로 적절하지 않은 것을 다음 ⓐ~ⓓ에서 찾아 바르게 고쳐 쓰시오.

> ⓐ 혼잣말 기법 : 교사가 물을 마시며 "물을 마셔요."라고 말한다.
> ⓑ 평행적 발화 : 교사가 학생에게 빵을 주면서 "빵 주세요."라고 말한다.
> ⓒ 확장하기 : 학생이 "신어."라고 말하면 교사는 "그것이 맞아요."라고 말한다.
> ⓓ 반복 요청하기 : 학생이 "공을 던져요."라고 바르게 말했을 때 교사가 "공을 던져요.", "다시 말해 볼래요?"라고 말한다.

3) ㉢과 ㉣에서 나타난 오류는 언어학의 하위 영역 중어느 영역에 해당되는지 각각 쓰시오.

㉢ :

㉣ :

4) ㉤의 개선을 위한 지도를 할 때 다음의 ⓐ에 들어갈교사의 말을 ㉥을 활용하여 쓰시오.

> 인호 : 먹어요 사과.
> 교사 : (ⓐ   )

64

(가)의 대화에서 ㉠에 해당하는 용어를 쓰고, (나)에서 공통적으로 나타난 오조음 유형을 조음 방법에 근거하여 쓰시오.

(가) 대화

교육실습생: 선생님, 학생 B는 발음이 정확하지 않아요.
특 수 교 사: 그런가요?
교육실습생: '자가용', '장난감'처럼 /ㅈ/ 음소가 포함되는 단어를 잘 발음하지 못하더라고요. 이를 지도하는 방법이 있나요?
특 수 교 사: 네, 이를 지도하는 다양한 접근법이 있는데, 언어 인지적 접근법 중 하나인 (㉠) 접근법이 있어요. 이 방법은 말소리 발달 과정에서 남아 있는, 발음을 단순화하는 비정상적인 (㉠) 현상을 제거해 주는 방법이에요.
교육실습생: 이 접근법은 어떤 장점이 있나요?
특 수 교 사: 자음이나 모음의 정확도만으로 찾아내기 어려운 학생의 조음 오류 양상을 찾을 수 있고, 그 오류 양상을 제거하면 여러 개의 오류음을 동시에 수정할 수 있어요.
… (하략) …

(나) 학생 B의 발음 예시

정조음		오조음
풍선	→	풍턴
책상	→	책강
반바지	→	밥바디
자전거	→	다던더

65

(가)는 뇌성마비 학생 F의 의사소통 특성이고, (나)는 학생 F의 수업 참여도를 높이기 위해 교사가 작성한 보완대체 의사소통기기 활용 계획의 일부이다. 〈작성 방법〉에 따라 서술하시오.

(가) 학생 F의 의사소통 특성

• 한국 웩슬러 아동용 지능검사 4판(K-WISC-IV) 결과: 언어이해 지표 점수 75
• 조음에 어려움이 있음.
• 태블릿 PC 애플리케이션을 이용하여 수업에 참여함.

(나) 보완대체의사소통기기 활용 계획

• 활용 기기: 태블릿 PC
• 애플리케이션을 활용한 수업 내용
－㉠문장을 어순에 맞게 표현하기
• 어휘 목록
－문법 요소, 품사 등 수업 내용에 관련된 어휘 목록 선정
• 어휘 목록의 예
－나, 너, 우리, 학교, 집, 밥, 과자 ┐
－을, 를, 이, 가, 에, 에서, 으로 ㉡
－가다, 먹다, 오다, 공부하다   ┘
• 어휘 선택 기법
－화면이나 대체 입력기기를 직접 접촉하거나 누르고 있을 동안에는 선택되지 않음. ┐
－선택하고자 하는 해당 항목에 커서가 도달했 ㉢ 을 때, 접촉하고 있던 것을 떼게 되면 그 항목이 선택됨. ┘

〈 작성 방법 〉

• (나)의 밑줄 친 ㉠과 관련된 용어를 언어의 3가지 하위 체계 구성 요소 중에서 1가지 쓸 것

66 _____ 2021 유아A-8

(가)는 발달지체 유아 다영이와 엄마의 대화를 전사한 자료이고, (나)는 김 교사가 (가)를 보고 작성한 알림장이다. (다)와 (라)는 김 교사가 언어를 지도하는 장면이다. 물음에 답하시오.

(가)

엄　마:	다영아, 찰흙 놀이 그만하고, 소꿉놀이 할까?
다　영:	(고개를 끄덕이며) 응.
엄　마:	찌개 끓이자.
다　영:	좋아.
엄　마:	(호박을 가리키며) 이거 호박이야?
다　영:	응.
엄　마:	다영아, 근데 (도마를 들고) 이건 뭐야?
다　영:	도마.
엄　마:	그렇지. (칼을 보여 주며) 그럼 이건 뭐야?
다　영:	칼.
엄　마:	그렇지

(나)

○○유치원

알림장　다영이와 재미있게 소꿉놀이를 하셨네요. 그런데 대부분 어머니의 주도로 상호작용이 이루어지고 있는 것 같아요. 다영이의 관심과 흥미에 따라 상호작용을 하시는 게 좋습니다. 예를 들어, 어머니가 먼저 질문하기보다 아이가 이끄는 대로 따라가세요. 충분히 기다려 주시면서 다영이가 의사소통을 (㉠)할 때마다 어머니는 적절하게 반응해 주세요. 그렇게 되면, 다영이가 엄마랑 의사소통 하고 싶어지게 되고, 자신이 필요한 말을 배우게 될 거예요.

(다)

김 교사:	다영아, 우리 무슨 놀이할까? (찰흙통과 비눗방울통을 보여 주며) 찰흙? 비눗방울?
다　영:	찰흙.
김 교사:	(찰흙이 아니라 비눗방울통을 주며) 여기 있어.
다　영:	싫어.
김 교사:	(찰흙을 아주 조금만 주며) 여기 있어.
다　영:	(손을 내밀며) 더.
김 교사:	(㉡) 여기 있어.
다　영:	(찰흙통을 내밀며) ㉢ 열어.
김 교사:	(뚜껑을 열어 주며) 여기 있어.

(라)

다　영:	(도장 찍기 놀이통을 갖고 오면서) 도장
김 교사:	(고개를 끄덕이며) 도장 찍어.
다　영:	(꽃을 찍으면서) 꽃.
김 교사:	꽃 찍어.
다　영:	(자동차 도장을 찍으면서) 빠방.
김 교사:	빠방 찍어.
다　영:	(강아지 도장을 찍으면서) 멍멍이.
김 교사:	멍멍이 찍어.
다　영:	(소 도장을 찍으면서) ㉣ 음매 찍어.
김 교사:	그렇지. 잘했어.

1) ① (가)에서 다영이가 가장 많이 산출한 의사소통 기능을 도어(J. Dore)에 근거하여 쓰고, ② (나)의 ㉠에 들어갈 용어를 쓰시오.

　①:

　②:

2) (다)에서 다영이가 ㉢ 발화를 산출할 수 있도록 김 교사가 ㉡에서 계획해야 하는 교수적 상황을 쓰시오.

3) (라)에서 김 교사가 중재하고자 한 언어의 ① 구문론적 목표와 ② ㉣에 해당하는 의미관계 유형을 쓰시오.

　①:

　②:

67 _____ 2021 초등A-5

(가)는 민지의 특성이고, (나)는 교육실습생과 지도 교사의 대화이다. 물음에 답하시오.

(가) 민지의 특성

- 간단한 문장을 읽고 이해할 수 있다.
- 자신의 의사를 간단하게 표현할 수 있다.
- 학교에서 배운 것을 일상생활에 잘 적용하지 못한다.

(나) 교육실습생과 지도 교사의 대화

교육실습생: 다음 국어시간에는 '바른 말 고운 말 사용하기'수업을 역할 놀이로 진행한다고 들었어요. 선생님, 지적장애 학생을 교육할 때 어떤 점을 유의해야 할까요?

지도 교사: 교사는 ⊙ 결정적인 자료가 없는 한 학생을 수업 활동에 배제하지 않고 교육적 지원을 계속해야 하고, 학교에서 배운 것이 학습 결과로 바로 나타난다고 생각하기보다 ⓒ 학생의 생활, 경험, 흥미 등을 중심으로 현재 필요한 것이면서 미래의 가정과 직업, 지역사회, 여가활동 등에 활용될 수 있는 생활 기술들을 지도해야 합니다.

교육실습생: 네, 감사합니다.

… (중략) …

교육실습생: 민지의 의사소통 능력 증진을 위한 교수 전략을 추천해 주실 수 있을까요?

지도 교사: 일상의 의사소통 상황을 자연스럽게 구조화하여 지속적인 반응적 상호작용을 통해 의사소통을 촉진하는 대화 중심의 교수법을 추천하고 싶습니다. 」[A]

… (중략) …

교육실습생: 이 수업에 자기결정 교수학습 모델을 적용할 수 있을까요?

지도 교사: 네, 가능합니다. ⓒ 자기결정 행동의 구성 요소 중에서 '학생이 학습 문제를 해결하도록 학생 스스로 말해 가면서 실행하는 것'과 같은 요소를 중심으로 지도하면 좋겠네요. 이 때 자기결정 교수학습 모델을 단계별로 적용하면 됩니다.

교육실습생: 네, 감사합니다.

2) [A]에 해당하는 교수법을 쓰시오.

68 　　　　　　　　　　　　　　　　　2021 중등A-7

(가)는 ○○중학교 특수학급에 재학 중인 학생 C의 특성이고, (나)는 학생 C와 특수 교사가 나눈 대화의 일부이다. 〈작성 방법〉에 따라 서술하시오.

(가) 학생 C의 특성

◦ 일반 특성
　• 경도 지적장애
　• 친구나 교사의 말 중 어려운 단어가 나오면 대답을 회피하려고 함.
◦ 언어 및 의사소통 특성
　• 어휘력은 부족하나 이야기하기를 좋아함.
　• 문장 안에서 형태소를 생략하는 경우가 많음.
　• 상대방과 함께 알고 있는 지식을 바탕으로 대화할 수 있음.
　• 이야기를 구성할 때 ㉠결속 표지를 사용할 수 있음.
　• 상대방이 특정 대상을 파악할 수 있도록 특정한 정보를 언어적으로 표현할 수 있음.

(나) 학생 C와 특수 교사의 대화

　　　　　　　　… (상략) …

특수 교사 : 그럼, 지난 주말에는 어디 갔었는지 이야기해 주겠니?

학　생　C : 어저께는요, 엄마랑 아빠랑요, 동물원에 갔어요. 거기서 코끼리 봤는데요. 저번에 선생님이랑 봤던 코끼리요. 코끼리가 자고 일어났어요. 귀가 정말 커요. 코가 되게 길어요. 코끼리는 코가 손이에요 코끼리 '가자' 줬어요 　㉡

특수 교사 : 그래. ㉢코끼리에게 '과자'를 주었다는 거지?

학　생　C : 네. 과자 줬어요.

특수 교사 : 그랬구나. 코끼리는 '우리' 안에 다른 동물들과 함께 있었니?

학　생　C : …

특수 교사 : 코끼리 '우리'에 다른 동물도 있었니?

학　생　C : …

특수 교사 : 코끼리 '우리'에 누가 있었니?

학　생　C : ㉣'우리'요?

특수 교사 : 그래. 코끼리 집 말이야.

　　　　　　　　… (하략) …

〈작성 방법〉

• (가)의 밑줄 친 ㉠의 기능을 서술하고, ㉠에 해당하는 표현을 (나)의 ㉡에서 찾아 1가지를 쓸 것
• (가)에 제시된 학생 C의 언어 및 의사소통 특성에 근거할 때, ㉡에서 볼 수 있는 '언어의 화용적 능력'에 해당하는 용어를 1가지 쓸 것
• (나)의 밑줄 친 ㉢, ㉣에 공통적으로 나타난 대화 참여자들의 의사소통 전략을 1가지 쓸 것

69 _____

(가)는 ○○중학교에 재학 중인 학생 J의 진단·평가 결과이고, (나)는 순회 교사가 작성한 지도 계획의 일부이다. 〈작성 방법〉에 따라 서술하시오.

(가) 학생 J의 진단·평가 결과

┌─────────────────────────────────────┐
│ ◦ 언어 능력에 영향을 미칠 수 있는 지능이나 청력, 신
│   경학적인 손상 등이 없음.
│ ◦ 사회·정서적 영역의 발달에 이상이 없음.
│ ◦ 표준화된 언어검사 결과 −1.5 SD임.
└─────────────────────────────────────┘

(나) 지도 계획

┌─────────────────────────────────────┐
│ ○ 활동 1
│   • (㉠   )
│   −/ㅁ/, /ㅏ/, /ㅊ/, /ㅏ/를 듣고 '마차'라고 답하기
│   −/ㅅ/, /ㅏ/, /ㅈ/, /ㅣ/, /ㄴ/을 듣고 '사진'이라고
│   답하기
│ ○ 활동 2
│   • 틀린 문장에서 틀린 이유를 말하기
│   −"오빠가 아빠를 낳았다."에서 틀린 이유를 ┐
│   말하기   ㉡
│   −"짜장면을 마셔요."에서 틀린 이유를 말하기 ┘
└─────────────────────────────────────┘

┌─〈 작성 방법 〉────────────────────────┐
│ •(가)에 근거하여 학생 J의 언어장애 유형을 쓸 것
│ •(나)의 '활동 1'을 통해 향상시킬 수 있는 상위언어기
│   술의 영역 1가지를 쓰고, ㉠에 들어갈 활동 내용을 1
│   가지 제시할 것
│ •(나)의 ㉡에서 순회 교사가 지도하고자 하는 언어 영
│   역은 언어학의 하위 영역 중 어느 것에 해당하는지
│   쓸 것
└─────────────────────────────────────┘

70

(가)는 유아특수교사 김 교사와 통합학급 박 교사가 발달지체 유아의 의사소통 지도에 대해 나눈 대화이다. 물음에 답하시오.

(가)

| 박 교사: | 선생님, 석우에게 자연스러운 놀이 상황에서 의사소통을 지도하는 방법에는 무엇이 있을까요? |
| 김 교사: | 제가 자주 사용하는 자연적인 의사소통 지도 방법인 촉진적 언어 전략을 소개해 드릴게요. 이 활동기록을 한번 봐 주세요. |

교사의 말	석우의 말
석우야, 뭐하고 있어요?	
	㉠ 석우 요리해요.
(㉡)	
	(생략)
무슨 재료 줄까요?	
	김.
('네모난'을 강조해서 말하며) 네모난 김?	
	네.
… (중략) … (석우가 김밥을 자르고 있다.)	
(석우의 모습을 보며) 김밥을 자르고 있어요.	
	김밥을 자르고 있어요.

([A]는 교사의 말 '석우야, 뭐하고 있어요?'부터 '김밥을 자르고 있어요.'까지를 묶는 표시)

| 박 교사: | 놀이 상황에서 자연스럽게 의사소통을 지도할 수 있는 방법이 있군요. 저도 적용해 볼게요. 그리고 저희 반 은서는 제법 말도 잘하고 친구들과 대화할 때 큰 어려움이 없으니 이제 읽기 선행 기술을 가르쳐야 할 것 같아요. |
| 김 교사: | 그러면 은서에게는 말놀이 활동으로 음운인식 과제를 지도하면 좋겠어요. |

1) [A]에서 ① ㉠을 구문확장(expansion)하여 ㉡에 들어갈 말을 쓰고, ② 김 교사가 어휘확대(extension)를 시도한 말을 찾아 쓰시오.

① :

② :

2) [A]에서 평행적 발화기법에 해당하는 김 교사의 말을 찾아 쓰시오.

71

(가)는 발달지체 유아 동호의 통합학급 놀이 상황이고, (나)는 유아특수교사 최 교사의 반성적 저널의 일부이다. 물음에 답하시오.

(가)

신혜 : (옆에 지나가는 민수를 바라보며)
　　　민수야, 같이 모래놀이 하자.
민수 : 그래, 같이 하자.
동호 : (신혜와 민수를 바라본다.)
신혜 : 동호야, 너도 같이 할래?
동호 : (고개를 끄덕인다.)
민수 : 그래. 동호야, 우리 같이 모래 구덩이 만들자.
신혜 : (동호에게 모래를 파는 행동을 보이며)
　　　이렇게. 이렇게 파면 구덩이가 생겨.
민수 : 우리처럼 이렇게 모래를 파는 거야.
동호 : ㉠(신혜가 가진 꽃삽을 향해 손을 내민다.) [A]
민수 : 응? 뭐가 필요해?
신혜 : (옆의 나뭇가지를 동호에게 주며) 자, 이거!
동호 : (㉡나뭇가지를 밀어내며, 다시 한 번 꽃삽을 향해 손을 내민다.)
민수 : (신혜를 바라보며) 동호가 꽃삽이 필요한가봐.
신혜 : 아, 꽃삽! 자. 동호야, 너도 해봐.
동호 : (꽃삽을 받아들고 모래를 파기 시작한다.)
　　　　　　… (하략) …

(나)

　　학기 초, 동호가 친구들과 의사소통을 하고 싶어하는 모습을 보여, 자연스러운 놀이 상황에서 동호에게 반응이나 행동을 먼저 요구한 후 그에 대해 적절한 반응을 보이는 방법을 적용했다.
　　나와 통합학급 선생님은 기회가 주어질 때마다 이 방법을 동호에게 적용하려고 노력했다. 특히 동호가 좋아하는 퍼즐놀이 시간에 자주 활용했다.
　　동호가 퍼즐놀이를 할 때 동호와 공동 관심을 형성하고 동호에게 뭐가 필요한지, 무엇을 찾고 있는지 물어 보면서 동호의 반응을 유도했다. 처음에는 동호가 아무런 반응을 하지 않아서 손을 뻗거나 내미는 모습을 보여주었다.
　　요즘 동호가 퍼즐놀이 할 때 뭐가 필요한지 질문을 하면 ㉢퍼즐 조각을 향해 손을 뻗거나 내미는 행동을 한다. 자주는 아니지만, 친구들에게 의사소통을 시도하는 동호의 모습을 보니 대견스럽고 뿌듯하

1) 언어 발달 과정에 근거하여, (가)의 [A]에 공통적으로 나타난 동호의 의사소통 수단은 무엇인지 쓰시오.

2) (가)의 ㉠과 ㉡에서 동호의 행동에 나타난 의사소통의 기능을 각각 쓰시오.

㉠ :

㉡ :

3) (나)에서 ① 최 교사가 적용한 환경언어중재(Milieu Language Teaching : MLT) 방법이 무엇인지 쓰고, ② ㉢에 대해 최 교사가 해 주어야 할 반응을 쓰시오.

① :

② :

72 _____

다음은 은지와 상우를 위한 언어지도 계획안의 일부이다. 물음에 답하시오.

(가) 학생의 언어적 특성과 지원 내용

학생	언어적 특성	지원 내용
은지	• 구어 산출은 하지만 주로 몸짓 언어로 의사소통함	• 언어습득 발달 단계에 따라 일어문, 이어문 순으로 지도
상우	• 구어 산출은 하지만 ㉠몇 개의 낱말만으로 의사소통함 • 자발화 산출이 부족함	• 스크립트 문맥 활용 지도 • ㉡강화된 환경중심 언어중재 적용

(나) 은지를 위한 언어지도

단계	목표	유의점
일어문	• 친숙한 사물이나 대상의 이름을 이용하여 한 단어 산출	• ㉢자기 집 강아지만 '강아지'라고 하고, 다른 강아지는 '강아지'라고 하지 않음

⇩

(다) 상우를 위한 '신발 신기' 스크립트 문맥 활용

하위행동	유도 상황	목표 언어		
		언어 사용 기능	의미 관계	가능한 목표 발화
신발장 문 열기	(㉣)	㉤요구 하기	㉥대상 -행위	㉦"신발장 열어 주세요." "이거 열어."
바닥에 신발 내려놓기	교사가 신발을 다시 신발장 안이나 위에 놓으려고 한다.	◎요구 하기	㉧장소 -행위	(㉨)
신발 신기	교사가 신발 위에 발을 올려놓고 신지는 않는다.	요구 하기	대상 -행위	"신발 신어요." "이거 신어."

1) ① (가)의 ㉠에서 자발화 표본 수집 후, 총 낱말 중에서 여러 다른 낱말의 사용 정도를 분석하는 방법을 쓰고, ② (가)의 ㉡ 방법 중에서 다음에 해당되는 전략의 명칭을 쓰시오.

> • 혼자 블록 쌓기를 하고 있으면 교사가 "상우야, 무슨 모양을 쌓은 거야? 좋아하는 버스 모양으로 쌓았네."하며 대화를 이끌어 가기
> • 색칠하기 책을 쳐다보고 있으면 "상우야, 선생님이랑 색칠하기 놀이를 해볼까? 무슨 색을 칠해 볼까?"하며 놀이하기
> • 퍼즐을 하나씩 번갈아 맞추며 "상우야, 이번에는 네 차례야."라며 교대로 대화 주고받기
> • 손등을 긁으며 가렵다는 표현을 하면 교사도 자신의 손등을 긁으며 "상우야, 가려워?"라고 말하기

①:

②:

2) (나)의 ㉢과 같이 탈문맥 과정에서 나타나는 정상적인 어휘 발달 과정에서의 오류 형태를 쓰시오.

3) ① (다)의 ㉣에 들어갈 목표 언어 유도 상황을 ㉤, ㉥, ㉦을 고려하여 쓰고, ② (다)의 ◎과 ㉧에 근거하여 ㉨에 들어갈 가능한 목표 발화를 쓰시오.

①:

②:

73

다음은 장애인의 날에 ○○중학교에서 사용한 장애 이해 교육 자료이다. 밑줄 친 ㉠에 해당하는 것을 1가지 쓰고, ( ) 안에 들어갈 명료화 전략을 사용한 대화의 예를 1가지 쓰시오.

장애가 있는 친구와 의사소통을 잘 하려면?

□ 대답과 자기 생각을 말로 표현하지 못하는 친구는 어떤 방법으로 표현할까요?
• 표정, 몸짓으로 대답하고 표현합니다.
• 상징과 그림카드를 눈으로 응시하거나 손으로 가리켜서 대답하고 표현할 수 있습니다.
• 음성 출력 도구를 사용하여 대답하고 표현하기도 합니다.

□ 어떻게 하면 장애가 있는 친구와 의사소통을 잘 할 수 있을까요?
• 친구의 표정과 몸짓을 자세히 살펴보세요. 표정과 몸짓에 대답과 생각이 담겨 있습니다.
• 친구에게 이야기할 때 표정과 몸짓을 많이 사용하여 말해 주세요.
• 쉬운 낱말을 사용하여 짧은 문장으로 천천히 말해 주세요.
• ㉠준언어(paralanguage)적 요소를 사용하여 말해 주세요.
• 친구가 바로 대답하거나 표현하지 못하더라도 조금만 기다려 주세요.
• 친구의 말을 알아듣기 힘들 땐 ( )(이)라고 말해 주세요.

74

(가)는 의사소통장애 학생 B가 속한 학급의 수업 장면이고, (나)는 일반 교사와 특수 교사가 나눈 대화의 일부이다. 〈작성 방법〉에 따라 쓰시오.

(가) 수업 장면

(나) 대화

··· (상략) ···

특수 교사: 수업을 보니까 학생 B가 부쩍 말을 더 더듬는 것 같아요.
일반 교사: 맞아요. 실어증 진단을 받고 나서 말을 더 더듬는 것 같아요.
특수 교사: 뇌손상 이후에 그런 경우들이 종종 있어요.
일반 교사: 얼마 전에는 학생 B가 말을 하는데 ㉤목에서 말소리는 안 나오고 후두가 긴장되어 있는 것처럼 보였어요.

─〈작성 방법〉─
• (가)의 밑줄 친 ㉠과 ㉡, 그리고 ㉢과 ㉣에서 실어증으로 인해 공통으로 나타난 언어적 특징의 명칭을 쓸 것
• (나)의 밑줄 친 ㉤에 나타난 말더듬 핵심 행동의 유형을 쓸 것

75

(가)는 의사소통장애 학생 I의 기본 정보 및 현행 언어 수준의 일부이고, (나)는 우리말 조음·음운평가 (U-TAP)의 실시 방법이다. 〈작성 방법〉에 따라 서술하시오.

(가) 기본 정보 및 현행 언어 수준

---

1. 기본 정보
- 현재 13세 여학생으로 통합교육을 받고 있음.
- 주 양육자인 어머니의 보고에 의하면 첫 돌 무렵에 첫 낱말을 산출하였으나, 두 낱말 표현은 36개월경에 나타났음.
- 오랫동안 조사나 연결어 등을 생략하고 명사와 동사 중심으로 짧게 말하는 (㉠)(으)로 말을 하는 경향이 있었음.

… (중략) …

2. 언어 수준
- 우리말 조음·음운평가(U-TAP) 결과, 낱말 수준에서 자음 정확도는 65.1%이며 모음정확도는 90%임.
- 음절 수준의 음세기 과제에서는 총 20문항 중 19개에서 정반응을 보임.
- 모방이나 청각적 혹은 시각적 단서를 주었을 때, 정조음 하는지를 알아보는 (㉡) 검사에서 /ㄱ/ 음소는 10회 중 6회 정반응을 보임.

(나) 실시 방법

㉢ 정반응을 하면, "정답이야."라고 말해 준다.
㉣ 적절한 유대관계를 형성한 후 검사를 실시한다.
㉤ 단어의 이름을 모를 때에는 유도 문장을 말해 준다.
㉥ 반응을 보이지 않으면 단어를 따라 말해 보도록 한다.
㉦ 정반응을 보인 단어는 '+'로, 오조음을 보인 단어는 '−'로 표기한다.

〈작성 방법〉
- (가)의 괄호 안 ㉠, ㉡에 해당하는 용어를 기호와 함께 각각 쓸 것

76

(나)는 병설유치원 개별화교육지원팀 협의 내용의 일부이다. 물음에 답하시오.

(나)

임 교사 : 민서는 보완대체의사소통(Augmentative and Alternative Communication : AAC) 기기로 자신의 요구를 표현해요. ㉢친구가 민서를 부르며 펭귄 인형을 가리키면 민서도 펭귄 인형을 보고 AAC 기기에서 펭귄을 찾아서 눌러요.

민서 아버지 : 지도해 주셔서 감사합니다. ㉣AAC 기기를 추천받았을 때 민서가 AAC 기기를 사용하면 아예 말을 못하고 친구들과 어울리지 못할까 봐 사용을 반대했었지요.

임 교사 : AAC 기기는 연령이나 장애 정도와 상관없이 어떤 방법으로든 의사소통할 수 있다는 가능성에 초점을 둡니다. 민서가 친구들과 긍정적으로 상호작용을 할 수 있게 되어 기쁩니다.

고 원장 : 그리고 민서에게 일관성 있는 의사소통 중재가 필요합니다.

---

2) ㉢에 나타난 의사소통 행동이 무엇인지 쓰시오.

77 _____

(가)는 통합학급 놀이 지원 내용의 일부이다. 물음에 답하시오.

(가)

교사 : (놀이 영상을 보여 주며) 이 영상에서 현우가 뭐라고 하는지 말해 볼까요? 민수 : 조용히 하라고 한 것 같아요. 현우 : (고개를 가로젓는다.) 상미 : 내가 맞혀 볼게요. 현우가 그네를 한 번 더 타고 싶은 것 같은데요. 현우 : (고개를 끄덕이며) 응. 교사 : 상미는 ㉠ <u>현우의 손 모양이랑 표정을 같이 보았구나. 우리는 몸짓이나 손짓으로도 말할 수 있어요.</u>

1) (가)의 ㉠이 사회적 의사소통에서 중요한 이유를 1가지 쓰시오.

78 _____

(나)는 의사소통에 어려움이 있는 나희와 강우의 특성에 따른 지도 시 유의점이다. 물음에 답하시오.

(나) 학생 특성에 따른 지도 시 유의점

학생명	특성	유의점
나희	• 조음기관의 구조와 기능 및 청각에는 문제가 없으나 수용어휘능력에 비해 표현어휘능력이 현저히 떨어짐 • 우리말 조음 음운평가검사 결과: ⓒ초성에서 연구개음 생략이 잦음 • 친구들과 말하는 것을 좋아하나 발음이 부정확하여 의사소통이 어려움	• ㉣나희가 발음할 수 있는 '고기'를 핵심단어로 하고 발음하지 못하는 단어를 훈련단어로 선정하여 서로 연결해 발음하도록 함
강우	• 파라다이스-유창성 검사 결과: 말더듬 정도 '심함'으로 나타남 • ㉤발표할 차례가 되면 자꾸 화장실이나 보건실에 다녀오겠다고 함 • 원하지 않는 사람들과의 대화 중에는 눈을 마주치지 않고 딴 곳을 보거나 대화에 끼지 않고 싶어함	• 심리적으로 불안하면 말더듬 정도가 심해짐 • 수업에서 말하기 활동을 할 때 긴장을 많이 하고 불안한 모습을 보임 • ㉥강우의 심리적 특성을 고려하여 지도함

2) ① (나)의 ⓒ의 예시를 〈보기〉와 같은 형식으로 1가지 쓰고, ② ㉣에 사용된 중재기법을 쓰시오.

〈보기〉
/나비/를 /다비/로 발음함

① :

② :

3) ① (나)의 ㉤에 해당하는 말더듬의 부수행동 유형을 쓰고, ② ㉥에 해당하는 지도 방안을 1가지 쓰시오.

① :

② :

79

(가)는 중도 지적장애와 지체장애를 중복으로 가지고 있는 학생 민수의 특성이고, (나)는 음악과 3~4학년군의 '즐거운 학교' 단원 지도 계획 중 일부이다. 물음에 답하시오.

(가) 민수의 특성

- 몸통과 사지의 조절 능력이 부족함
- 스스로 머리 가누기가 어렵고, 서서 하는 활동 시에는 자세 보조기기가 필요함
- ㉠요구하는 상황에서 '으', '거' 등의 소리를 내거나 가지고 싶은 물건이 있으면 몸을 앞뒤로 흔드는 행동으로 표현함

(나) 지도 계획

차시	제재명	학습활동	유의 사항	
1	소리 탐색하기	• 학교에서 들을 수 있는 소리 탐색하기 –교실 내에서 들을 수 있는 소리 들어보기(책상 부딪치는 소리, 칠판 두드리는 소리 등) –교실 밖에서 들을 수 있는 소리 들어보기(복도에서 뛰는 소리, 급식실에서 밥 먹는 소리 등)	–민수에게 학교생활과 관련된 다양한 소리를 들려주어 소리에 집중하고 관심을 보일 수 있도록 지도함	
2	소리 내기 Ⅰ	• (㉡)	–민수의 상지 기능을 강화하기 위해 손으로 소리를 낼 수 있도록 유도함	[A]
3	소리 내기 Ⅱ	• 여러 가지 물건이나 타악기로 소리내기 –교실 물건으로 소리내기(연필, 책 등) –타악기로 소리내기(큰북, 작은북 등)	–큰북 치기는 서서 하는 활동으로 유도함 –민수는 ㉢자신의 의사를 잘 전달하지 못하므로 사전에 선호도를 파악한 후 원하는 사물 중 하나를 고르도록 함	

1) ㉠을 바탕으로 민수의 의사소통 발달 단계를 쓰시오.

3) (나)의 ㉢에서 향상시키고자 하는 의사소통 기술을 쓰시오.

80 _____ 2023 중등A-8

(가)는 학생 A의 오조음 목록이고, (나)는 학생 A를 위한 조음음운중재 계획이다. 〈작성 방법〉에 따라 서술하시오.

(가) 학생 A의 오조음 목록

- /풀/을 /불/로 발음
- /통/을 /동/으로 발음
- /콩/을 /공/으로 발음

(나) 학생 A를 위한 조음음운중재 계획

중재 방법	변별자질접근법	
중재 초점	• 오류의 패턴을 찾아서 교정하면 동일한 자질을 가진 다른 음소들의 오류가 동시에 개선됨	
중재 단어	• (㉠) : '불'–'풀'	
중재 단계	**구분**	**내용**
	(㉡)	학생에게 '불', '풀' 사진을 보여주면서 학생이 단어를 아는지 알아봄
	변별	교사가 '불'–'풀'을 발음하면 학생이 해당 사진을 가리킴
	훈련	학생이 '불'–'풀'을 발음하면 교사가 해당 사진을 가리킴
	전이– 훈련	학생이 '풀'을 정조음할 수 있게 되면, 구와 문장에서 연습하도록 지도함

┌〈작성 방법〉────
- (가)에 공통적으로 나타난 대치음운변동의 오류 형태를 쓸 것
- (나)의 괄호 안의 ㉠에 해당하는 용어를 쓰고, 그 의미를 서술할 것
- (나)의 괄호 안의 ㉡의 명칭을 쓸 것

81

(가)는 특수학교에 재학 중인 학생의 의사소통 특성이고, (나)는 지도 교사가 교육실습생과 학생들의 대화 장면을 관찰하여 작성한 메모이다. 〈작성 방법〉에 따라 서술하시오.

(가) 학생의 의사소통 특성

학생	의사소통 특성
A	• 일관적이지 않은 조음 오류를 나타냄 • 언어 규칙의 습득이 지체됨
B	• 어휘력이 매우 낮음 • 형용사나 부사의 사용 빈도가 낮음
C	• 조음과 관련된 근육의 협응이 잘 이루어지지 않음 • 말 명료도가 낮고, 자음에서의 조음 오류가 두드러짐

(나) 지도 교사의 메모

상황	대화	관찰
• 학생 A가 간식 시간에 '사과'를 먹은 후 교육실습생과 대화함	• 교육실습생: 간식 시간에 어떤 과일을 먹었어요? • 학생 A: /따가/ 먹을래. • 교육실습생: (㉠)	• 교정적 피드백 유형 중 고쳐 말하기 전략을 사용하여 지도함
• 학생 B가 주말에 영화를 봤다는 정보를 사전에 듣고 대화를 유도함	• 교육실습생: 주말에 뭐 했어요? • 학생 B: 영화 봤어요. • 교육실습생: (㉡)	• 확대 전략을 사용하여 지도함
• 학생 C가 잘 볼 수 있는 위치에서 그림카드를 가리키며 발음을 지도함	• 교육실습생: 선생님을 따라 이런 자세로 말해 보세요. ㉢ /감/, /코/ • 학생 C: /더/, /으/	• ㉣ <u>조음기관을 최소한으로 움직여 정조음을 훈련할 수 있는 자세를 활용하여 지도함</u>

82

(가)는 자폐성장애 유아 동주의 특성이고, (나)는 유아특수교사 임 교사와 유아교사 배 교사가 동주의 놀이를 지원하는 장면과 임 교사의 지도 노트이다. 물음에 답하시오.

(가)

> • 곤충을 좋아함
> • 동영상 보기를 좋아함
> • 상호작용을 위한 말을 거의 하지 않음
> • 상호작용 중 상대방이 가리키거나 쳐다보는 사물, 사람, 혹은 사건을 함께 쳐다볼 수 있음

(나)

> 동　　주: (배 교사를 쳐다보지만 통을 보여 주지는 않는다.)
> 배 교사: 동주 왔구나.
> 동　　주: (반응하지 않는다.)
> 임 교사: 동주야, 무당벌레 보여 드리자.
> 동　　주: (반응하지 않는다.)
> 임 교사: (통을 든 동주의 팔꿈치를 살짝 밀어 주며) 보여 드리자.
> 동　　주: (반응하지 않는다.)
> 임 교사: (동주의 손을 겹쳐 잡아 통에 든 무당벌레를 배 교사에게 보여주며) 보여 드리자.
> 배 교사: 와, 동주가 좋아하는 무당벌레구나!
> 동　　주: (교사를 쳐다보며 환하게 웃는다.)

> 동주의 손을 잡아 곤충을 보여 주도록 지도한 날로부터 2주가 지났다. 촉구가 성공적으로 용암되고 있다. 오늘 내가 팔꿈치를 살짝 밀어 주며 "보여 드리자."라고 말해 주는 단계까지 진행했을 때 동주가 배 선생님에게 곤충을 보여 주었다. 마지막 단계가 용암되어 기뻤다. 나와 배 선생님이 일과 중 자연스럽게 대화 상대자와 촉구 제공자의 역할을 바꾸어 가며 지도해 온 결과이다.

1) (나)에서 교사들이 지도하고 있는 공동관심 행동의 목표를 (가)를 참고하여 쓰시오.

83

다음은 유아특수교사 최 교사와 박 교사가 나눈 대화
이다. 물음에 답하시오.

[11월 ○○일]

최 교사 : 다음 달에 진행할 카드 만들기는 잘 준비되고 있
　　　　나요?

박 교사 : 네. 다양한 재료와 도구를 활용하여 크리스마스
　　　　카드를 꾸미려고 해요. 그래서 소윤이가 모양펀치
　　　　를 활용하여 스티커를 만들어 붙이는 방법을 미리
　　　　연습하고 있는데 어려움이 있어요.

최 교사 : 어떤 어려움인가요?

박 교사 : 단계를 나누어서 관찰해 보니 각각의 단계는　┐
　　　　잘 수행하지만 순서대로 수행하는 걸 계속 어　│
　　　　려워해요.　　　　　　　　　　　　　　　　　│

최 교사 : 소윤이가 단계를 순서대로 수행하는 데만 어　│
　　　　려움을 보이고 과제도 복잡하지 않으니 연쇄　├ [A]
　　　　법 중에서 (㉠)을/를 적용해 보면 좋을　│
　　　　것 같아요. 이 연쇄법은 매 회기마다 모든 단　│
　　　　계를 수행하도록 하면서 어려움을 보이면 촉　│
　　　　구를 제공하여 지도하는 방법이에요. 모든　　│
　　　　단계를 다 수행했을 때는 강화하면 돼요.　　┘

[12월 □□일]

최 교사 : 이번 크리스마스 카드 만들기는 어땠어요?

박 교사 : 유아들이 정말 즐거워했어요. 특히 소윤이가 모양
　　　　스티커를 활용해 카드를 잘 꾸몄어요. 그동안 소
　　　　윤이의 자율성이 향상된 것이 더 도움이 된 것 같
　　　　아요.

최 교사 : 어떤 방법을 사용하셨어요?

박 교사 : 먼저 순서에 따라 카드를 완성하면 좋아하는 트램
　　　　펄린 타는 것을 약속했어요. 활동 중에는 각 단계
　　　　마다 그림과제분석표에 동그라미를 그려 점검하
　　　　게 했고요. ㉡ 활동이 끝난 후에는 스스로 그림과
　　　　제 분석표를 보고, 사전에 정한 기준대로 모든 단
　　　　계에 동그라미가 있으면 웃는 강아지 얼굴에 스탬
　　　　프를 찍게 했어요. 그랬더니 카드 만들기 활동 후
　　　　소윤이가 웃는 강아지 얼굴에 표시한 걸 가지고
　　　　와서 "소윤이 트램펄린 탈래."라고 말하더라고요.

이름 : 소윤

• 순서대로 모두 수행했나요?

다 했어요　　　노력이 필요해요

최 교사 : 정말 기특하네요.

박 교사 : 네. 그리고 ㉢ 소윤이가 친구들에게 "이것 봐, 이
　　　　거 내가 했어. 혼자 만든 거야. 많이 연습했어. 잘
　　　　했지? 예쁘지?"라고 자랑했어요. 소윤이가 자신의
　　　　노력 덕분에 잘 완성했다고 생각하더라고요.

최 교사 : 소윤이의 자신감이 높아진 것 같아 기쁘네요.
　　　　　　　　　… (중략) …

박 교사 : 마지막으로 말씀드릴 내용은 진우 이야기예요. 진
　　　　우가 ㉣ 어른에게 '안녕하세요'라고 인사를 해야
　　　　한다고 배웠잖아요. 그런데 또래나 어린 동생에게
　　　　도 '안녕하세요'라고 인사를 하더라고요.

최 교사 : 그럼 ㉤ 또래나 어린 동생에게 적절히 인사를 할
　　　　수 있도록 변별훈련을 하면 되겠어요.

---

3) ㉣에 해당하는 언어 발달 과정에서의 특성이 무엇
　인지 쓰시오.

84
2024 유아A-5

(가)는 유아특수교사와 5세 발달지체 유아 시우와 민지의 대화 장면이고, (나)는 시우와 민지를 위한 의사소통 지도 방안이다. 물음에 답하시오.

(가)

(교사가 뽀이 인형을 보여 준다.)

민지: 와~ 뽀이다.

시우: ㅃㅃㅃ 뽀이다.

(교사가 뽀이 인형을 들고, 방귀 뀌는 제스처와 함께 입에 공기를 가득 모았다가 터트리면서 '뿡'을 발음하는 입 모양을 보여 준다.)

교사: 뽀이가 지금 어떤 소리를 냈을까요?

민지: ㉠둥~

시우: ㅃㅃㅃ 뿌우~

교사: 그래, 뿡~. 자, 입안에 공기를 넣고 뿡~ 하고 터트려 볼까요? (입에 공기를 가득 모았다가 터트리는 입 모양을 하며) 뿡~

시우: (입술을 긴장하며 대답하지 않는다.)

민지: 탕~

교사: 잘했어요. (뽀이를 보여 주면서) 뽀이는 무엇을 뀌었을까요?

민지: ㉡탕구요.

시우: (대답하지 않고 다른 곳을 쳐다본다.)

교사: 시우도 대답해 볼까요? 뽀이는 무엇을 뀌었을까요?

시우: (얼굴을 한쪽으로 찌푸리면서) ㉢ㅂㅂㅂ 방구요.

… (하략) …

(나)

의사소통 지도 방안	
시우	• 말하는 기회를 많이 가질 수 있도록 함 • 유창성 완성법보다는 ㉣말더듬 수정법을 활용하는 것이 효과적임
민지	• 일관되지 않은 조음 오류를 지도함 • 목표 음소를 개별적으로 지도하는 ㉤짝자극기법이나 언어인지적으로 접근하는 음운변동 접근법을 활용할 수 있음

1) (가)의 ㉠과 ㉡에 공통으로 나타난 대치 음운변동 현상을 쓰시오.

2) ① (가)의 ㉢에 해당하는 말더듬의 핵심행동 유형을 쓰고, ② (나)의 ㉣의 이유를 (가)에 제시된 시우의 의사소통 특성을 참고하여 쓰시오.

① :

② :

3) (나)의 ㉤으로 조음 오류를 중재할 때, ① 사용할 수 있는 핵심단어의 조건을 쓰고, ② 단어 수준으로 지도하는 방법을 민지가 산출한 단어를 활용하여 쓰시오.

① :

② :

85

(다)는 풍선놀이 장면의 일부이다. 물음에 답하시오.

(다)

> (안 교사는 유희실 천장에 줄이 달린 헬륨 풍선을 띄워 놓았다.)
> 단 비 : (천장에 붙어 있는 풍선을 바라본다.)
> 안 교사 : (풍선을 같이 바라본다.)
> 단 비 : (안 교사를 바라본다.)
> 안 교사 : 단비야, 뭐 줄까? 　　　　　　　　[A]
> 단 비 : (손가락으로 풍선을 가리킨다.)
> 안 교사 : ＿＿＿＿＿ ⓛ ＿＿＿＿＿
> 단 비 : 풍. 선.
> 안 교사 : 자, 풍선 줄게. (풍선을 건넨다.)
>
> … (중략) …
>
> 건 호 : (단비에게 손을 내밀며) 단비야, 같이 놀자.
> 단 비 : (건호의 손을 잡는다.)
> 건 호 : 우리 저기 위에 노란 풍선 잡으러 갈까?
> 단 비 : 응.
> 건 호 : (위로 깡충 뛰며) 이렇게 뛰면 잡을 수 있어. 나랑 같이 풍선 잡아 보자. 하나, 둘, 셋 하면 깡충 하는 거야. 알았지? 하나, 둘, 셋!
> 단 비 : (건호의 동작을 따라한다.)

3) 환경중심언어중재(Milieu Language Teaching : MLT)에 근거하여 (다)의 ① [A]에서 적용한 교수기법을 쓰고, ② ⓛ에 들어갈 내용을 쓰시오.

①:

②:

86

(가)는 유아특수교사 김 교사가 쓴 반성적 저널의 일부이다. 물음에 답하시오.

(가)

> **[4월 ○○일]**
>
> 한 달 동안 연우의 대화를 관찰한 결과, 어휘와 문법에서는 연령에 적합한 발달을 보였다. 그러나 연우는 ㉠ 상황과 목적에 맞게 말을 하는 데 어려움을 보였다. 또한 친구들과 대화할 때 대화 순서를 지키거나 적절한 몸짓과 얼굴 표정을 나타내는 것에도 어려움을 보였다.
> 연우의 의사소통 능력의 향상을 위하여 유치원과 가정에서 보다 체계적인 지원이 필요하다고 생각했다. 이를 위해 ㉡ 연우의 의사소통 장면을 주의 깊게 관찰하여 그 내용을 간결하고 객관적인 글로 기록하려 한다. 이 자료는 연우의 의사소통 발달 정도를 파악하고 중재를 계획하는 데 도움이 될 것이다. 그리고 연우가 가정에서 보이는 의사소통의 특징을 파악하기 위해 보호자와 ㉢ 비구조화된 면담을 실시하려고 한다.

1) (가)의 ㉠을 참고하여 언어학의 5가지 하위 영역 중 연우가 어려움을 나타내는 영역을 쓰시오.

87

(가)는 의사소통장애 학생들의 특성과 지원 내용이고, (나)는 영호 어머니와 특수교사가 나눈 대화의 일부이다. 물음에 답하시오.

(가)

준우	특성	• 조음기관의 협응이 잘 이루어지지 않음 ⎤ • 특정 음소에서 발음이 부정확함 [A] • 구강 운동 기능에 결함을 가지고 있음 ⎦ • 말의 속도, 강세, 억양 등이 부자연스러움 • 거칠고 쥐어짜는 소리가 나며 기식성 음성이 나타남

	지원
	내용
		• 개별 음소 중재에 주안점을 둠
		  – 발음할 때 설압자나 면봉 등을 이용하여 입술, 혀, 턱 등의 바른 위치를 지적하여 알려줌 [B]
		  – 발음의 정확도를 높이기 위해 거울이나 구강 모형을 활용함

영호	특성	• 조음기관의 결함은 보이지 않음 ⎤ • 문장으로 말할 때 음운상의 오류를 더 많이 보임 [C] • 말소리를 듣고 말소리의 구조를 인지하거나 변별하는 능력에 결함을 보임 ⎦ • 모음보다는 자음의 발음에서 오류가 더 많음 • 또래에 비해 제한된 어휘를 사용함
	지원 내용	• ㉠음운 인식 훈련 제공

(나)

어 머 니 :	선생님, 얼마 전에 참석한 부모 교육이 저에게 많은 도움이 되었어요. 그런데 막상 제가 해 보려니 쉽지가 않은 것 같아요.
특수교사 :	그렇군요. 우선 영호에게는 발화 주제는 그대로 유지한 상태에서 어휘만 더 첨가해서 들려주시는 (㉡)이/가 효과적일 수 있을 것 같습니다. 예를 들면 영호가 "우유"라고 말하면 "초코 우유", "딸기 우유", "바나나 우유"라고 말해 주시면 됩니다.
어 머 니 :	아, 그렇군요 그러니까 선생님 말씀은 영호가 자동차 놀이를 할 때, "자동차"라고 말하면, "빨간 자동차"라고 말해 주라는 거죠? 혹시 영호에게 적용할 수 있는 또 다른 방법이 있나요?
특수교사 :	영호가 어떤 행동을 할 때 어머니께서 영호의 입장에서 말로 표현해 주시는 방법도 있습니다. 예를 들면 식사 시간에 영호가 반찬을 집을 때마다 "시금치 먹어요.", "고등어 먹어요."와 같이 영호의 입장에서 말씀해 주시는 거예요 이런 방법을 (㉢)(이)라고 해요.

1) (가)의 [A]와 [C]에서 나타난 의사소통장애의 특성을 비교하였을 때, 오조음의 일관성 측면에서 차이점 1가지를 쓰시오.

2) ① (가)의 [B]에서 사용된 중재 방법의 명칭을 쓰고, ② '가방'이라는 단어를 활용하여 (가)의 ㉠에 해당하는 음절 수준의 합성 과제 1가지를 쓰시오(단, 교사의 발문 형태로 쓸 것).

① :

② :

3) ① (나)의 ㉡에 들어갈 언어 중재 전략의 명칭을 쓰고, ② (나)의 ㉢에 들어갈 언어 중재 전략의 명칭을 쓰시오.

① :

② :

88

(가)는 김 교사가 메모한 청각장애 학생 영수의 특성이
다. 물음에 답하시오.

(가)

○ K-WISC-V 결과: 지능지수 76
○ 1년 전부터 양측 귀에 인공와우를 착용함
○ 교정 청력: 양측 40dB HL
○ 말소리 명료도가 낮음
 – '거리'를 /그리/로 발음함 ┐
 – '네모'를 /니모/로 발음함 [A]
 – '개미'를 /그미/로 발음함 ┘
　　　　　　　　… (중략) …
○ /f/, /th/, /s/ 음을 정확하게 인지하지 못함
 ↳ • 모음 식별 가능　　　　　　　　　　　[B]
 　• /f/, /th/, /s/를 제외한 대부분의 자음 식별 가능 ┘
○ 개념 지도 시 지문자를 활용하면 효과적임
 ↳ • 부모와 학생도 지문자 사용을 선호함

1) (가)의 [A]에서 공통적으로 나타난 조음 오류 특성
　을 혀의 높낮이 측면에서 1가지 쓰시오.

89

(가)는 ○○중학교에 재학 중인 학생 A를 지도하는 일
반 교사와 특수 교사의 대화이고, (나)는 학생 A에 대
한 조음·음운 지도 계획의 일부이다. (가)의 괄호 안
의 ㉠에 해당하는 용어를 쓰고, (나)를 참고하여 학생
A에게 적용할 조음·음운 중재 기법의 유형을 쓰시오.

(가) 일반 교사와 특수 교사의 대화

일반 교사: 선생님, 우리 반 학생 A는 말할 때 입을 크
　　　　　게 벌리지 않고 우물거리며 말을 하는 습관
　　　　　이 있어서 수업 시간에 말을 알아듣기 힘들
　　　　　때가 많습니다.
특수 교사: 네, (㉠)이/가 낮아서 문제이군요.
일반 교사: 그게 무슨 뜻인가요?
특수 교사: 이것은 학생 A가 발음하는 것을 선생님이
　　　　　알아듣는 정도를 의미해요.

(나) 학생 A의 조음·음운 지도 계획

1. 우리말 조음·음운 평가(Urimal Test of Articulation
　and Phonology: U-TAP) 결과
　1) 개별 음소 분석표
　＊음소 정확도

	자음 정확도	모음 정확도
낱말 수준	38/43	9/10
	88.3%	90.0%
문장 수준	34/43	9/10
	79.0%	90.0%

　2) 음운 오류 분석 결과

　　　　　… (중략) …

2. 중재 진행 방향
　1) 음운 오류인 탈기식음화 감소를 중재 목표로 설
　　정함
　2) 목표음을 지도할 때 문맥적 훈련에 중점을 두어
　　진행함
　3) 한 번에 여러 개 음소를 동시에 수정하고자 함

90 _____

다음은 ○○특수학교 중학교 과정에 재학 중인 학생 A 와 B를 지도하는 교육 실습생과 특수 교사의 대화 중 일부이다. 〈작성 방법〉에 따라 서술하시오.

교육 실습생: 선생님, 우리 반 학생 A는 '컵'이라는 이름이 잘 생각나지 않을 때 "어, 어, 그거 있잖아요."라고 하거나, 손으로 마시는 흉내를 내면서 표현하는 경우가 있어요. 왜 낱말의 이름을 떠올리는 것을 어려워 하나요?

특수 교사: 학생 A는 ㉠어휘 수도 부족하고 낱말을 확실하게 기억하지 못해서, 낱말의 이름을 떠올려 산출하는 것을 어려워합니다.

교육 실습생: 그럼 학생 A를 위한 낱말 찾기 지도 방법은 무엇이 있을까요?

특수 교사: ㉡음운적 단서, ㉢범주어의 이름이나 기능을 설명하는 단서, 상용구를 활용하는 단서로 낱말을 떠올려서 산출할 수 있어요.

교육 실습생: 수업 시간에 보니까 학생 B는 말을 잘 하지 않으려고 해요. 어떻게 지도할까요?

특수 교사: 발화하기 전에 시범을 보이면서 자극을 주는 전략이 있어요.

교육 실습생: 학생 B에게 발화를 이끌어 낼 때 적용해 볼 수 있는 전략이 있으면 알려 주시겠어요?

특수 교사: 네, 발화를 유도하는 전략 중에는 선생님이 ㉣자신이 하는 행동에 대하여 자신의 입장에서 혼잣말하는 것을 학생에게 들려 주는 방법이 있어요. 예를 들어 선생님이 책장에 책을 넣으면서 "책을 넣어요."라고 말해 주는 기법입니다.

┌─〈작성 방법〉─────────────
• 밑줄 친 ㉠과 같은 어려움을 보이는 언어학적 영역을 쓸 것
• 밑줄 친 ㉡, ㉢의 예를 1가지씩 각각 서술할 것[단, 명사를 활용하여 제시할 것]
• 밑줄 친 ㉣에 해당하는 기법을 적용했을 때, 기대 효과를 1가지 서술할 것

김남진

KORSET 특수교육학 기출분석 3

PART **12**

시각장애아교육

Mind Map

Chapter 1 시각장애의 이해

1 시각장애의 개념 ┌ 장애인 등에 대한 특수교육법
└ 장애인복지법

2 시각장애의 분류 ┌ 실명 시기에 따른 분류
├ 시각장애 진행 정도에 따른 분류
└ 장애 중복에 따른 분류

3 눈의 구조와 기능 ┌ 안구 ┌ 외막
│   ├ 중막
│   ├ 내막 ┌ 추체세포
│   │   └ 간체세포
│   └ 안내용물
├ 눈의 부속기관
└ 시신경과 시로 ┌ 시신경
└ 시로

Chapter 2 시각 관련 용어의 이해

1 시각 관련 기본 개념 ┌ 시각
├ 시기능
├ 시효율
└ 시지각

2 시각능력의 분류 ┌ 시력
├ 시야
├ 색각
├ 대비감도
├ 광감도
├ 안운동
└ 조절

3 시각 활용 기술 ┌ 고시
├ 중심 외 보기
├ 추시
├ 추적
├ 주사
└ 기타 시각 활용 기술

Chapter 3 시각장애의 원인

1 각막질환 ── 각막염
          ├ 각막외상
          └ 원추각막

2 중막질환 ── 무홍채증
          └ 베세트병

3 망막질환 ── 망막박리
          ├ 당뇨망막병증
          ├ 미숙아 망막병증
          ├ 망막모세포증
          ├ 망막색소변성
          ├ 황반변성
          ├ 백색증
          └ 추체이영양증

4 안내용물 관련 질환 ── 수정체 질환 ── 선천성 백내장
                                  └ 후천성 백내장
                    └ 방수에 의한 질환 ── 원발 녹내장
                                  ├ 이차 녹내장
                                  └ 선천성 녹내장

5 시신경 질환 ── 시신경염
          ├ 시신경 위축
          ├ 시로장애
          └ 피질시각장애

6 외안근 이상 ── 사시
          └ 안구진탕

7 굴절 이상 ── 근시
          ├ 원시
          └ 난시

Chapter 4 시각장애의 진단 · 평가

1 장애인 등에 대한 특수교육법 ─ 기초학습기능검사
                                 ├ 시력검사
                                 └ 시기능검사 및 촉기능검사

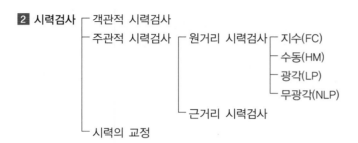

2 시력검사 ─ 객관적 시력검사
           ├ 주관적 시력검사 ─ 원거리 시력검사 ─ 지수(FC)
           │   ├ 수동(HM)
           │   ├ 광각(LP)
           │   └ 무광각(NLP)
           │   └ 근거리 시력검사
           └ 시력의 교정

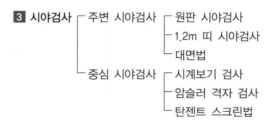

3 시야검사 ─ 주변 시야검사 ─ 원판 시야검사
           │   ├ 1.2m 띠 시야검사
           │   └ 대면법
           └ 중심 시야검사 ─ 시계보기 검사
                          ├ 암슬러 격자 검사
                          └ 탄젠트 스크린법

4 색각검사

5 학습매체 평가 ─ 학습매체 평가의 개념
               └ 학습매체 평가의 구성 ─ 읽기매체 평가
                                    ├ 쓰기매체 평가
                                    └ 그림매체 평가

Chapter 5 교육적 지원

1 시각장애 확대 핵심 교육과정

2 저시력 학생을 위한 교육원칙 ─ 저시력 학생을 위한 교육원칙
   및 교육적 접근   └ 저시력 학생을 위한 교육적 접근 ─ Corn의 시기능 모형 ─ 시각능력
                                                                    ├ 학생의 능력
                                                                    └ 환경요인
                                                    └ 저시력 학생의 교육 접근

3 시각 활용 기술 훈련 ─ 중심시야 상실에 따른 시각 활용 기술 : 중심 외 보기 기술
                     └ 주변시야 상실에 따른 시각 활용 기술 : 추시하기, 추적하기, 주사하기

4 **확대법** ─ 상대적 거리 확대법
     ├ 상대적 크기 확대법
     ├ 각도 확대법
     └ 투사 확대법

5 **조명 제공** ─ 조명에 대한 이해
      └ 조명 활용 지침

Chapter 6 **보조공학 지원**

1 **비광학보조공학기기** ─ 타이포스코프
        ├ 라인 가이드
        └ 아세테이트지

2 **광학보조공학기기** ─ 확대경 ─ 개념
           ├ 종류 : 집광 확대경, 막대 확대경, 스탠드형 확대경, 손잡이형 확대경,
                안경형/안경부착형 확대경 등
           ├ 배율과 시야
           ├ 사용 거리
           └ 사용법 지도
        └ 망원경

3 **전자보조공학기기** ─ 촉각 활용 보조공학기기 ─ 점자정보단말기
                  └ 옵타콘
         ├ 청각 활용 보조공학기기 ─ 화면 읽기 프로그램
                  ├ 데이지 플레이어
                  ├ 광학문자인식시스템
                  └ 보이스아이
         ├ 시각 활용 보조공학기기 ─ 확대독서기
                  └ 화면 확대 프로그램
         ├ 컴퓨터 제어판을 통한 환경 수정 ─ 포인터 속도와 스크롤 양
                    ├ 고대비와 마우스 키
                    ├ 텍스트 음성 변환
                    ├ 디스플레이
                    └ 내레이터
         └ 시각장애인의 정보 접근 ─ 화면해설 서비스
                  └ 라디오 리딩 서비스

Chapter 7 교과교육과 교수법

1 교과교육

2 교수적 수정 ─┬ 교수환경
              ├ 교수자료 ─┬ 양각 그림 자료
                         ├ 확대 자료
                         └ 음성 자료
              └ 평가 조정 ─┬ 환경 조정
                         ├ 시간 조정
                         ├ 제시형태 조정
                         ├ 제시형태 수정
                         └ 반응형태 조정

3 교수법 ─┬ 촉각을 이용한 교수법 ─┬ 신체적 안내법
             │   ├ 손 위 손 안내법
             │   └ 손 아래 손 안내법
             ├ 모델링 ─┬ 시각적 모델링
             │   └ 촉각적 모델링
             ├ 공동 운동
             ├ 전체─부분─전체 교수법
             └ 부분─전체 교수법

Chapter 8 보행훈련

1 보행훈련의 이해 ─┬ 보행훈련의 개념
                      └ 보행 교육의 원리

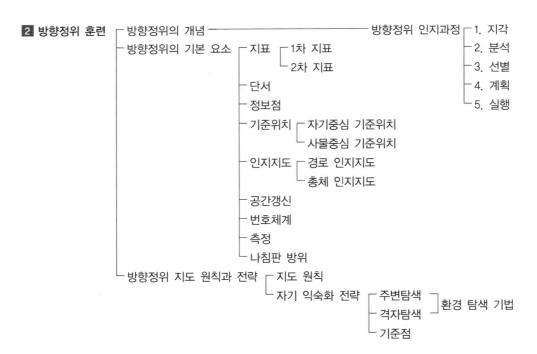

3 **청각 활용 훈련** ┬ 청각기술
 └ 청각 단서의 이용을 방해하는 주요 원인 ┬ 사운드 마스크
  └ 사운드 섀도

4 **이동기술 지도** ┬ 실내 단독 이동기술 ┬ 자기 보호법
 │ ├ 핸드 트레일링
 │ ├ 자기 보호법과 핸드 트레일링의 결합
 │ └ 비어링 교정 및 방향잡기 ┬ 1. 비어링 인식하기
 │   ├ 2. 멈춰서기
 │   ├ 3. 진로 방향과 평행하게 서기
 │   ├ 4. 자세 정렬하기
 │   └ 5. 직선 보행하기
 ├ 안내법
 ├ 지팡이 보행 ┬ 사용 목적
 │ ├ 구조와 선택
 │ ├ 장단점
 │ ├ 사용 기법 ┬ 대각선법
 │ │ ├ 이점 촉타법
 │ │ └ 이점 촉타법의 변형 ┬ 촉타 후 밀기법
 │ │   ├ 촉타 후 긋기법
 │ │   ├ 지면접촉 유지법
 │ │   ├ 삼점 촉타법
 │ │   └ 한 번 바닥치고 한 번 측면치기
 │ ├ 상황별 지팡이 사용법
 │ └ 기준선 보행
 ├ 안내견 보행 ┬ 안내견의 기초 보행 훈련
 │ └ 장단점 및 고려사항
 └ 전자보행기구를 이용한 보행

Chapter 9 **점자 지도**

1 점자에 대한 이해 ┬ 점자의 필요성
            ├ 한국 점자 표기의 기본 원칙과 특징
            ├ 점자의 장단점
            └ 점자 지도

2 점자 기호 ┬ 자음
         ├ 모음
         ├ 약자와 약어 ┬ 약자
         │   └ 약어
         ├ 문장 부호 및 기타 부호
         └ 숫자와 영어 알파벳 ┬ 숫자/연산
                         └ 로마자(영어 알파벳)

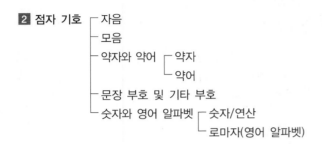

Chapter 10 **시각중복장애 학생 교육**

1 시각중복장애의 이해

2 시각중복장애 학생 교수법 ┬ 다감각적 교수법
                    ├ 촉각 교수법
                    ├ 자연스러운 환경에서의 지도
                    ├ 일과 활용 지도
                    ├ 주제 중심 수업
                    └ 클러스터 교육

3 시각중복장애 학생의 의사소통 지도 ┬ 촉각 신호 ┬ 접촉 단서
                          │   └ 사물 단서
                          ├ 사물 상징
                          ├ 촉수어
                          ├ 핵심 어휘 사인
                          ├ 촉지화
                          ├ 손바닥 문자
                          └ 지점자

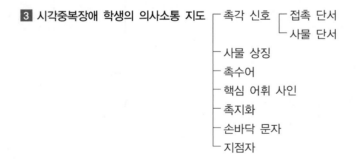

기출문제 다잡기

정답 및 해설 p.65

01

2009 유아1-9

〈보기〉에서 한글 점자에 관한 바른 설명을 모두 고른 것은?

─〈 보기 〉─
ㄱ. 모음 앞에 오는 이응(ㅇ)을 항상 생략한다.
ㄴ. 점자를 읽을 때 점칸 내 왼쪽 위의 점은 1점이다.
ㄷ. 모든 첫소리 자음 다음에 오는 모음 'ㅏ'를 생략한다.
ㄹ. 첫소리에 오는 된소리를 쓸 때 자음 앞에 된소리 기호 5점을 표기한다.

① ㄱ, ㄴ
② ㄴ, ㄷ
③ ㄷ, ㄹ
④ ㄱ, ㄴ, ㄷ
⑤ ㄴ, ㄷ, ㄹ

02

2009 초등1-23

다음 (가)는 초등학교 4학년 사회과 '우리 시·도의 자연과 생산 활동' 단원의 수업 계획이고, (나)는 일반학급에 통합된 시각장애 학생 정호의 특성이다. 정호의 특성을 고려할 때, 가장 적절한 지도사항은?

(가)

단계	교수·학습 활동
탐구 문제 파악	여러 지역의 특산물에 대한 영상물 상영 및 탐구 문제 제시
가설 설정	지역의 자연환경과 특산물 간의 관계를 가설로 설정
탐색	주요 지역의 특산물에 대한 모둠별 조사계획
정보 수집 및 처리	자료 조사 및 조사 결과를 모둠별로 정리
결과 제시	모둠별로 발표 개요를 칠판에 적고, 조사 결과를 발표

(나)

정호의 특성
• 대비감도가 낮다.
• 좋은 쪽 눈의 교정시력이 0.08이다.
• 학업성취도 수준은 학급 내에서 보통이다.
• 가까이 있는 사물은 볼 수 있지만 멀리 있는 사물은 거의 보지 못한다.

① 색깔 단서가 적은 자료를 제공한다.
② 모둠 활동에 참여시키지 않고 개별과제를 하도록 한다.
③ 사회 교과서를 읽을 때 오목렌즈 안경을 사용하도록 지도한다.
④ 주요 특산물을 표시한 우리나라 지도를 점자지도로 제작해 준다.
⑤ 정호가 자리에 앉아서 칠판에 적힌 모둠별 발표 개요를 읽을 수 있게 확대경을 제공한다.

03 _____ 2009 초등1-31

다음은 초등학교 3학년 미술과 '여러 가지 색' 단원 수업 계획의 일부이다. 전맹(全盲) 학생인 영희에게 이 단원을 가르치려고 할 때 필요한 교수적합화(교수수정)를 〈보기〉에서 고른 것은?

학습목표 : 여러 가지 색 알기
학습활동 : 기본 5색(빨강, 노랑, 초록, 파랑, 보라) 알기
학습자료 : 기본 5색 물감

〈보기〉
ㄱ. 개인용 조명기구를 설치한다.
ㄴ. 아세테이트지로 덮어 색의 대비를 높인다.
ㄷ. 언어를 통하여 색에 대한 연상이 이루어지도록 한다.
ㄹ. 질감이 다른 물질을 물감에 혼합하여 색의 차이를 표현한다.

① ㄱ, ㄷ   ② ㄱ, ㄹ
③ ㄴ, ㄷ   ④ ㄴ, ㄹ
⑤ ㄷ, ㄹ

04 _____ 2009 중등1-16

저시력학생을 위한 적절한 교육 환경 및 처치로 가장 거리가 먼 것은?

① 약시학급의 경우, 교실 환경을 전체적으로 더 밝게 해 준다.
② 망막색소변성의 경우, 대부분 진행성이므로 점자를 배우게 한다.
③ 백내장이 수정체 가장자리에 있는 경우, 고도 조명을 제공한다.
④ 독서할 때에 글줄을 자주 잃을 경우, 타이포스코프를 제공한다.
⑤ 황반변성의 경우, 글자와 종이의 대비가 선명한 자료를 제공한다.

05

한글 점자로 읽을 때 '아버지'를 바르게 표기한 것은?

①
○● ●○ ●○ ●● ●○
●○ ○● ●○ ○○ ○●
●○ ○○ ○● ○○ ●○

②
●○ ○○ ○○ ○○ ●○
●○ ○○ ●○ ○○ ○○
○● ○● ●○ ○● ●○

③
○● ○○ ○● ○○ ●○
●○ ○○ ●○ ○○ ○●
●○ ○○ ●○ ○○ ●○

④
●○ ○● ●● ○● ●○
●○ ○● ○○ ○○ ●○
○● ○○ ●○ ●○ ●○

⑤
●○ ○● ○● ○● ●○
●○ ●○ ●○ ○○ ○●
○● ○○ ●○ ●○ ●○

06

(가)와 (나)에 들어갈 보조공학기기의 명칭으로 적절한 것은?

○ 선천성 맹학생 A는 ☐ (가) ☐ 을(를) 사용하여 맹학교 초등부 졸업 후, 일반 중학교로 진학할 예정이다. 이 기기는 일반학생의 노트북과 같이 워드프로세스 기능과 음성출력, 점역 및 역점역, 인터넷, 한글파일의 점역 및 텍스트 파일로의 생성이 가능한 것으로 종이가 필요없는 점자기기(paperless brailler)이다.

○ 후천성 저시력학생 B는 ☐ (나) ☐ 을(를) 사용하여 맹학교 중학교 졸업 후, 일반 고등학교에 진학할 예정이다. 이 기기는 글자의 크기, 색상, 명암을 조절할 수 있어 책을 읽을 때 도움이 된다.

	(가)	(나)
①	점자정보단말기	확대독서기
②	점자정보단말기	전동확대경
③	점자전자출력기	확대독서기
④	점자전자출력기	전동확대경
⑤	옵타콘(OPTACON)	확대독서기

07 _____

A는 시각이 급격히 저하되어 지팡이를 사용하여야 독립보행이 가능한 중학교 1학년 학생이다. 김 교사는 재량활동 시간을 활용하여 A에게 기본적인 지팡이 기법을 지도하려고 한다. 김 교사가 가르치고자 하는 지팡이 기법의 내용 중 적절한 것을 〈보기〉에서 모두 고른 것은?

┌─〈보기〉─────────────────────────┐
ㄱ. 계단을 오를 때에는 대각선법으로 지팡이를 잡는다.
ㄴ. 지팡이를 움직여서 그리는 호의 넓이는 신체 부위에서 가장 넓은 어깨넓이를 유지한다.
ㄷ. 지팡이를 잡은 손은 몸 앞 중앙에 오도록 유지하고, 손목을 좌우로 움직여 호를 그린다.
ㄹ. 지팡이로 신체 왼쪽 바닥면을 두드리는 동시에 왼쪽 발을 리듬에 맞추어 앞으로 내딛는다.
ㅁ. 2점 촉타법 응용기법으로는 터치 앤 슬라이드(touch & slide), 터치 앤 드래그(touch & drag) 방법 등이 있다.
ㅂ. 2점 촉타법은 주로 실외 보행을 위해 사용하도록 지도하고, 익숙한 학교 복도에서는 주로 대각선법을 사용하도록 지도한다.
└──────────────────────────────┘

① ㄱ, ㄷ, ㅁ   ② ㄱ, ㄹ, ㅂ
③ ㄷ, ㅁ, ㅂ   ④ ㄱ, ㄹ, ㅁ, ㅂ
⑤ ㄴ, ㄷ, ㄹ, ㅁ

08 _____

백색증(albinism)으로 인한 시각장애가 있는 아동의 교육을 위해 교사가 해야 할 조치로 가장 적절한 것은?

① 백색증은 안압 상승을 초래하므로 아동에게 정기적으로 안약을 넣도록 지도한다.

② 백색증은 망막 박리를 초래하므로 아동에게 신체적인 운동을 줄이도록 권장한다.

③ 백색증은 점진적인 시력 저하를 초래하므로 아동에게 점자를 미리 익히도록 지도한다.

④ 백색증은 눈부심을 초래하므로 아동에게 햇빛이 비치는 실외에서 차양이 넓은 모자를 착용하도록 지도한다.

⑤ 백색증은 암순응 곤란을 초래하므로 교실의 전체 조명보다 높은 수준의 조명을 아동에게 개별적으로 제공한다.

09

다음은 통합유치원에 다니는 시각장애 유아 민우에 대한 상담일지와 진단서의 일부이다. 정 교사는 이 자료를 참고하여 탐구생활 영역의 수업을 계획하고자 한다. 〈보기〉에서 정 교사가 민우를 위해 실시할 수 있는 교육적 지원으로 적절한 것을 모두 고른 것은?

(김민우)의 상담일지

• 수학과 과학에 관심이 많고 공룡을 좋아함
• 수 계산 : 구체물을 활용하여 10 미만의 수 덧셈과 뺄셈 가능
• 현재 시각장애인복지관에서 한글 점자의 자·모음과 숫자 점자를 배우고 있음

〈 진 단 서 〉

발급일 : 2009. 10. 01

• 성명 : 김민우
• 생년월일 : 2002년 11월 ○○일(현재, 만 6세 10개월)
• 현재 시력 : 좌 − 전맹   우 − 전맹
  − 2008년 12월 16일 갑작스런 시력 감퇴와 안구 통증으로 처음 내원
  − 2009년 1월 23일 안암 진단 확정 후 안구 적출 수술 실시
  − 현재 양안의 안구를 모두 적출한 상태임
  − 의안 착용 상담 요망
  − 기타 특이 소견 없음

〈보기〉

ㄱ. 명암의 구분을 향상시키기 위해 조도를 높인다.
ㄴ. 장애 발생 시기상, 시 기억을 활용하기에 적합하지 않으며 촉각에 의존한 교육을 실시한다.
ㄷ. '측정하기' 지도 시, 확대독서기를 활용하여 묵자로 된 학습 자료를 음성으로 변환시켜 제공한다.
ㄹ. '자료 정리 및 비교하기' 지도 시, 굵기와 질감이 다른 실, 철사 등을 활용하여 촉각 그래프를 만들어 제시한다.
ㅁ. '다양한 도형 알기' 지도 시, 글루건(glue gun)이나 입체 복사기 등을 활용하여 양각화한 평면 도형을 제시한다.
ㅂ. 한국 웩슬러 아동 지능검사(K-WISC-Ⅲ)의 동작성 검사와 언어성 검사를 실시하여 현재의 지능 수준을 전반적으로 분석한다.

① ㄱ, ㄷ
② ㄹ, ㅁ
③ ㄱ, ㄹ, ㅁ
④ ㄴ, ㄷ, ㅂ
⑤ ㄴ, ㅁ, ㅂ

10

통합학급을 담당하는 유 교사는 2007년 개정 초등학교 교육과정 과학과 4학년의 '식물의 한 살이'를 지도하려고 한다. 다음과 같은 특성을 보이는 시각장애 학생 정희를 지도하는 방법으로 적절한 것을 〈보기〉에서 모두 고른 것은?

인 적 사 항			
이름	이정희	학교	푸른초등학교
생년월일	1999년 10월 2일	학년	4학년
장애유형	시각장애	원인	시신경 위축
시력	• 좌안 : 광각 (light perception, LP) • 우안 : 수동 (hand movement, HM)	발생 시기	선천성

〈보기〉

ㄱ. 강낭콩을 기르는 과정을 묵자자료로 확대하여 제공한다.
ㄴ. 강낭콩의 성장과정을 입체모형으로 제작하여 만져 보게 한다.
ㄷ. 강낭콩 줄기의 길이를 측정하도록 촉각표시가 된 자를 제공한다.
ㄹ. 강낭콩 성장과정을 손으로 확인할 수 있도록 싹이 튼 강낭콩을 흙보다는 물에서 기른다.
ㅁ. 강낭콩 줄기의 길이변화를 측정하여 얻은 결과수치를 대비가 높은 색을 사용하여 제시한다.

① ㄱ, ㄷ
② ㄱ, ㅁ
③ ㄴ, ㄷ
④ ㄴ, ㄷ, ㄹ
⑤ ㄷ, ㄹ, ㅁ

11

다음은 시각장애 학생의 보행훈련에서 사용하는 기법들이다. (가)와 (나)의 기법으로 옳은 것은?

┌─〈 보기 〉──────────────────────────┐
│ (가) 기준선(벽 등)과 가까운 팔을 진행 방향과 평행되│
│   게 하고, 그 팔을 약 45도 아래쪽 정면으로 뻗쳐서│
│   손을 허리 높이 정도로 들고, 새끼손가락 둘째 마│
│   디 바깥 부분을 기준선에 가볍게 대면서 이동한다.│
│ (나) 흰지팡이를 자신의 몸 전면에 가로질러 뻗치게 하│
│   고 첨단은 지면에서 약 5cm 떨어지며, 흰지팡이의│
│   아래쪽 끝과 위쪽 끝은 몸의 가장 넓은 부위보다│
│   밖으로 약 2~4cm 벗어나게 해서 이동한다.│
└───────────────────────────────┘

	(가)	(나)
①	따라가기(trailing)	자기보호법
②	하부보호법	대각선법(diagonal technique)
③	따라가기(trailing)	촉타법(touch technique)
④	따라가기(trailing)	대각선법(diagonal technique)
⑤	대각선법(diagonal technique)	촉타법(touch technique)

12

녹내장을 가진 시각장애 학생의 특성 및 교육적 조치로서 가장 거리가 먼 것은?

① 터널 시야와 야맹 증세가 나타난다.
② 책을 읽을 때 빛의 조도를 높여 준다.
③ 안구가 늘어나고 각막이 커지기 때문에 거대각막이라고도 한다.
④ 시야가 좁은 학생은 보행에 어려움이 있으므로 보행지도를 한다.
⑤ 약물을 복용하는 학생은 감각이 둔해질 수 있으므로 감각훈련을 실시한다.

13

다음의 (가)와 (나)에 들어갈 명칭으로 옳은 것은?

> 일반적으로 전경과 배경과의 대비가 높을수록 시감도는 증가된다. 따라서 저시력학생에게 굵은 선을 그은 종이를 제공하면 대비가 증가되어 읽고 쓰기가 쉬워진다. 특히, 책 지면 위에 ⎡ (가) ⎤를 올려놓으면 대비가 증가되어 컬러 인쇄물이나 묵자(墨字)가 더 잘 보이는 효과가 있다. ⎡ (나) ⎤는 반사로 인한 눈부심을 막아 주고 읽을 글줄을 제시해 주기 때문에 저시력학생의 읽기에 도움을 준다.

	(가)	(나)
①	노란색 아세테이트지	타이포스코프
②	타이포스코프	노란색 아세테이트지
③	노란색 아세테이트지	마이크로스코프
④	마이크로스코프	초록색 아세테이트지
⑤	초록색 아세테이트지	타이포스코프

14

건물에 설치된 승강기에 한글점자로 '개폐'가 표기되어 있다. 다음 중 '폐'에 해당하는 것은?

①
●● ●●
○● ○●
○○ ●○

②
○● ○●
●● ○○
○○ ●○

③
●○ ●○
●● ●●
○○ ○○

④
●● ○●
○● ○○
○○ ●○

⑤
○● ●●
●● ○●
○○ ●○

15

김 교사는 점자 익히기 교과서의 '〈자음자＋ㅏ〉에서 〈ㅏ〉를 생략한 약자' 단원을 지도한 후, 다음과 같이 평가하고자 한다. 각 문장의 밑줄 친 낱말 중 〈ㅏ〉 생략 약자를 써야 하는 것은?

〈평가 계획〉
- 평가 대상: 점자를 주된 문해 매체로 사용하는 시각장애 학생 3명
- 평가 시점: 정리 단계
- 평가 방법: 받아쓰기 수행평가
- 자료: 점(자)판, 점자(용)지, 점필
- 유의사항: 각 문장을 점자(판) 줄의 첫 번째 칸부터 쓰게 할 것

---

① <u>기차</u> 여행이 재미있어요.
② <u>라디오</u>는 책상 위에 있어요.
③ <u>마을</u> 입구에 과수원이 있어요.
④ <u>사과</u>와 배와 귤은 모두 과일이지요.
⑤ <u>자전거</u> 노래를 부르면서 첫 박자에 손뼉을 쳐요.

16

(가)는 통합학급 신 교사가 사물의 위치 표현을 가르치기 위해 작성한 초등영어 지도 계획이고, (나)는 특수학급 최 교사가 4학년 시각장애 학생 현아에 대해 작성한 내용이다. 최 교사가 통합학급에 배치된 현아의 영어 수업을 위해 신 교사에게 조언한 교수 적합화(교수적 수정)의 내용 중 가장 적절한 것은?

(가)

Objective : Students will be able to ask and answer questions about the position of objects.

Place : ⓐ regular classroom

Steps	Procedures	Teaching-Learning Activities	
		Teacher	Students
Introduction		생략	
Development	Look and Listen	ⓑ puts a set of picture cards on the blackboard and describes the position of each object in English.	look at the picture cards and listen to what the teacher says.
	Listen and Do	• ⓒ demonstrates what he/she says (for example, putting a pencil on the desk). • asks students to act as he/she says (for example, putting your pencil case on the chair).	listen to the teacher and act out what he/she asks them to do.
	Let's Practice	• ⓓ distributes a set of picture cards to students. • directs them to choose their partner and practice asking and answering about the position of the objects in the picture cards.	ⓔ ask and answer the questions with the picture cards the partner shows.
Consolidation		생략	

(나)

- 시각장애 3급임.
- 수정체 중심 부위가 뿌옇게 흐려짐.
- 4배율(1X = 4D) 손잡이형 확대경을 사용함.
- 시각장애를 제외한 다른 장애는 없음.

① ⓐ: 조명은 700룩스 이상으로 높인다.

② ⓑ: this, that, it 등 대명사를 자주 사용한다.

③ ⓒ: 교실 유리창 근처에서 시범을 보인다.

④ ⓓ: 현아에게 광택이 많이 나는 그림카드를 별도로 제공한다.

⑤ ⓔ: 확대경과 그림카드 간의 초점거리를 6cm 정도 유지하여 사용하게 한다.

17

D중학교에 재학 중인 학생 A는 미숙아망막증으로 양안의 교정시력이 0.04이다. 담당 체육교사가 학생 A를 위한 체육 수업에 대해 조언을 요청하여, 특수교사는 다음과 같은 안내문을 만들었다. ㉠~㉣에서 옳은 내용만을 모두 고른 것은?

체육 선생님께

A의 체육 지도를 위해 힘써 주셔서 감사드립니다.

A를 위한 체육 수업에 도움이 되고자 몇 가지 적어 보았습니다.

참고가 되셨으면 합니다.

• 교수 방법
 　─㉠학생 A의 시력은 한천석 시시력표를 읽을 때, 4m 앞에서 시력 기준 0.1에 해당하는 숫자를 읽을 수 있는 수준이므로, 시각적 지표는 확대해 주시면 좋습니다.
 　─㉡공간에 대한 이해를 돕기 위해 확대 자료 또는 촉지도를 활용하시면 되는데, 제작에 도움을 드리겠습니다.
 　─신체 동작에 대한 이해를 돕기 위해 관절의 움직임이 가능한 인형을 사용하시면 좋습니다.

• 시각장애학교 체육과 교사용 지도서 참조
 　─학생 A를 지도할 때, ㉢시각장애학교 체육과 교과서 및 지도서를 사용하시면 도움이 되는데, 일반 중학교 체육교과와는 달리 표현활동 영역이 제외되어 있습니다.

• 대표적인 시각장애인 스포츠
 　─㉣골볼은 모든 선수가 안대를 하고 공의 소리를 들으면서 경기하는 구기 종목이므로 일반학생들과 함께 경기할 수 있지만, 학생 A는 망막박리의 위험이 있을 수 있으니 조심하셔야 합니다.

---

① ㉠, ㉡　　　　　② ㉡, ㉣
③ ㉠, ㉡, ㉣　　　④ ㉠, ㉢, ㉣
⑤ ㉡, ㉢, ㉣

18

특수학급 최 교사는 시각장애 학생 A가 이용할 시설 입구에 편의상 시설 명칭의 앞 글자를 점자 라벨로 만들어 붙여 확인할 수 있도록 하였다. ㉠~㉣에서 점자 표기가 옳은 것만을 모두 고른 것은?

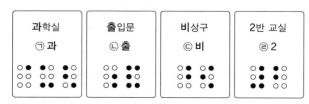

① ㉡, ㉣　　　　　② ㉠, ㉡, ㉢
③ ㉠, ㉢, ㉣　　　④ ㉡, ㉢, ㉣
⑤ ㉠, ㉡, ㉢, ㉣

19

학생 A는 최근에 나타난 망막색소변성으로 시각장애 2급 판정을 받았다. 특수교사는 학생 A가 통합학급에서 효율적으로 교육받을 수 있도록 다음에 제시한 콘(Corn)의 모델을 활용하여 시기능을 평가·훈련하고자 한다. 교사의 평가 및 훈련 계획으로 적절하지 <u>않은</u> 것은?

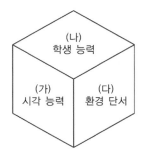

① 시지각은 학생의 경험 및 지식과 관련이 있으므로, 시기능 훈련 시 인지적 요인을 고려한다.
② (가)에는 시력, 시야, 안구운동, 뇌기능, 빛지각과 색각이 포함되므로, 이러한 능력을 고려하여 시기능 훈련을 계획한다.
③ (나)에는 감각발달통합 능력이 포함되므로, 다양한 감각 정보를 조직화하고 해석하는 능력을 시기능 훈련에 포함시킨다.
④ (다)를 참고하여, 학생 A가 광학 및 비광학 기구를 활용할 때, 색상, 대비, 시간, 공간 및 조명의 효과성을 다양한 환경에서 평가한다.
⑤ 학생 A는 지속적인 시기능 저하가 나타날 수 있으므로 심리적 안정을 고려하며, 중심외 보기를 통해 주변 시야를 활용하는 시기능 훈련을 한다.

20

A는 중도에 실명한 K고등학교 3학년 학생이다. 대학 입학 후 안내견을 사용하고자 하여 순회교사를 통해 특수교육 관련서비스로 보행훈련을 받고 있다. 다음은 순회교사가 학생 A를 위해 작성한 지도 계획서의 일부이다. ㉠~㉢에서 옳은 것만을 모두 고른 것은?

(10월) (학생 A)의 지도 계획서

● 지도 내용

■ 이동성의 지도 요소
  ㉠ 이동성 지도 요소에는 지표와 단서, 번호 체계, 친숙화 과정이 포함된다.

■ 지팡이 보행 방법
  • 이점 촉타법
    - ㉡ 지팡이 호의 넓이 : 어깨 너비보다 5~6cm 정도 넓게 유지한다.
    - 계단 오르기 : ㉢ 지팡이 손잡이 아래 부분을 연필 쥐듯이 잡고 팔을 앞으로 뻗어 한두 계단 위쪽 끝부분을 지팡이 끝으로 스치듯 치면서 올라간다.

■ 안내견 보행의 장점
  ㉣ 주로 시각장애인의 방향정위를 지원한다.
  ㉤ 허리 위쪽의 장애물을 피하도록 도움을 준다.

① ㉠, ㉡
② ㉡, ㉤
③ ㉠, ㉢, ㉣
④ ㉡, ㉢, ㉤
⑤ ㉢, ㉣, ㉤

21

다음은 시각장애 특수학교의 초임교사가 저시력 학생의 시기능 향상을 위한 저시력 기구 사용과 지도 방법에 대해 경력교사와 나눈 대화이다. 경력교사의 설명 중 옳지 <u>않은</u> 것은?

저시력 기구 중에 확대경은 어떤 학생에게 좋은가요?

㉠ 중심시력이 좋고 시야가 좁을수록 더 효과적이에요.

손잡이형 확대경이 많이 사용된다는데, 어떻게 사용하지요?

㉡ 자료 위에 확대경을 대었다가 천천히 들어 올리면서 초점을 맞추면 되죠.
㉢ 이 때 눈이 확대경에서 멀어지면 시야가 좁아지는 현상이 있으니 유의하세요.

나이가 어리거나 상지 조절력이 부족하면 손잡이형 확대경을 사용하기 어렵지 않나요?

㉣ 그럴 수 있죠. 그 때는 스탠드형 확대경을 사용해 보세요.

학생의 조명 요구에 따라 선택할 수 있는 확대경도 있나요?

㉤ 예, 플랫베드 확대경이나 조명 부착형 확대경이 밝은 조명을 선호하는 학생에게 유용해요.

① ㉠
② ㉡
③ ㉢
④ ㉣
⑤ ㉤

22

다음은 시각장애 특수학교 교사가 전맹 학생을 대상으로 사회과 '우리 지역의 생활 모습' 단원을 지도하려고 동료교사와 나눈 대화이다. 대화의 내용 중 적절한 것을 모두 고르면?

> 황 교사: 다음 주에 '우리 지역에서 발달한 산업 조사하기'를 주제로 수업을 하려고 해요. ㉠ <u>지도와 그래프를 보고 분석하는 능력이 사회과의 중요한 기능 목표이므로</u>, 사회과부도의 산업지도를 보고 촉각지도를 만들려고 해요. 어떻게 만들면 좋을까요?
>
> 박 교사: 먼저 ㉡ <u>전체 산업지도에서 우리 지역에 해당되는 부분을 분리하여 촉각지도로 제작하세요.</u> 이 때 ㉢ <u>우리 지역의 지형을 정확히 알도록 하는 데 주안점을 두고, 일반지도처럼 지역 경계선을 자세하게 묘사해야 해요.</u>
>
> 황 교사: 산업지도 안에는 여러 가지 기호나 글자들도 표시 되어 있는데 어떻게 하죠?
>
> 박 교사: ㉣ <u>기호나 글자들은 양각의 화살표나 안내선(lead line)을 주로 사용하여 혼돈이 없도록 해야 해요.</u>
>
> 황 교사: 통계청의 산업통계 그래프도 촉각그래프로 만들어함께 사용하려고 해요. 그런데 우리 단원과 관련 없는 정보는 어떻게 하면 좋을까요?
>
> 박 교사: ㉤ <u>단원의 학습 주안점을 주의 깊게 읽어보고 관련성이 적은 요소는 생략할 수 있어요.</u>

① ㉠, ㉢
② ㉡, ㉤
③ ㉢, ㉣
④ ㉠, ㉡, ㉤
⑤ ㉡, ㉣, ㉤

23

다음은 시각장애 특수학교의 강 교사가 시각·중복장애 학생 광수를 지도하기 위해 기본교육과정 사회과의 '학교 공동 시설 바르게 이용하기'를 제재로 준비한 수업계획이다. 학생의 특성에 따른 지도 및 지원 전략으로 적절하지 <u>않은</u> 것은?

<수업계획서>

학생 특성	미숙아 망막병증, 시력(좌안 : 0.05, 우안 : 광각), 중등도 정신지체
학습 목표	함께 공부하는 주요 교실을 혼자서 찾아갈 수 있다.

교수·학습 활동

ⓐ 주요 교실 위치도

① ㉠을 학생의 특성에 맞게 사진 및 그림 자료로 수정·확대하여 보여주고, '우리 교실 어디 있지?' 노래를 부르며 교실 위치에 대한 기억을 촉진한다.

② ㉡ 활동을 위해 학생이 식별할 수 있는 물체나 색깔을 보행 단서로 정하고, 이동 경로에 대한 과제분석을 하여 단계적으로 반복 지도한다.

③ ㉢ 활동에서 학생의 우측 상단에 장애물이 있을 경우, 모델링과 신체적·언어적 촉진을 활용하여 학생이 머리나 상체를 보호할 수 있게 왼손을 들어 상부보호법 자세를 바르게 취하도록 지도한다.

④ ㉣ 활동을 위해 계단에서 넘어지지 않도록 복도보다 밝은 고도 조명을 설치하여 조도 차이를 증가시킨다.

⑤ ㉤ 활동을 위해 교실(음악실) 문과 대비되는 색으로 피아노 건반 그림을 크게 그린 후 문 가운데 부착한다.

24

다음은 시각장애 학생 A에 대한 정보이다. 이 정보를 통해 교사가 파악한 사항 중 적절한 것을 <보기>에서 고른 것은?

- 장애 정도 : 시각장애 3급 ①호
- 손잡이형 확대경 : 3X(안경 착용하지 않음.)
- 손잡이형 단안망원경 : 보행 시 활용함.
- 의료적 사항 : 망막 간상체의 문제가 있음.

<보기>

ㄱ. 야맹증의 가능성이 있을 것이다.

ㄴ. 좋은 눈의 시력이 0.04 정도일 것이다.

ㄷ. 두 눈의 시야가 각각 주시점에서 10도 이하로 남았을 것이다.

ㄹ. 확대경의 배율을 고려하여 물체와 확대경 간의 초점거리를 8cm 정도 유지할 것이다.

ㅁ. 근거리 시력검사의 결과를 바탕으로 처방받은 단안 망원경을 사용하고 있을 것이다.

① ㄱ, ㄴ   ② ㄱ, ㄹ

③ ㄴ, ㄷ   ④ ㄷ, ㅁ

⑤ ㄹ, ㅁ

25

다음은 대학 입학을 앞둔 19세 중도실명 학생 A가 보행훈련에 관해 특수교사, 복지관의 사회복지사와 나눈 대화이다. ㉠~㉤ 중에서 적절한 것만을 있는 대로 고른 것은?

특수 교사: ㉠보행훈련의 목적은 잔존감각과 인지 기능을 최대한 활용하여 자신의 목적지까지 안전성, 효율성, 품위를 갖추어 독립적으로 이동할 수 있도록 하는 것이라서 대학생활에서 무척 중요해. 그런데 아직 방향정위가 안되니까 ㉡안내견을 사용하면 방향정위에 신경 쓰지 않아도 되니 좋을 것 같아. 학 생 A: 저는 ㉢만 20세가 안되어서 안내견을 사용할 수 없다고 생각했어요. (중략) 사회복지사: 지팡이를 활용하여 캠퍼스 보행을 지도해 주실 수도 있어. 방향정위를 포함하여, ㉣실내에서 사용하는 트레일링, 대각선법 그리고 실내·외에서 사용 가능한 이점촉타법 등을 보행지도사가 지도해 주실 거야. 그리고 대학 복도에서 ㉤지팡이 끝을 바닥에서 떼지 않고 양쪽으로 이동시키는 '터치 앤슬라이드' 방법도 가르쳐 주실 거야.

① ㉠, ㉣
② ㉠, ㉤
③ ㉠, ㉡, ㉣
④ ㉡, ㉢, ㉣
⑤ ㉢, ㉣, ㉤

26

특수교육공학 장치의 구조나 기능에 대한 설명으로 옳은 것만을 〈보기〉에서 있는 대로 고른 것은?

〈보기〉
ㄱ. 점자정보단말기는 6개의 핀이 하나의 셀을 구성하고 있는 점자 디스플레이를 갖추고 있어, 시각장애 학생이 커서의 움직임에 따라 점자로 정보를 읽을 수 있다.
ㄴ. 트랙볼(trackball)은 볼마우스를 뒤집어 놓은 것과 같은 형태로서, 움직이지 않는 틀 위에 있는 볼을 사용자가 움직일 수 있어 운동능력이 낮은 학생이 제한된 공간에서도 쉽게 사용할 수 있다.
ㄷ. 화면 키보드(on-screen keyboard)는 마우스나 대체 마우스를 이용하여 컴퓨터 화면상의 키보드에 입력할 수 있도록 되어 있으며, 사용자의 요구에 맞게 자판의 크기나 배열을 변형시킬 수 있다.
ㄹ. 음성 인식 시스템(speech recognition system)은 키보드 대신에 사람의 음성으로 컴퓨터 입력이 가능하며, 사용자의 음성 패턴을 인식시키는 시스템 훈련을 통해 인식의 정확성을 높일 수 있다.

① ㄱ, ㄴ
② ㄱ, ㄹ
③ ㄷ, ㄹ
④ ㄱ, ㄴ, ㄷ
⑤ ㄴ, ㄷ, ㄹ

27 _____

다음의 (가)는 시각장애 특수학교 체육 담당 교사가 지도하는 학급 학생 현황이고, (나)는 '안전하게 달리기'를 제재로 작성한 교수·학습 계획의 일부이다. 물음에 답하시오.

(가) 학급 학생 현황

학생	안질환	시각 장애 정도	학생	안질환	시각 장애 정도
준수	선천성 녹내장	전맹	경호	선천성 백내장	저시력
현미	무홍채증	저시력	수진	망막색소 변성	저시력

(나) 교수·학습 계획

학습 목표	시각장애 정도에 따라 올바른 방법으로 달리기를 할 수 있다.	
단계	교수·학습 활동	자료 및 유의점
도입	시각장애인 육상 올림픽 경기 동영상 시청하기	
전개	**활동 1** 트랙 등 육상 활동 장소에 친숙해지도록 보행 지도 하기	
	활동 2 • 시각장애 정도에 따른 달리기 방법 지도하기 －저시력 학생: 출발 위치 확인하기, 자기 레인 유지하며 달리기 등을 위해 ㉠ 추시하기와 주사하기 기술 활용하기 －전맹 학생: ㉡안내인(가이드 러너)과 함께 달리기	자기 기록을 점자 스티커에 적어 '나의 기록판'에 붙이기 예: ㉢ (점자 표기)

1) (가)에서 (나)의 ㉠의 기술을 지도받을 필요가 있는 학생의 이름을 쓰고, 이 학생을 선정한 이유를 쓰시오.

• 학생 이름 :

• 이유 :

3) (나)의 ㉢의 점자를 읽고 쓰시오.

28

시각장애 학생을 위한 듣기 지도와 녹음 도서 제작에 대한 두 교사의 대화이다. ㉠~㉣ 중 옳은 것만을 있는 대로 고른 것은?

이 교사 : 김 선생님, 시각장애 학생에게 듣기 지도를 하려고 해요. 듣기를 이용해서 교육을 하면 어떤 장점이 있나요? 김 교사 : ㉠듣기는 묵자나 점자를 읽는 데 어려움이 있는 학생에게 중요한 학습 수단입니다. 그리고 ㉡시각장애 학생은 듣기를 이용하여 학습 자료를 자세히 분석하거나 원하는 페이지를 쉽게 찾아갈 수 있습니다. 이 교사 : 듣기 지도를 위해 녹음 도서를 제작하려고 합니다. 그런데 교과서에 있는 영어로 된 용어나 이름은 어떻게 녹음해야 하는지 궁금해요. 김 교사 : ㉢영어로 된 용어나 이름은 발음과 철자를 함께 녹음해야 합니다. 이 교사 : 이 밖에 주의해야 할 내용은 무엇이 있나요? 김 교사 : ㉣녹음 도서를 제작할 때에는 책 전체의 위계를 알 수 있도록 책의 장, 절, 순서를 나타내는 숫자 등의 내용을 함께 녹음하는 것도 필요합니다.

① ㉠
② ㉠, ㉡
③ ㉡, ㉢
④ ㉠, ㉢, ㉣
⑤ ㉡, ㉢, ㉣

29

저시력 학생을 위한 확대법과 확대경에 대한 두 교사의 대화이다. ㉠~㉣ 중 옳은 것만을 있는 대로 고른 것은?

박 교사 : 선생님, 저시력 학생을 위해 자료를 확대하는 방법 중 상대적 거리 확대법에 대하여 설명해 주세요. 이 교사 : 예. ㉠교과서나 교육 자료를 큰 문자로 인쇄하거나 확대 복사하는 것이 상대적 거리 확대법의 예입니다. 박 교사 : 각도 확대법은 무엇인가요? 이 교사 : 각도 확대법은 광학기구를 이용하여 확대하는 방법입니다. 확대경을 이용하는 것이 좋은 예입니다. ㉡주변시야를 상실한 저시력 학생이 확대경을 사용하면 학생의 시야보다 넓은 시야를 가지게 됩니다. 박 교사 : 스탠드 확대경도 각도 확대법에 이용되는 광학 기구인가요? 이 교사 : 예. ㉢스탠드 확대경을 이용하면 확대경과 자료의 거리가 일정하게 유지되는 장점이 있습니다. 박 교사 : 안경장착형 확대경은 어떤 장점이 있나요? 이 교사 : 저시력 학생이 ㉣안경장착형 확대경을 이용하면 읽기와 쓰기를 동시에 할 수 있습니다.

① ㉠, ㉣
② ㉡, ㉢
③ ㉢, ㉣
④ ㉠, ㉡, ㉢
⑤ ㉠, ㉡, ㉣

30

시각장애 학생에게 점역하여 준 현장체험학습 안내문 중 일부이다. 밑줄 친 ㉠~㉣의 점자 표기로 옳은 것만을 〈보기〉에서 있는 대로 고른 것은?

〈현장체험학습 안내〉
1) 날 짜: 10월 ㉠18일
2) 장 소: ㉡청소년 ㉢문화 회관
3) 유의사항: 가을에는 아침저녁으로 날씨가 ㉣쌀쌀하니, 여벌의 긴 옷을 준비해 주세요.

〈보기〉
(※ 제시된 점자는 읽기 기준임. ○는 찍히지 않은 점임.)

㉠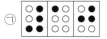

㉡

㉢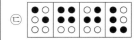

㉣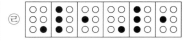

① ㉠, ㉣
② ㉡, ㉢
③ ㉢, ㉣
④ ㉠, ㉡, ㉢
⑤ ㉠, ㉡, ㉣

31

(가)는 영지의 특성이며, (나)는 영지의 지원에 관한 특수학급 교사와 통합학급 교사 간 협의 결과이다. 물음에 답하시오.

(가) 영지의 특성

• 진전형 뇌성마비로 인해 상지에 불수의 운동이 나타남.
• 교정 시력: 왼쪽 0.1, 오른쪽 FC/50cm
• 인지 수준은 보통이나 조음 명료도가 낮음.
• 학습 매체 평가 결과, 묵자를 주요 학습 수단으로 사용하고 있음.
• 동 학년 수준의 학업 수행 능력을 보임.

(나) 협의록

• 날짜: 3월 10일
• 장소: 통합학급 5학년 4반 교실
• 협의 주제: ㉠보조공학기기 지원 및 평가 방식의 수정
• 협의 결과:
  1. 인쇄 자료 읽기를 위해 필요한 보조공학기기를 제공하기로 함.
  2. 컴퓨터에 자료를 입력할 때 키보드를 활용하나, 오타가 많아서 보조공학기기를 제공하기로 함.
  3. ㉡학생 평가 방식의 수정에 대한 협의는 2주 후 실시하기로 함.

3) (가)와 (나)를 고려하여 우선적으로 제공해야 할 인쇄 자료 읽기용 보조공학기기와 컴퓨터 활용 보조공학기기를 〈보기〉에서 각각 1가지씩 찾아 기호를 쓰고, 학생과 보조공학기기의 특성에 기초하여 선정한 이유를 쓰시오.

〈보기〉
㉠ 보이스 아이   ㉡ 스탠드 확대경
㉢ 옵타콘   ㉣ 음성인식장치
㉤ 입체복사기   ㉥ 조이스틱
㉦ 키가드   ㉧ 트랙볼

① 인쇄 자료 읽기용 보조공학기기
• 기호와 이유 :

② 컴퓨터 활용 보조공학기기
• 기호와 이유 :

32 _____

다음은 4학년 유미를 위한 점자지도에 대해 두 교사가 나눈 대화 내용이다. 물음에 답하시오.

김 교사: 하나의 점형이 여러 가지로 읽히는 경우가 많아서 유미가 조금 힘들어하고 있어요. 좋은 지도 방법이 없을까요?

이 교사: 여러 가지 방법이 있어요. 그 중 ㉠점자 카드를 이용하는 것이 있는데, 동일 점형이 포함된 여러 장의 낱말 카드를 반복해서 읽어 보게 하세요.

김 교사: 또한 유미는 읽을 때와는 달리 점자판으로 점자를 쓸 때, 점형의 좌우를 바꾸어 쓰는 것에 오류를 범해요. 어떻게 하면 이 문제를 해결할 수 있을까요?

이 교사: 방향 및 위치 개념의 형성에 대한 지도가 조금 더 필요할 것 같아요. 이와 더불어 (㉡)와(과) ㉢점자정보단말기를 한번 이용해 보세요. 점자정보단말기는 읽고 쓸 때의 점형이 같아서 학생들이 사용할 때 혼란을 덜 느낄 수 있어요. 그리고 대부분의 (㉡)은(는) 종이 위에 점자를 쓰면서 바로 읽을 수 있고, 빠르게 쓸 수 있어서 점자지도에 매우 유용합니다. ……(중략)…… 그리고 체계적인 점자 지도를 위해서는 ㉣2011 특수교육 교육과정에 제시된 교수·학습 내용을 참고하세요.

1) (가)는 ㉠의 일부이고, (나)는 카드 번호 ①의 기준 점형에 따라 카드 A를 만든 이유이다. (나)의 ⓐ에 들어갈 말을 쓰고, 카드 번호 ②의 카드 A와 카드 B를 묵자로 쓰시오.

	카드 번호	기준 점형	카드 A	카드 B	비고
(가)	①				검은 점이 볼록하게 찍힌 점임.
	②				
(나)	⠮은 /ㅅ/ㅆ/ㅈ/ㅉ/ㅊ/ 다음에 (ⓐ)(으)로 읽힌다.				

• ⓐ :

• 카드 A :   카드 B :

2) ㉡에 들어갈 알맞은 말을 쓰시오.

3) ㉢에 대한 다음의 설명 중 ①에 공통으로 들어갈 알맞은 말을 쓰시오.

> 점자정보단말기는 여섯 개의 키와 스페이스 바로 구성된 점자 컴퓨터 기기로, 휴대할 수 있으며 음성이나 (①)을(를) 지원한다. (①)은(는) 종이를 사용하지 않고, 점자알 크기의 핀이 표면으로 올라오는 점자이다. 이 핀을 읽은 후 스페이스 바를 누르면 지금까지의 점자는 사라지고, 다음 줄에 해당하는 점자가 나타난다.

① :

33

다음은 일반학급에서 통합교육을 받고 있는 경호의 특성과 학교생활 모습을 나타낸 글이다. 물음에 답하시오.

> 시각장애 학생 경호는 점자를 주된 학습 매체로 사용하며, 익숙한 공간에서는 단독 보행이 가능하다. 평상시에는 화장실이나 다른 교실로 이동할 때, 지팡이를 몸의 앞쪽에서 가로질러 잡고 지팡이 끝(tip)을 지면에서 약간 들면서 보행하는 (㉠)을(를) 사용한다.
> 하지만 오늘은 자기보호법과 트레일링(trailing) 기법을 사용하여 미술실로 향했다. 경호는 미술실로 가기 위해서 ㉡친구들이 지나다니는 발자국 소리와 계단 앞의 점자블록을 이용해 ㉢계단 난간을 찾았다.
> 계단을 지나 ㉣⠏⠇⠕(이)라고 적힌 곳에서 정안인 친구 희수가 와서 함께 가자고 했다. ㉤희수는 경호의 팔꿈치 조금 위를 잡고 반보 뒤에서 걸었다. ㉥희수는 2층으로 올라가는 계단 앞에서 잠깐 멈추었다가 올라갔다. 미술실 앞에서 ㉦여닫이로 된 출입문을 열고 들어간 후, 경호가 문을 닫았다. ㉧희수는 경호의 손을 의자 등받이에 얹어 준 후 자기 자리로 가서 앉았다.

1) ㉠에 들어갈 지팡이 사용 기법의 용어를 쓰고, 이 기법에 해당되는 지팡이의 주된 기능을 1가지만 쓰시오.

• 용어 :

• 기능 :

2) ㉡과 ㉢에 해당되는 방향정위(orientation)의 기본 요소를 쓰고, 두 요소 간의 가장 큰 차이점을 쓰시오.

㉡ :

㉢ :

• 차이점 :

3) ㉣의 점자를 읽고 쓰시오.

• ㉣ :

4) ㉤~㉧의 상황에서 적절하지 않은 것을 1가지 찾아 그 기호를 쓰고, 바르게 고쳐 쓰시오.

• 기호와 수정 내용 :

34

(가)는 학생의 특성이고, (나)는 초등학교 3학년 체육과 '물놀이' 단원 교수·학습 과정안의 일부이다. 물음에 답하시오.

(가) 학생 특성

이름	시력 정도	원인	이름	시력 정도	원인
민수	저시력	녹내장	미진	저시력	백내장
정배	저시력	미숙아망막변성	영희	맹	시신경위축
설희	저시력	망막색소변성	성우	맹	망막모세포종
현옥	저시력	추체이영양증			

(나) 교수·학습 과정안

단원명	물놀이	제재	누가 더 잘 뜨나
학습 목표	여러 가지 자세로 물에 뜰 수 있다.		

교수·학습 활동	자료 및 유의점
……(중략)……	
• 물에서 중심 잡고 일어서기 – 수영장 가장자리 벽면을 잡고 엎드려 몸 띄우기 – 보조 기구를 이용한 몸 띄우기	㉠계단을 이용한 안전한 입수 지도(다이빙 입수 금지)
• 물에서 뜨기 – 4가지 뜨기 자세에 대한 시범과 연습하기	– 촉각을 통한 시범 – ㉡뜨기 연습 중 머리가 부딪치지 않도록 지도
• 물속의 카드 찾기 게임하기 – 3명씩 2팀으로 나누고, 장애 특성상 게임에 직접 참여하기 힘든 1명은 ㉢진행 보조를 맡김. – 잠수(잠영)하여 수영장 바닥에 있는 카드를 건진 후, 카드에 적힌 '뜨기 자세'를 따라 한 횟수가 많은 팀이 승리(단, 맹학생을 위해 ㉣점자 카드 제공)	– 진행 보조 학생은 팀별로 획득한 카드의 개수를 점수판에 묵자로 기재 – 수영장 가장자리로부터 2m 지점의 바닥에서 기포를 발생시켜 학생들이 벽에 부딪치지 않도록 조치
• 실기 평가 – 다양한 뜨기 자세를 취할 수 있는가?	㉤충분한 연습 기회 제공

2) (가)의 학생 특성과 (나)의 교수·학습 활동에 기초하여 ㉠과 ㉡의 유의점을 특별히 고려해야 할 학생 이름과 그 이유, 그리고 ㉢의 역할을 담당할 학생 이름과 그 이유를 각각 쓰시오.

• ㉠과 ㉡의 유의점을 특별히 고려해야 할 학생 이름과 그 이유 :

• ㉢의 역할을 담당할 학생 이름과 그 이유 :

3) 다음은 ㉣의 하나이다. 점자를 묵자로 쓰시오(검은 점이 볼록하게 튀어 나온 점임).

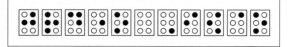

35

다음의 (가)는 저시력학생 A의 시각 특성이고, (나)는 시각장애 특수학교 교사가 미술 수업을 하고 있는 장면이다. 특수교사가 학생 A에게 가르치고 있는 시각 활용 기술에 해당하는 용어를 쓰시오.

(가) 학생 A의 시각 특성

- 교정시력 : 좌안 광각, 우안 0.08
- 시야 : 우안 중심(부) 암점

(나) 미술 수업 장면

교사 : 자, 책에 있는 그림을 보세요.
학생 : 선생님, 그림을 똑바로 보면 그림 전체가 오히려 더 잘 안 보여요.
교사 : 그러면 그림의 약간 위쪽, 오른쪽, 아래쪽, 왼쪽을 한 번씩 보세요. 그림의 어느 쪽을 볼 때 가장 잘 보이나요?
학생 : 그림의 약간 오른쪽을 볼 때가 가장 잘 보이는 것 같아요.
교사 : 그러면 책에 있는 다른 그림들을 볼 때도 그림의 약간 오른쪽을 보도록 하세요.

36

다음은 중도에 실명한 학생 A의 한글점자 받아쓰기 결과이다. 학생 A가 잘못 받아쓴 단어 3개를 찾아 쓰고, 잘못 받아쓴 각각의 단어에 대해 교사가 지도해야 할 점자 문법 요소를 쓰시오.

문항	학생 A의 점자 답안지
1. 우수	(점자)
2. 떡	(점자)
3. 차로	(점자)
4. 나사	(점자)
5. 구애	(점자)

※ 제시된 점자는 읽기 기준이고, ●은 볼록 나온 점임.

37 _____ 2014 중등B-2

다음은 특수학교 최 교사가 보조공학 전문가와 함께 다양한 안질환 유형을 지닌 시각장애 학생들을 상담 및 관찰한 후, 이를 바탕으로 작성한 보조공학기기 중재 계획이다. ㉠~㉢ 중 상담 및 관찰 평가 결과에 적합하지 **않은** 중재 계획 2가지를 찾아 기호를 쓰고, 각각의 중재 계획을 바르게 수정하시오.

안질환	학생 상담 및 관찰 평가 결과	보조공학기기 중재 계획
선천성 녹내장	손잡이형 확대경을 올바르게 사용하지 못하여 독서할 때 글자가 흐릿하게 보이고 렌즈를 통해 보이는 글자 수가 적다고 호소함.	㉠ 눈과 확대경 간의 거리를 멀게 하고, 확대경과 읽기 자료 간의 거리도 멀게 하여 보도록 지도함.
선천성 백내장	낮은 대비감도로 인해 저대비 자료를 보거나 교구를 사용하는 데 어려움을 보임.	㉡ 저대비 자료를 볼 때는 확대경 대신 전자독서확대기를 사용하게 하고, 교구의 색은 배경색과 대비가 높은 것을 활용함.
망막 색소 변성증	점자교과서 외에 다양한 참고서의 점자 인쇄 자료와 전자 파일을 구하는 데 어려움을 호소함.	㉢ 광학문자인식시스템을 사용하여 묵자 인쇄 자료를 텍스트 파일로 변환시키는 방법을 지도함.
시신경 위축	컴퓨터 화면에서 커서의 위치를 찾거나 마우스 포인터의 움직임을 따라 가는 데 어려움을 보임.	㉣ 제어판에서 커서의 너비를 '넓게'로 조정하고, 마우스 포인터의 움직임 속도를 '느림'으로 조정함.
미숙아 망막증	원거리의 물체나 표지판을 확인하는 데 어려움을 가지고 있어 단안 망원경 사용법을 배우기를 희망함.	㉤ 양안 중 시력이 더 나쁜 쪽 눈으로 망원경을 보게 하고, 훈련 초기에는 목표물의 위치를 찾기 쉽도록 처방된 배율보다 높은 배율의 망원경을 사용하여 지도함.

38 _____ 2015 유아A-3

다음은 통합학급 김 교사와 특수학급 박 교사 간의 대화이다. 물음에 답하시오.

김 교사 : 선생님, 지난주에 백색증을 가진 저시력 유아 진수가 입학했는데 여러 가지 어려움이 있네요.

박 교사 : 대개 저시력 유아들이 환경이 바뀌면 어려움이 있을 수 있어요. 그래서 진수를 지도할 때 여러 가지를 고려해야 해요. 진수에게 잔존시력이 있긴 하지만 필요에 따라서는 ㉠보행훈련을 해야 할 수도 있어요. 그래서 실내 활동과 ㉡실외 활동을 할 때 잘 살펴 보세요.
　　　　　　　 … (중략) …

김 교사 : 선생님, 또 한 가지 걱정이 있어요. 진수는 어머니가 데리러 와도 별 반응이 없어요. 어머니가 부르는데도 진수는 별로 반가워하는 것 같지가 않아요. 아침에 헤어질 때 울지도 않고 어머니에 대한 반응이 별로 없어요. 어머니와 진수의 애착 관계가 괜찮은 걸까요?

박 교사 : 글쎄요. 진수의 애착 행동은 (㉢) 유형의 유아들이 나타내는 특성이긴 한데…… 안정 애착 유형의 유아들은 어머니가 돌아오면 반기며 좋아해요. 그리고 어머니를 (㉣)(으)로 생각하기 때문에 낯선 상황에서도 적극적으로 환경을 탐색하거든요. 앞으로 진수를 더 많이 관찰해야 할 것 같아요.

1) ㉠에 포함되는 요소 2가지를 쓰시오.

2) ㉡을 할 때 진수의 시효율성을 높이기 위해서 교사가 취해야 할 적절한 조치 1가지를 쓰시오.

39 _____ 2015 초등A-5

(가)는 3월에 전학 온 시각장애 학생 근우의 특성이고, (나)는 통합학급 교사가 '2009 개정 교육과정' 사회과 3~4학년군 '위치의 개념 알기'라는 제재로 근우의 방향정위를 고려하여 작성한 교수·학습과정안의 일부이다. 물음에 답하시오.

(가) 근우의 특성

- 양안 교정시력이 0.03임.
- 교실에서 자신과 사물의 위치를 파악하고 이동하는 데 어려움을 보임.
- 학습에는 큰 문제가 없고 또래 관계도 원만하여 일반학급에 완전통합되어 있음.

(나) 교수·학습 과정안

단원	우리가 살아가는 곳	제재	위치의 개념 알기
학습 목표	무엇이 어디에 있는지 찾아보는 활동을 통해 위치가 무엇인지 말할 수 있다.		
단계	교수·학습 활동		
도입	(생략)		
전개	〈활동 1〉 한별이네 교실에서 친구나 물건이 어디에 있는지 말하기 (중략) ㉠〈활동 2〉 우리 교실에서 친구나 물건이 어디에 있는지 말하기 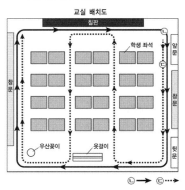 - 특정한 친구를 기준으로 위치 말하기 - 교실 내에서 자리를 이동한 후 자신의 위치 말하기 - 근우가 교실 내에서 이동하며 교실 환경 익히기 −㉡과 같이 사방 벽면을 따라 이동하며 사물의 위치 익히기 −㉢과 같이 친구들의 좌석 사이를 이동하며 친구들의 위치 익히기 〈활동 3〉 학교 안내도를 보고 여러 교실의 위치 말하기		

1) (나)의 ㉠과 관련하여 다음 괄호 안에 들어갈 용어를 쓰시오.

> 새로운 교실 환경에서 방향정위를 습득한 근우는 친구들과 사물들의 위치, 사물들 간의 거리를 인지적으로 형상화하게 됨으로써 교실에서 독립적이고 안전하게 이동할 수 있게 된다. 이때 근우는 교실 환경에 대한 ( )을/를 형성한 것으로 볼 수 있다.

2) 근우가 새로운 교실 환경을 탐색할 때, (나)의 교실 배치도에서 참고점으로 활용하기에 ⓐ 적절한 지표(landmarks)를 1가지 찾아 쓰고, 그 ⓑ 이유를 2가지 쓰시오.

ⓐ :

ⓑ :

3) (나)의 ㉡과 ㉢에 해당하는 환경 탐색 기법의 명칭을 각각 쓰시오.

㉡ :

㉢ :

40 _____

다음은 저시력 학생의 보조공학기기에 대한 설명이다. 괄호 안의 ㉠, ㉡에 들어갈 말을 순서대로 쓰시오.

> 저시력 학생의 보조공학기기는 크게 나누어 광학기구와 비광학기구, 그리고 전자보조기구 등이 있다. 광학기구에는 확대경과 망원경, 안경 등이 있으며, 각각에 사용되는 렌즈는 굴절력을 갖고 있다. 렌즈의 도수는 디옵터(Diopter; D)로 표시한다. 오목렌즈를 사용하는 학생이 초점거리가 5cm인 렌즈를 사용한다면 이 학생의 렌즈 도수는 (㉠) D가 된다.
> 확대경은 중심시야에 (㉡)이/가 있는 학생에게 도움이 되며, 중심시력을 상실하지 않았을 경우에는 크게 도움이 되지 않는다.

41 _____

다음은 농·맹 중복장애 학생이 사용하는 의사소통 방법에 대한 설명이다. 괄호 안의 ㉠, ㉡에 해당하는 방법이 무엇인지 쓰시오.

> 점자를 주된 의사소통 수단으로 사용하는 농·맹 중복장애 학생이 왼손 손가락과 오른손 손가락을 3개씩 사용하여 상대방의 양손 손가락 위를 접촉하여 점자로 의사소통하는 방법을 (㉠)(이)라고 한다. 그리고 수화(수어, sign language)를 사용하는 농·맹 중복장애 학생(잔존시력 없음)이 상대방의 손 위에 자신의 손을 얹어 상대방의 수화를 이해하고 의사소통하는 방법을 (㉡)(이)라고 한다.

42 _____

다음은 중도에 실명하여 점자를 익히고 있는 학생의 점자 받아쓰기 결과이다. (가)~(라) 중에서 잘못 받아쓴 단어를 찾아 쓰고, 점자를 쓸 때 적용해야 하는 점자의 문법적 내용 요소 ①~④를 예시와 같이 쓰시오.

문항	단어	점자	문법적 내용 요소
예시	깍두기		'까'는 '가'의 약자 앞에 된소리표를 사용하여 쓴다.
(가)	밥그릇		①
(나)	바위		②
(다)	그리고는		③
(라)	찡그리고		④

※ 제시된 점자는 읽기 기준이고, ●은 볼록 나온 점임.

43 _____

다음은 ○○특수학교에 다니는 5세 중복장애 유아들을 위한 지원 방안이다. 물음에 답하시오.

유아	특성	지도 방법	전문가 협력
수지	• 시각정신지체 중복장애 • 촉지각 능력이 뛰어남.	⊙ 네모와 같은 단순한 그림을 촉각 그래픽 자료로 지도함.	… (생략) …
인호	• 농맹중복장애 • 4세 중도 실명 • 수화를 모국어로 습득함. • 촉독(촉각) 수화를 사용함.	ⓒ 수지와 의사소통할 때 촉독 수화를 사용하게 함. ⓒ 다양한 사물을 손으로 느껴 체험하도록 지도함.	• 유아특수교사, 청각사 등 다양한 영역의 전문가들이 참여함. • 전문가별로 중재 계획을 개발하고 정보를 서로 공유함. • 인호의 부모가 팀원임. • 때때로 팀원 간에 인호의 문제를 논의함.
은영	• 청각정신지체 중복장애 • 보완대체 의사소통체계(AAC)를 활용하여 주변 사람과 의사소통함.	ⓔ AAC의 일환으로 단순화된 수화를 지도함. ⓜ 구어 중심의 중재를 함.	… (생략) …

1) ⊙~ⓜ 중 유아의 강점을 고려한 지도 방법으로 적절하지 않은 것 2가지를 찾아 그 기호와 이유를 각각 쓰시오.

① 기호와 이유 :

② 기호와 이유 :

44 _____

(가)는 시각장애 특수학교 체육 담당 교사가 지도하는 6학년 학생들의 특성이고, (나)는 '간이 시각배구 게임하기'를 제재로 작성한 교수 · 학습 과정안의 일부이다. 물음에 답하시오.

(가) 학생 특성

이름	원인 질환	시력 정도	시야 특성	인지 특성
영수	망막색소변성	양안 교정시력 0.06	양안 주시점에서 10°	정상
미현	시신경위축	전맹	–	정상

(나) 교수 · 학습 과정안

단원	㉠ 배구형 게임	제재	간이 시각배구 게임하기

학습목표	규칙에 맞게 간이 시각배구 게임을 할 수 있다.

단계	교수 · 학습 활동	자료(재) 및 유의사항(유)
도입	• 준비 운동하기 • 전시 학습 확인하기 • 학습 동기 유발하기 　－시각배구 대회 소개하기 　－시각배구 선수 소개하기	재 ㉢ 점자 읽기 자료, 묵자 읽기 자료
전개	〈활동 2〉 ㉡ 간이 시각배구 게임하기 • 2인제 시각배구 게임하기 　－영수: 교사가 굴려주는 공을 보면서 공격(수비)하기 　－미현: 교사가 굴려주는 공소리를 듣고 공격(수비)하기	재 소리 나는 배구공, 네트 유 ㉣영수는 야맹증이 있고, 낮은 조도에서 학습 활동을 하는 데 어려움이 있기 때문에 적절한 조도 환경을 제공한다. 유 여가 시간에 시각배구를 활용할 수 있는 다양한 방법을 지도한다.

2) 다음은 (나)의 ㉢의 일부이다. 점자를 묵자로 쓰시오(검은 점이 볼록하게 튀어 나온 점임.).

3) (가)에 제시된 영수의 특성을 고려할 때, (나)의 ㉣이 필요한 이유를 망막의 시세포(광수용체)와 관련지어 쓰시오.

4) (나)의 수업에서 교사는 시각장애라는 특성을 반영한 다음과 같은 교육과정을 고려하여 지도하고자 한다. ( ) 안에 들어갈 말을 쓰시오.

> ( )은/는 시각장애인이 사회의 구성원으로 독립적으로 살아가기 위해서 필수적으로 습득해야 하는 지식과 기술로 구성된 교육과정을 의미하며, 그 내용으로는 보상 기술, 기능적 기술, 여가 기술, 방향정위와 이동 기술, 사회 기술, 시기능 훈련, 일상생활 기술 등이 있다.

45

(가)는 일반학교에 재학 중인 저시력 학생들의 정보이고, (나)는 그에 따른 교육 계획이다. 〈작성 방법〉에 따라 순서대로 서술하시오.

(가) 학생 정보

학생	안질환	유형
이영수	시신경 위축	단순 시각장애
박근화	망막색소변성	단순 시각장애
정동기	당뇨망막병증	단순 시각장애
김영철	추체 이영양증	단순 시각장애
김창운	미숙아망막병증	시각중복장애(경도 정신지체)
김영진	선천성 녹내장	단순 시각장애

(나) 교육 계획

교육적 조치		• 교실 바닥과 다른 색의 책상 제공 • 학생에게 굵은 선이 그어진 공책 제공 • 휴식 시간을 자주 제공 • 독서대 제공 • 교실의 제일 앞줄에 자리 제공 • 일반 교과서의 150% 크기인 확대교과서 제공 • 판서 내용을 볼 수 있게 망원경 제공 • 보행 훈련 제공
국어과 지도 계획	교육 과정 수정	읽기와 쓰기 영역에 묵자를 효율적으로 사용하는 데 필요한 학습 내용을 추가함.
	교수· 학습 운영	학생의 시력 변화와 요구에 기초하여 한 가지 문자 매체만을 강조하기보다는 필요에 따라 ⓐ묵자와 점자를 병행하여 사용하게 함.
	평가 방법	• 자료를 확대하거나 (비)광학기구를 활용하여 실시함. • 지문의 양을 조절하고, 시력 정도에 따라 적정 평가 시간을 제공함. * 김창운(시각중복장애) • 단편적인 지식보다 활동에 초점을 두고 영역별 성취도를 종합적으로 평가함. • (　　　ⓑ　　　)

┌〈 작성 방법 〉
• (나)의 '교육적 조치'에서 4가지 확대법 중 사용되지 않은 방법 1가지의 명칭과 이것을 수업에 활용할 때의 예를 쓸 것
• 밑줄 친 ⓐ을 활용하여 지도하기에 적합하지 않은 학생을 (가)에서 찾아 이름을 쓰고 그 이유를 기술할 것

46

(가)는 맹학생 영수가 필기한 내용이고, (나)는 필기 내용에 대해 김 교사와 영수가 나눈 대화이다. 밑줄 친 ⓐ에 해당하는 내용 2가지를 쓰고, ⓑ에 들어 갈 약자를 묵자로 적으시오. 그리고 밑줄 친 ⓒ에 해당하는 내용 2가지를 점자의 특성에 기초하여 쓰시오.

(가) 영수의 필기 내용

필기 내용	땅 1평은 $3.3m^2$이고, 땅 1,000평은 약 $3,300m^2$이다.
밑줄 친 부분에 해당하는 점자	

(※ 제시된 점형은 읽기 기준이며, ●은 볼록 튀어 나온 점임.)

(나) 김 교사와 영수의 대화 내용

> 김 교사 : 영수야, 네가 찍은 점자를 보니 약자까지 다 익힌 것 같구나. 그런데 문법에는 좀 더 신경을 쓰면 좋을 것 같아. ⓐ'땅 1,000'을 점자로 찍은 것에 문법적인 오류가 있어.
>
> 영　수 : 숫자는 매번 헷갈려요. 그런데 정말 이해가 안 되는 것은 '1,000평'처럼 묵자에서 숫자 다음에 한글이 이어 나올 때에요. 점자에서는 어떤 경우에 한 칸을 띄는지 궁금해요.
>
> 김 교사 : 그건 숫자 다음에 바로 초성 'ㄴ, ㄷ, ㅁ, ㅋ, ㅌ, ㅍ, ㅎ'과 약자 (　ⓑ　)이/가 오는 경우란다.
>
> 영　수 : 감사합니다. 한 가지 더 궁금한 것이 있어요. 약자를 다 외우긴 했는데 ⓒ약자를 사용하는 이유를 잘 모르겠어요.

47 _____

(가)는 시각장애 특수학교에 다니는 학생들의 특성이고, (나)는 2011 개정 특수교육 교육과정(교육과학기술부 고시 제2012-32호) 중 공통 교육과정 국어과 5~6학년 '견문과 감상을 나타내어요' 단원 지도 계획이다. 물음에 답하시오.

(가)

- 혜미(단순 시각장애)
  - 원인: 망막박리
  - 현재 시각 정도: 맹
  - 점자를 읽기 수단으로 사용함.

- 수지(단순 시각장애)
  - 원인: 안구진탕(안진)
  - 현재 시각 정도: 저시력
  - 묵자 읽기 속도가 느리고, 시기능(시효율)이 낮음.

- 민수(단순 시각장애)
  - 원인: 망막색소변성
  - 현재 시각 정도: 양안 중심시력 0.2
    시야는 주시점에서 10도(터널 시야)
  - 묵자 읽기 속도가 느림.

(나)

차시	주요 학습 내용 및 활동	유의사항
1~2	• 단원 도입 • 견문과 감상이 드러나는 글의 특성 알기	• ㉠점역된 읽기 자료를 제공한다.
3~4	• 견문과 감상이 드러나는 글 읽기 • 견문과 감상이 드러나는 글 쓰는 방법 알기	• ㉡독서 보조판(typoscope)을 제공한다.
5~7	• 견문과 감상이 드러나는 글쓰기 • 문장 성분의 호응 관계에 주의하며 고쳐쓰기	• 안전한 현장체험학습을 위해 개별 학생의 특성을 고려한 ㉢보행교육을 실시한다.
8~9	• 현장체험학습을 통해 우리 지역의 자랑거리 조사하기 • 우리 지역의 자랑거리가 잘 드러나게 여행안내서 만들기	• ㉣시각장애로 인하여 습득하기 어려운 어휘(예: 바다, 산, 구름, 푸르다, 검다, 붉다 등) 학습에 유의하여 지도한다.

1) 다음은 (가)의 혜미에게 제공하고자 하는 (나)의 ㉠의 예이다. 점자를 묵자로 쓰시오(단, 검은 점은 볼록하게 튀어 나온 것임.).

2) (가)의 수지의 특성을 고려할 때 (나)의 ㉡이 수지의 읽기 속도 및 시기능(시효율)을 향상시킬 수 있는 이유 1가지를 쓰시오.

3) (가)의 민수의 특성을 고려하여 (나)의 ㉢을 실시하고자 할 때, 민수의 시야를 개선하기 위해 사용할 수 있는 광학기구의 예 1가지를 쓰시오.

48

(가)는 시각장애 중학생 C를 위한 단원 지도 계획이고, (나)는 점자 읽기 및 쓰기 평가 자료이다. 〈작성 방법〉에 따라 ㉠~㉣ 중에서 바르지 않은 것 2가지를 찾아 그 이유를 쓰고, ㉤을 언제부터 가르치고 평가해야 하는지 서술하시오. 그리고 ㉥의 'A에게'를 점자로 읽을 때 각 점형의 점번호를 순서대로 제시하시오.

(가) 단원 지도 계획

학생 특성	시력	• 수업 시간에 머리를 돌리거나 몸을 기울임. • 고시 능력에 문제가 있음. • 피로하거나 과도한 스트레스를 받으면 안질환의 증상이 심해짐.
	학업	• 묵자와 점자를 병행하여 학습함. • 인지 및 운동 기능에는 어려움이 없음.
영어과 지도 계획	목표	영어 단어가 포함된 문장 읽고 쓰기
	교수·학습 자료	• 수업 자료 제작 시 명암 대비를 고려함.
묵자 활용	교수·학습 방법	• ㉠교실 앞쪽에 창을 등지고 앉도록 자리를 배치함. • ㉡머리를 돌리거나 몸을 기울이지 않도록 자세를 교정함.
	평가 방법	• ㉢시험지를 확대하여 제공함.
	교수·학습 자료	• 실물, 모형, 입체 복사 자료 등의 대체 자료를 제공함.
점자 활용	교수·학습 방법	• 점자타자기로 쓰기 지도를 함. • ㉣옵타콘을 활용하여 점자 읽기를 지도함.
	평가 방법	• ㉤영어 약자 점자의 사용 규칙을 포함한 점자 활용 수준, 읽기 속도, 쓰기 정확도를 고려함.

(나) 점자 읽기 및 쓰기 평가 자료

길음역(Gireum Station)에서 친구 ㉥A에게 전화했다.

〈작성 방법〉

• ㉠~㉣ 중에서 바르지 않은 것 2가지의 기호를 쓰고, 그 이유를 각각 제시할 것
• ㉥은 아래의 예와 같이 각 점형의 점번호를 답으로 제시할 것(점형의 구분은 '−'로 표시할 것)

묵자	점자(●은 튀어 나온 점임)	답안(예시)
소리	○○ ●○ ○○ ●○ ○○ ○○ ○● ○● ○● ●● ○○ ●○ (읽을 때 기준임) ⇨	6-136-5-135

49

2017 중등B-6

(가)는 학생 S의 특성이고, (나)는 사회과 '도시의 위치와 특징' 단원의 전개 계획이다. ㉠을 이용하여 가장 큰 배율과 넓은 시야로 지도 보는 방법을 서술하고, ㉡~㉤ 중에서 바르지 <u>않은</u> 것 2가지를 찾아 그 이유를 제시하시오. 그리고 ㉥의 이유를 서술하시오.

(가) 학생 S의 특성

- 황반변성증으로 교정시력이 0.1이며, 눈부심이 있음.
- 묵자와 점자를 병행하여 학습하고, 컴퓨터 사용을 많이 함.
- 주의집중력이 좋으나, 지체·중복장애로 인해 상지의 기능적 사용에 어려움이 있고, 빛에 매우 민감하게 반응함.
- 키보드를 통한 자료 입력 시 손이 계속 눌려 특정 음운이 연속해서 입력되는 경우가 자주 있음(예: ㄴㄴㄴ나).

(나) '도시의 위치와 특징' 단원 전개 계획

차시	주요 학습 내용	학생 S를 위한 고려사항
1	세계의 여러 도시 위치 확인하기	• ㉠ <u>손잡이형 확대경(+20D)</u>을 활용하여 지도를 보게 함.
2~4	인터넷을 통해 유명하거나 매력적인 도시 찾아보기	• 컴퓨터 환경 설정 수정(윈도우용) -㉡ <u>고대비 설정을 통해 눈부심을 줄이고 대비 수준을 높임.</u> -㉢ <u>토글키 설정을 통해 키보드를 한 번 눌렀을 때 누르는 시간에 관계 없이 한 번만 입력되게 함.</u>
5~6	도시별 특징을 찾고 보고서 작성하기	• ㉣ <u>키보드를 누를 때 해당키 값의 소리가 나게 '음성인식' 기능을 설정함.</u>
7	관련 웹 콘텐츠를 통해 단원 평가하기	• ㉤ <u>색에 관계없이 인식될 수 있는 콘텐츠를 활용함.</u> • ㉥ <u>깜빡이거나 번쩍이는 콘텐츠가 없는 사이트를 활용함.</u>

〈작성 방법〉

- ㉠의 사용 방법을 작성할 때, 렌즈와 사물과의 거리, 렌즈와 눈과의 거리를 포함하여 서술할 것
- ㉡~㉤ 중에서 바르지 <u>않은</u> 것 2가지의 기호를 쓰고, 그 이유를 제시할 것

50

(가)는 특수교육 관련 사이트의 질의·응답 게시판에 올라온 글의 일부이고, (나)는 시각장애인용 축구장을 설명하기 위해 시각장애 학교 교사가 학생에게 제공한 입체복사 자료이다. 물음에 답하시오.

(가)

> Q 안녕하세요? 저는 초등학교 교사입니다. 우리 반에는 ㉠광각의 시력을 가진 단순 시각장애 학생이 1명 있습니다. 다음 주부터 체육과 실기 수업으로 ㉡축구형 게임 단원의 '공을 차 목표물 맞히기'를 진행하려고 하는데, 시각장애 학생의 실기 수업을 어떻게 진행해야 할지 막막합니다. 조언 부탁합니다.
>
> A 안녕하세요? 저는 시각장애 학교 교사입니다. 일반적으로 단순 시각장애 학생이라면 일반 학생과 비슷한 환경 속에서 성과를 낼 수 있습니다. 다만, 학생의 시각적인 요구에 맞게 약간의 조정이 필요합니다. 우선 방울이 들어 있는 특수공을 사용하거나 이것이 여의치 않을 경우에는 축구 연습용 주머니에 공을 넣어 사용하시고, 소음을 최소화할 수 있는 실내에서 수업을 진행하는 것이 좋겠습니다. 그리고 ㉢가이드를 목표물 뒤에 배치하는 것도 필요합니다.
>
> … (하략) …

(나)

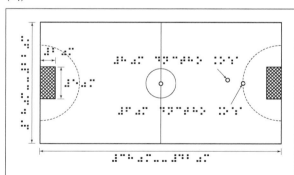

※ 검은 점·선·면은 볼록하게 튀어나온 것임.

3) ① (나)와 같은 입체복사 자료의 장점을 점자 그림 자료와 비교하여 1가지 쓰고, ② 복잡한 시각 자료를 입체복사 자료로 제작할 때 유의해야 할 점 1가지를 쓰시오.

①:

②:

4) 다음은 (나)의 입체복사 자료에 표기된 점자의 일부이다. 점자를 묵자로 쓰시오(단, 검은 점은 볼록하게 튀어나온 것임).

51

다음은 시각장애학교 김 교사가 보조공학 연수에서 작성한 연수 일지이다. ㉠에 들어갈 서비스의 명칭과 ㉡에 들어갈 전자도서의 형식을 순서대로 쓰시오.

〈시각장애 학생의 정보 접근 향상 방안 연수〉

2017. 9. 15.

○ 서비스 명칭 : (㉠   )
- 정의 : TV 프로그램 등에서 대사나 음향을 방해하지 않고 시각적 요소를 해설해 주는 서비스
- 기원 : 극장에서 직접 배우들의 의상, 얼굴 표정, 신체어, 색깔, 행동 등 시각적 요소를 전문가가 설명
- 현황 : 공영 방송의 일부 드라마나 영화에서 해당 서비스를 실시함.
- 활용 : 학습용 동영상 콘텐츠 제작 시 해당 서비스를 반영하여 학생들의 정보 접근성을 높임.

○ 전자도서 형식 : (㉡   )
- 정의 : 시각장애인이나 독서장애인을 위한 전자도서의 국제 표준 형식
- 방식 : 녹음 혹은 CD도서와 달리 이미지, 동영상, 텍스트, 점자 파일을 하나의 포맷으로 저장하는 제작 방식
- 현황 : 국립장애인도서관에서는 해당 형식의 도서를 제작하여 지역 점자도서관과 연계해 필요한 장애인에게 무료로 제공하고 있음. 또한 홈페이지를 통해 해당 형식의 전자도서 제작을 직접 신청 받기도 함.
- 활용 : 여러 장르의 도서를 다양한 형식의 콘텐츠로 제작해 줌으로써 학습 교재의 접근성을 높일 수 있음.

52 _____

(가)는 중도에 실명한 시각장애 학생의 보행훈련 계획이고, (나)는 보행훈련을 위한 점자 노선도이다. 〈작성 방법〉에 따라 서술하시오.

(가) 보행훈련 계획

학생 특성	시력		• 초기 : 직선이 휘어져 보였다고 함. • 현재 : 망막 중심부(황반부)에 커다란 암점이 생겼고, 추체의 기능을 상실한 상태임.
	읽기		묵자와 점자를 병행하여 활용함.
보행 훈련	목표		방향정위와 다양한 이동기법 이해하기
	방향 정위		• 선별된 감각적 자료를 기초로 노선도를 설계함. －㉠ 랜드마크와 번호체계 등을 활용함. －㉡ 다양한 색상의 시각 단서와 여러 가지 촉각 단서를 활용함.
	이동	안내법	• 계단을 이용할 때에 안내자가 '잠깐 멈춤'을 통해 계단의 시작과 끝을 알게 함. • ㉢ 문을 통과할 때에 안내자가 문을 열고 닫게 함.
		보호법	㉣ 상부보호법, 하부보호법을 이용하여 실내 보행훈련을 실시함.
		지팡이 보행	㉤ 2점 촉타법에서 지팡이 끝이 왼쪽 지점을 칠 때 오른발이 지면에 닿게 함.
		안내견 보행	㉥ 위험한 상황에서 안내견이 '지적 불복종'한다는 것을 인식하게 함.
	유의점		• 안내법 보행 시 안내자가 시각장애인에게 환경적 정보를 제공해야 함. • ⊘ 지팡이는 너무 단단하거나 약해서는 안 됨. • 주인 이외의 사람이 안내견을 만지거나 먹을 것을 주는 행동을 절대 하지 않도록 해야 함.

(나) 점자 노선도

3학년 3반 교실 ◎ 뒷문에서 출발 → (트레일링을 통해) 4개의 교실 문을 지나감 → 바닥에 카펫이 밟히면 우회전 후 15보 직진 → 멀티미디어실 앞문으로 입장

〈 작성 방법 〉

• 밑줄 친 ㉠∼㉥ 중에서 적절하지 <u>않은</u> 것 2가지의 기호를 적고, 그 이유를 각각 서술할 것
• 지팡이의 역할을 고려하여 밑줄 친 ⊘의 이유를 1가지 서술할 것
• 밑줄 친 ◎을 점자로 읽을 때 각 점형의 점번호를 순서대로 쓸 것[아래의 예시 참조(점형의 구분은 '－'로 표시할 것)]

묵자	점자 (●은 튀어 나온 점임)				답안(예시)
모기	●○ ○○ ○○	●● ○● ●●	○● ○○ ○○	●● ○● ●○ ⇨	15-136-4-135
	(읽을 때 기준임)				

53 _____ 2019 유아A-1

다음은 통합학급 박 교사와 김 교사가 특수학급 윤 교사와 협의회에서 나눈 대화의 일부이다. 물음에 답하시오.

… (중략) …

윤 교사 : 김 선생님은 어떠세요?

김 교사 : 저는 그림책을 보거나 사물을 관찰하는 활동을 할 때, 경호에게 확대경을 제공하고 있어요. 그런데 확대경이 모든 저시력 유아에게 도움이 되는 것은 아니라고 하던데 맞나요?

윤 교사 : 맞아요. 확대경 사용이 대부분의 저시력 유아들에게는 도움이 되지만, ㅂ어떤 유아들은 사용하면 안 되는 경우가 있어요.

김 교사 : 그래요? 저는 모두 도움이 되는 것으로 알고 있는데 아니었군요. 그런데 경호가 손잡이형 확대경을 사용할 때 손이 흔들려서 많이 힘들어 해요.

윤 교사 : 그렇군요. 그러면 (ㅅ)을/를 사용하게 해 보세요.

---

3) ① ㅂ에 해당하는 시각장애의 발생 원인을 1가지 쓰고, ② 이 유아들이 확대경을 사용하면 안 되는 이유를 쓰시오.

①:

②:

4) ㅅ에 들어갈 확대경의 종류를 쓰시오.

54 _____ 2019 초등B-5

다음은 시각장애 특수학교 김 교사와 미술관 담당자가 주고받은 휴대전화 문자 대화의 일부이다. 물음에 답하시오.

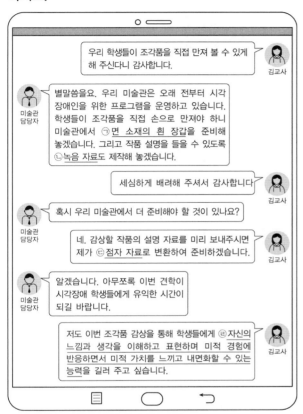

우리 학생들이 조각품을 직접 만져 볼 수 있게 해 주신다니 감사합니다.

김교사

별말씀을요. 우리 미술관은 오래 전부터 시각장애인을 위한 프로그램을 운영하고 있습니다. 학생들이 조각품을 직접 손으로 만져야 하니 미술관에서 ㉠면 소재의 흰 장갑을 준비해 놓겠습니다. 그리고 작품 설명을 들을 수 있도록 ㉡녹음 자료도 제작해 놓겠습니다.

미술관 담당자

세심하게 배려해 주셔서 감사합니다.

김교사

혹시 우리 미술관에서 더 준비해야 할 것이 있나요?

미술관 담당자

네. 감상할 작품의 설명 자료를 미리 보내주시면 제가 ㉢점자 자료로 변환하여 준비하겠습니다.

김교사

알겠습니다. 아무쪼록 이번 견학이 시각장애 학생들에게 유익한 시간이 되길 바랍니다.

미술관 담당자

저도 이번 조각품 감상을 통해 학생들에게 ㉣자신의 느낌과 생각을 이해하고 표현하며 미적 경험에 반응하면서 미적 가치를 느끼고 내면화할 수 있는 능력을 길러 주고 싶습니다.

김교사

2) 다음은 ㉡을 제작할 때 유의점에 대한 설명이다. 적절하지 않은 내용 2가지를 찾아 ①과 ②에 각각 기호를 쓰고 바르게 고쳐 쓰시오.

ⓐ 조용한 실내에서 녹음한다.
ⓑ 읽는 속도를 늦추어 녹음한다.
ⓒ 외국어 단어나 문장은 정확한 발음으로 읽은 후 철자를 읽어 준다.
ⓓ 설명 자료의 표지, 목차, 저자 소개 등은 특별한 경우가 아니면 생략하여 녹음한다.
ⓔ 쉼표와 마침표 같은 구두점은 특별한 경우가 아니면 내용 이해도를 높이기 위해 생략한다.

① :

② :

3) 다음은 ㉢의 일부이다. 점자를 묵자로 쓰시오(단, 검은 점은 볼록하게 튀어나온 것임).

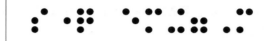

5) 김 교사는 새로운 자극에 거부감이 있는 시각중복장애 학생이 조각품을 감상할 수 있도록 다음과 같이 안내하였다. 김 교사가 사용한 촉각 안내법의 명칭을 쓰시오.

• 교사가 먼저 조각품의 표면을 탐색한다.
• 학생 스스로 교사의 손 위에 자신의 손을 올려놓게 한다.
• 학생의 손이 조각품에 닿을 때까지 교사의 손을 조금씩 뒤로 뺀다.

55

(가)는 학생 B의 특성이고, (나)는 특수교사의 자료 요청 계획 및 지도 계획의 일부이다. 〈작성 방법〉에 따라 서술하시오.

(가) 학생 B의 특성

- 교통사고로 인한 뇌 손상 및 안구 손상으로 시각장애를 갖게 됨.
- 현재 확대자료를 활용하나 시력이 점점 나빠질 예후가 있어 점자 교육이 요구됨.

(나) 자료 요청 계획 및 지도 계획

〈자료 요청 계획〉
- ○○시 시각장애 특성화 특수교육지원센터에 요청할 사항
  - CCTV
  - '점자 익히기' 교과서/지도서 및 점자 쓰기 도구
  - ㉠ 읽기(교과서, 지필평가 자료)를 위한 시력검사

〈지도 계획〉
- 문자나 그림자료를 활용할 때 보조기기를 활용하여 지도한다.
- 점자 교육의 효율성을 위하여 잔존시력이 있는 상태에서 점자를 지도한다.
- 촉각지도를 통해 학교 건물 내부를 오리엔테이션 하도록 지도한다(보건실 촉각 표시에 전자 라벨을 붙여서 활용함).
- ㉡ 대각선법과 ㉢ 핸드 트레일링법을 함께 활용하여 보건실까지 독립보행할 수 있도록 지도한다.

[촉각지도]

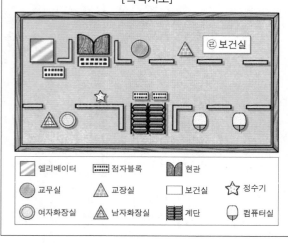

▨ 엘리베이터	▦ 점자블록	📖 현관
● 교무실	▲ 교장실	□ 보건실
◎ 여자화장실	⚠ 남자화장실	▥ 계단	☆ 정수기
		🖱 컴퓨터실

〈 작성 방법 〉
- 밑줄 친 ㉠에 해당하는 검사 유형을 쓸 것
- 밑줄 친 ㉡과 ㉢에서 학생이 취해야 할 자세를 순서대로 서술할 것(단, 우측 보행상황에서 양팔 및 손의 위치와 모양 그리고 지팡이의 위치를 포함하여 서술할 것)
- ㉣을 점자로 표기할 때 각 점형의 점번호를 순서대로 쓸 것[아래의 예시 참조(점형의 구분은 '—'로 표시할 것)]

[1246—45—2356]

56 _____

다음은 컴퓨터 정보화교육 프로그램에 참여한 학생들의 특성과 교육내용이다. 〈작성 방법〉에 따라 서술하시오.

(가) 학생 D

- 특성 : 시각장애(광각), 인지적 제한이 없음.
- 교육내용
  - 특성에 적합한 소프트웨어 및 시스템을 활용하여 지도함. : 화면 낭독 프로그램, ㉠광학 문자인식 시스템(OCR)
  - 점자정보단말기를 활용하여 다음의 기능을 익힘.

주요 기능	부가 기능
• 문서 작성 및 편집 • 점자 출력 • (㉡)	• 인터넷 • 날짜, 시간 • 스톱워치, 계산

─〈 작성 방법 〉─
- 밑줄 친 ㉠의 특징 1가지를 서술하고, 괄호 안의 ㉡에 들어갈 점자정보단말기의 주요 기능 1가지를 쓸 것

57 _____

(가)는 특수교육지원센터의 공학기기 선정을 위한 협의회 자료의 일부이다. 물음에 답하시오.

(가) 협의회 자료

	성명	정운	민아
학생 정보	특성	• 불수의 운동형 뇌성마비 • 상지의 불수의 운동이 있어 소근육 운동이 어려움. • 독서활동을 좋아함.	• 저시력 • 경직형 뇌성마비 • 상지의 소근육 운동이 다소 어려움. • 확대독서기 이용 시 쉽게 피로하여 소리를 통한 독서를 선호함.
특수 교육 관련 서비스	상담지원 :	… (생략) …	
	학습보조 기기지원	• 자동책장넘김 장치	• ㉠전자도서단말기
	보조공학 기기지원	• (㉡)	• (㉢)
	(㉣) 지원	• 동영상 콘텐츠 활용 지원	• 대체 텍스트 제공 • 동영상 콘텐츠 활용 지원

1) 민아가 (가)의 ㉠을 사용할 때 쓸 수 있는 파일 (형식)을 쓰시오(단, 아래의 기능을 가지고 있을 것).

- 문서 내 이동, 검색, 찾아가기, 북마크 기능 등으로 일반 학생과 유사한 독서환경을 제공함.
- 테이프, CD도서 등의 오디오북과는 달리 텍스트, 이미지, 동영상, 점자 파일, MP3 등이 포함됨.
- 전자도서의 국제표준이며, 전세계적으로 자료 교환이 가능함.

58 _____ 2020 초등A-5

(가)는 시각장애 학생별 시력 특성이고, (나)는 2015 개정 특수교육 교육과정 중 공통 교육과정 체육과 5~6학년군 '응급 상황 이렇게 행동해요' 단원 지도 계획의 일부이다. 물음에 답하시오.

(가) 학생별 시력 특성

이름	시력 특성	이름	시력 특성
한영	• 황반변성 • 큰 암점	세희	• 녹내장 • 시야 15도
영철	• 망막색소변성 • 시야 10도	지유	• 미숙아 망막병증 • 광각(LP)
민수	• 당뇨망막병증 • 안전수동(HM/50 cm)	연우	• 시신경위축 • 광각(LP)

(나) 단원 지도 계획

단원	응급 상황 이렇게 행동해요	
차시	주요 학습 내용	자료(자) 및 유의점(유)
3	응급 처치 이해하기	자 관련 ⊙유인물 유 묵자 자료의 대비 수준 고려
4	상해별 처치법 알아보기	자 모둠 활동용 처치 ⓛ안내판 유 점자 자료의 점역자주 주의
5	상황 알기	자 상황별(심정지, 무호흡 등) 동영상 콘텐츠 유 화면해설서비스(DVS) 확인
6 (ⓒ)	순서 익히기	자 순서 카드 1단계 반응 확인 → 2단계 도움 요청과 119 신고 → 3단계 가슴 압박 → 4단계 ②인공호흡 → 5단계 가슴 압박과 인공호흡의 반복 유 점자 자료 제작 시 가로로 내용 제시
7	실습하기	자 실습용 인체 모형

(응급 처치는 차시 3, 4에 걸침)

2) 묵자 자료 읽기가 가능한 (가)의 학생 중에서 ⊙을 제작할 때 정보 제시 방법으로 색상 차이를 활용하는 것이 적절하지 <u>않은</u> 학생을 찾아 이름과 그 이유를 쓰시오.

3) ⓛ의 내용을 반드시 듣기 자료로 제공해 주어야 하는 학생을 (가)에서 찾아 이름과 그 이유를 쓰시오.

4) ① (나)의 ⓒ에 들어갈 말을 쓰고, ② ②의 '인공'을 점자로 쓰시오. (단, 아래의 예시와 같이 각 점형의 점 번호를 답으로 제시할 것)

묵자	점자(●은 튀어 나온 점임)	답안(예시)
나이	●● ｜ ●○ ｜ ●○ ○○ ｜ ●○ ｜ ○● ○○ ｜ ●○ ｜ ●○ (읽을 때 기준임)	⇨ 14−126−135

①:

②:

59 _____ 2020 중등A-9

(가)는 시각장애 학생 H와 I의 특성이고, (나)는 특수교사가 작성한 보조공학 지원 계획의 일부이다. 〈작성 방법〉에 따라 서술하시오.

(가) 학생 H와 I의 특성

• 학생 H

시야	정상	
대비감도	정상	
원거리 시력 (나안 시력)	좌안(왼쪽 눈)	우안(오른쪽 눈)
	0.02	0.06

• 학생 I

시야	정상
대비감도	낮은 대비의 자료를 볼 때 어려움이 있음.
근거리 시력	근거리 자료를 읽기 위해서 고배율 확대가 필요함.

(나) 보조공학 지원 계획

학생	보조공학 지원 내용
H	◦ 원거리에 있는 도로 표지판을 보기 위해 적합한 배율의 단안 망원경 추천이 필요함. • 단안 망원경을 어느 쪽 눈에 사용할지 결정 : (㉠) • 적합한 단안 망원경 배율 : (㉡)
I	◦ ㉢ 책을 읽기 위해 투사확대법을 적용한 보조공학기기 지원이 필요함.

┌─〈작성 방법〉─
• (가)의 학생 H의 특성에 근거하여 (나)의 괄호 안의 ㉠에 들어갈 내용을 쓰고, 그 이유를 1가지 서술할 것 (단, 배율과 시야를 고려할 것)
• (가)의 학생 H의 특성에 근거하여 (나)의 괄호 안의 ㉡에 해당하는 배율을 쓸 것 [단, 목표(필요한) 원거리 시력은 0.3임]
• (가)의 학생 I의 특성에 근거하여 (나)의 밑줄 친 ㉢에 적합한 보조공학기기를 1가지 쓸 것

60 _____ 2020 중등B-5

(가)는 중도 실명한 학생 F가 국어 시간에 필기한 내용이고, (나)는 교육실습생이 수업을 마친 후 지도교사와 나눈 대화의 일부이다. 〈작성 방법〉에 따라 서술하시오.

(가) 필기 내용

필기 내용	영희야, 배가 많이 아팠지?
밑줄 친 부분에 해당하는 점자	

(※ 제시된 점형은 읽기 기준이며, ●은 볼록 튀어 나온 점임.)

(나) 대화

교육실습생 : 선생님, 학생 F가 국어 시간에 필기한 내용이에요. 점자를 잘 찍은 것 같아요.
지도 교사 : 어디 봅시다. 그런데 학생 F가 ㉠ 점자를 잘못 찍은 부분이 있군요.
교육실습생 : 그런가요? 제가 한글 점자 규정에 대한 공부가 부족했던 것 같아요.
지도 교사 : 교사는 한글 점자 규정을 잘 알고 있어야 해요. 그래야만 학생이 점자를 잘못 찍으면 바로 교정해 줄 수 있어요.

　　　… (중략) …

교육실습생 : 한글 점자 규정을 공부하면서 잘 모르는 것이 있었는데, 질문해도 될까요?
지도 교사 : 네, 어떤 것이 궁금한가요?
교육실습생 : '힘껏'의 '껏'은 어떻게 찍어야 하나요?
지도 교사 : '껏'을 찍을 때에는 '것'의 약자 표기 앞에 (㉡)을/를 덧붙여서 찍어요.
교육실습생 : 아, 그렇군요. 선생님, 한글 점자 규정의 '약어' 관련 부분도 어려웠어요. 지금도 잘 모르겠어요. ㉢ 그러면서는 점자로 어떻게 찍나요?

┌─〈작성 방법〉─
• (나)의 밑줄 친 ㉠에 해당하는 것을 (가)에서 2가지 찾아 쓰고, 각각의 이유를 서술할 것
• (나)의 괄호 안의 ㉡에 들어갈 용어를 쓸 것
• (나)의 밑줄 친 ㉢을 점자로 표기할 때, 각 점형의 점 번호를 순서대로 쓸 것
　[아래의 예시 참조(점형의 구분은 '−'로 표시할 것)]

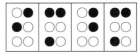

[24−134−45−134]

61 _____

(가)는 특수교사와 자원봉사자의 대화이고, (나)는 교실 모습의 일부이며, (다)는 지우의 보행 모습이다. 물음에 답하시오.

(가) 특수교사와 자원봉사자의 대화

> 특 수 교 사 : 지우가 지금은 22포인트 정도의 글자를 읽을 수 있지만, 시력이 급격하게 낮아지고 있어서 점자 교육이 필요한 상황이에요.
> 자원봉사자 : 아, 그렇군요.
> 특 수 교 사 : 마침 '확대문자－점자 병기판'을 만드는데 도움을 주시겠다고 하셔서 감사해요.
> 자원봉사자 : 아직은 배우는 중이지만 지난번에 교육받은 대로 점자 스티커를 붙여서 만들어 볼게요.
> 특 수 교 사 : 확대문자는 50포인트 볼드타입으로 만들어 주시는데요, 확대 이외에 ㉠가독성을 높일 수 있는 다른 방법도 고려하시고, 지우가 ㉡눈부심이 심하다는 점도 감안해서 만들어 주세요.
> 자원봉사자 : 네, 알겠습니다.
> 특 수 교 사 : 그리고 쉬는 시간에 지우가 화장실을 잘 찾는지 살펴봐 주세요.

(나) 교실 속 '확대문자 －점자 병기판' 모습

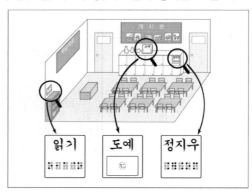

(다) 지우의 보행 모습

1) (나)의 '확대문자－점자 병기판'을 보고, ① ㉠을 고려한 개선 방안을 쓰고, ② ㉡을 고려한 개선방안을 쓰시오.

① :

② :

2) (나)의 ㉢에 해당하는 점자를 쓰시오(단, 아래의 예시와 같이 각 점형의 점번호를 답으로 제시할 것).

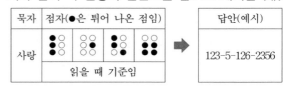

3) (다)의 지우가 대각선법과 함께 사용한 오른손 활용 방법의 명칭을 쓰고, 교사가 지우에게 이점촉타법보다 대각선법을 활용하게 한 이유를 1가지 쓰시오.

① 명칭 :

② 이유 :

62

(나)는 교육 실습생이 수업을 위해 준비한 학습 자료의 일부이다. 〈작성 방법〉에 따라 서술하시오.

(나) 학습 자료

묵자	3학년 9반
점자	(점자 표기)

(제시된 점형은 읽기 기준이며, ●은 볼록 튀어 나온 점임.)

〈작성 방법〉
• (나)의 묵자를 점자로 점역한 부분 중에서 틀린 곳 2가지를 찾아 쓰고, 각각의 이유를 서술할 것

63

(가)는 교육 실습생이 담당하는 학급의 학생 특성이고, (나)는 지도 교사가 교육 실습생에게 제공한 연수 자료의 일부이다. 〈작성 방법〉에 따라 서술하시오.

(가) 학생 특성

학생	원인	특성
A	망막색소변성	• 시력: 우안(0.2) / 좌안(0.1) • 터널 시야
B	황반변성	• 시력: 우안(0.1) / 좌안(0.1) • 중심외보기 전략 사용 • 읽기 활동 시 ㉠손잡이형 확대경(+10D)을 사용
C	백색증	• 시력: 우안(0.1) / 좌안(0.1) • 안구진탕 • 대비감도 감소
D	당뇨망막병증	• 시력: 양안 광각(Light Perception)
E	선천성 백내장	• 시력: 우안(0.05) / 좌안(0.05) • 시각중복장애(지적장애) • 수정체 중심부 혼탁

(나) 연수 자료

··· (상략) ···

○ 고려 사항
• 수업 시간에 광학 기구 사용 방법을 함께 지도해야 함.
• ㉡읽기 활동을 위해 학생이 필요로 하는 최소 글자 크기나 최소 확대 배율을 선택해야 함.

··· (하략) ···

〈작성 방법〉
• (가)의 밑줄 친 ㉠의 사용 방법을 지도할 때, 읽기 자료와 렌즈 사이의 거리를 쓰고, 읽기 자료와 렌즈 사이의 거리를 일정하게 유지해야 하는 이유를 1가지 서술할 것
• (나)의 밑줄 친 ㉡을 고려하여 읽기 지도를 해야 하는 학생을 (가)의 A~E에서 찾아 쓰고, 그 이유를 학생 특성과 관련지어 서술할 것

64 _____

다음은 유아특수교사 장 교사와 시각장애 거점 특수교육지원 센터에 근무하는 민 교사가 5세 유아 진서에 대해 나눈 대화의 일부이다. 물음에 답하시오.

○월 ○일

장 교사 : 선생님, 우리 반 진서는 선천성 녹내장이 있는데 진행성이다보니 어머니께서 개별화교육계획에 (㉠)을/를 포함한 시각 특성을 반영해 달라고 하셨어요. 검사를 통해 그 특성을 파악해야 할 것 같은데, 어떤 검사가 좋을까요?

민 교사 : (㉠)을/를 측정하는 대표적인 검사로는 시계 보기 검사, 대면법, 암슬러 격자 검사, 1.2 m 띠를 활용한 검사 등이 있어요. 진서의 특성을 감안할 때 1.2 m 띠를 활용한 검사를 추천해요. 시력, 대비 감도, 조명 선호 등 다른 시각적인 특성도 고려할 부분이 있는지 함께 확인해 보세요. 그리고 진서의 행동도 주의 깊게 관찰하면서 종합적으로 판단하는 것이 좋아요. 특히 진서와 같은 경우에는 병원에서 하는 검사뿐만 아니라, ㉡유치원에서도 시각 평가를 자주 할 필요가 있어요.

○월 □일

민 교사 : 진서의 시각 특성을 고려해서 교육활동에 적용해 보셨어요?

장 교사 : 네, 자료를 제시할 때 ㉢진서의 눈과 자료의 거리를 조절하여 자료 전체의 모습을 볼 수 있도록 했어요. 교실 창문으로 햇살이 들어오니 진서가 눈부심을 많이 느껴 커튼을 치고 실내등을 조절해 주었어요. 진서가 동화책을 볼 때에는 개인 조명을 사용하도록 하고 있어요. 또 진서가 동화책을 볼 때 ㉣추시하기(tracing)를 가르치기 시작했어요.

---

1) ① 괄호 안의 ㉠에 공통으로 들어갈 말을 쓰고, ② 민 교사가 ㉡과 같이 말한 이유를 쓰시오.

① :

② :

2) ㉢의 구체적인 방법을 쓰시오.

3) ① ㉣의 구체적인 지도내용을 1가지 쓰고, ② ㉣을 도와줄 수 있는 비광학기구를 1가지 쓰시오.

① :

② :

PART

12

65 _____

(가)는 세희의 특성이고, (나)는 통합학급 교사와 시각장애거점 특수교육지원센터 특수교사의 협의 내용이다. 물음에 답하시오.

(가) 세희의 특성

- 초등학교 6학년 저시력 학생임.
- 피질시각장애(Cortical Visual Impairment ; CVI)로 인해 낮은 시기능과 협응능력의 부조화를 보임.
- 눈부심이 있음.
- 글씨나 그림 등은 검은색 배경에 노란색으로 제시했을 때에 더 잘 봄. ⎤ [A]
- 원근 조절이 가능한 데스크용 확대독서기를 사용하지만 읽는 속도가 느림.
- 기초학습능력검사(읽기) 결과, ㉠학년등가점수는 4.4임.

(나) 특수교사의 순회교육 시, 협력교수를 위한 통합학급 교사와 특수교사의 협의 내용

협의 내용 요약		점검사항 공통사항 : 공 세희지원 : 세
통합학급 교사	특수교사	
• 전체 수업 진행 - 구체적인 교과 내용을 지도함. • 팀별 학습 활동 - 팀의 학생들은 상호작용을 하며 과제를 해결함.	• 학급을 순회하며 전체 학생 관찰 및 지원 - 학생들에게 학습 전략을 개별 지도함 - 원거리 판서를 볼 때 세희에게 확대독서기의 초점 조절법을 개별 지도함.	공 팀별 활동 자료
• 팀 활동 후 평가 실시 - 평가지는 ㉡ 평가 문항들이 단원의 목표와 내용을 충실하게 대표하는지를 같은 학년 교사들이 전문성을 바탕으로 이원분류표를 활용해서 비교·분석하여 확인함.	• 학급을 순회하며 학생 요구 지원 - 세희가 평가지를 잘 볼 수 있게 ㉢ 확대독서기 기능 설정을 확인함. - 시험시간을 1.5배 연장함.	공 이원분류표 세 ㉣ 수정된 답안지와 필기구 제공
• 팀 점수 산출 • 팀 점수 게시 및 우승팀 보상	• 팀 점수 산출 시 오류 확인 - 학급을 순회하며 필요한 도움을 제공함.	

2) ① (가)의 [A]를 고려하여 특수교사가 확인해야 할 (나)의 ㉢을 쓰고, ② (가)를 고려하여 (나)의 ㉣의 예를 1가지 쓰시오.

① :

② :

66 _____ 2022 초등B-6

(가)는 시각장애 학생의 주요 특성이고, (나)는 2015 개정 특수 교육 교육과정 중 공통 교육과정 체육과 3~4학년군 '골볼형 게임을 해요' 단원 지도 계획의 일부이다. 물음에 답하시오.

(가) 학생 주요 특성

학생	주요 특성	비고
민수	• 학습 매체 : 묵자와 점자 병행 사용	장애학생 건강체력평가(PAPS-D)에서 4명 모두 (㉠) 영역에서만 낮은 등급을 받음 ↓ 기초 체력 증진 계획 수립 필요
한나	• 보행 : 시각, 촉각, 청각적 정보 활용	
정기	• 시야 : 터널 시야와 야맹증	
병수	• 시력 : FC/50 cm • 청력 : 110 dB HL	

(나) 단원 지도 계획

단원	골볼형 게임을 해요	
차시	교수·학습활동	자료(㉝) 및 유의점(㉟)
1	○ 기초 체력 증진과 골볼형 게임의 이해 - ㉡기초 체력 증진 : 오래 달리기 실시 - 골볼의 역사와 장비 알아보기	㉟ ㉢보조 인력 없이 운동장 트랙 달리기 지도 ㉝ 골볼, 안대, 보호대 등
2	○ 안전한 게임 방법 익히기 - ㉣경기장 라인 알기 ○ 페널티 규정 익히기 - 반칙 카드 놀이 게임을 통한 규정 습득	㉟ 경기장을 직접 돌며 구조와 기능 파악 ㉝ 경기 규정집, 종류별 ㉤반칙 카드
3	○ ㉥기초 체력 증진 : 줄넘기 놀이 ○ 공격기능 익히기 : ㉦볼 굴리기 ○ 굴러오는 공 소리 듣고 수비하기 : 쪼그려 자세, 허들 자세, 무릎 자세 등	㉝ 줄넘기 ㉟ 정확한 자세와 동작을 단계별로 지도 ㉟ 병수를 위한 대안적인 참여 방법 마련

2) ① 게임에 참여할 학생을 고려한 ㉣의 제작 방법을 쓰고, ② ㉤의 종류 중 하나인 다음의 점자 카드를 묵자로 쓰시오(단, 검은 점이 튀어 나온 점이며, 2017 개정 한국 점자 규정에 의거할 것).

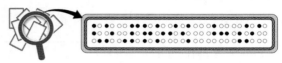

①:

②:

3) 신체적 안내법을 활용한 ㉦의 지도 방법을 쓰시오.

67

(가)는 시각장애학교의 초임 교사가 체육 수업 후 작성한 수업 성찰 일지의 일부이고, (나)는 중도 실명한 학생이 수업 시간에 작성한 필기 내용이며, (다)는 퍼킨스(Perkins) 스타일의 점자 키보드가 적용된 점자정보단말기의 일부이다. 〈작성 방법〉에 따라 서술하시오.

(가) 수업 성찰 일지

○ 주제: 건강관리(이론 수업)
○ 대상: 중학교 1학년
○ 수업 성찰 내용
 - 학생과의 상호작용이 다소 부족하였음.
 - 학생과 효과적인 상호작용을 위한 방법을 모색할 필요가 있음.
 - 중도 실명한 학생의 점자 필기 내용을 확인하고, ㉠잘못 표기한 점자 부분을 교정해 주었음.
 - 점자정보단말기 사용에 익숙하지 않은 학생이 '㉡가슴둘레' 어휘를 입력할 때 어려움을 겪고 있었음.
 - 점자정보단말기로 점자를 입력하는 방법을 추가하여 지도할 필요가 있음.

(나) 필기 내용

필기 내용	비만을 진단할 때 <u>BMI</u>를 활용한다.
밑줄 친 부분에 해당하는 점자	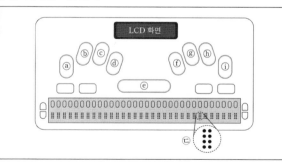

(제시된 점형은 읽기 기준이며, ●은 볼록 튀어 나온 점임.)

(다) 점자정보단말기

```
        ┌─ LCD 화면 ─┐
   ⓑ ⓒ          ⓕ ⓖ ⓗ
  ⓐ   ⓓ          ⓘ
        ⓔ
  ░░░░░░░░░░░░░░░░░░░░░
                    ㉢ ⦿⦿
                       ⦿⦿
                       ⦿⦿
```

〈작성 방법〉
• (가)의 밑줄 친 ㉠에 해당하는 것을 (나)에서 2가지 찾아 각각의 이유를 서술할 것 [단, 개정 한국 점자 규정(문화체육 관광부 고시 제2020-38호)에 근거할 것]
• (가)의 밑줄 친 ㉡을 한글 점자의 약자로 점자정보단말기에 입력할 때, 동시에 눌러야 할 점자키를 (다)의 ⓐ~ⓘ에서 찾아 해당 기호를 모두 쓸 것
• (다)의 ㉢과 같이 점자 출력부의 각 점자 셀은 8개의 점으로 이루어졌는데, 점자 셀의 제일 아래에 있는 두 점의 기능을 1가지 서술할 것

68

다음은 중도 실명한 시각장애 학생 G를 위하여 교육실습생이 작성한 보행 교육 계획의 일부이다. 〈작성 방법〉에 따라 서술하시오.

학생 특성	• 학년: 중학교 1학년 • 시력: 양안 광각
목표	방향정위와 이동 기술을 사용하여 학교 정문에서 기숙사까지 찾아갈 수 있다.

내용		
방향정위		• 학생이 실행한 방향정위 인지 과정의 각 요소를 확인하고 피드백 제공 **방향정위 인지 과정** －학교 정문에서 기숙사까지 이동하는 데 필요한 정보를 촉각, 후각, 청각, 근육 감각 등을 사용하여 수집한다. －지각한 정보를 일정한 기준으로 범주화하고 분류한다. ⎤㉠ －학교 정문에서 기숙사까지 보행 계획을 수립한다. －계획한 보행 경로를 따라 보행한다.
이동	지팡이 보행	• 학교 정문에서 기숙사까지 갈 때 ㉡<u>촉타후긋기 기술(touch-and-drag technique)</u>을 사용하여 학교 정문에서 기숙사까지 연결된 점자블록의 경계선을 따라가며 보행하는 방법 지도

〈작성 방법〉
• ㉠에 포함되지 <u>않은</u> 방향정위 인지 과정의 요소를 쓰고, 이 요소를 위해 교사가 학생에게 지도해야 할 내용 1가지를 서술할 것 [단, 힐과 폰더(E. Hill & P. Ponder)의 방향정위 인지 과정에 근거할 것]
• 밑줄 친 ㉡의 보행 방법을 쓸 것
• 밑줄 친 ㉡에서 촉타후긋기 기술을 지도할 때 교사가 학생에게 지도해야 할 내용 1가지를 서술할 것 [단, 지팡이 끝을 지면에서 어떻게 움직여야 하는지를 서술할 것]

69 _____

(가)는 시각장애 학생의 시력이고, (나)는 과학 교사가 학생에게 제공한 피드백의 일부이다. (다)는 교사와 학부모가 나눈 대화의 일부이다. 〈작성 방법〉에 따라 서술하시오.

(가) 학생의 시력

구분	학생 A	학생 B	학생 C
시력	좌안: LP 우안: 30cm FC	좌안: LP 우안: 30cm HM	좌안: NLP 우안: 50cm FC

(나) 과학 교사가 학생에게 제공한 피드백

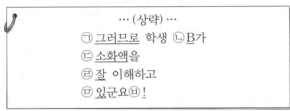

… (상략) …

ⓐ 그러므로 학생 ⓒB가
ⓔ 소화액을
ⓖ 잘 이해하고
ⓜ 있군요ⓗ!

⬇ 점역 후

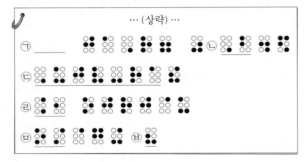

(다) 교사와 학부모의 대화

> 과학 교사 : 지난 과학 수업에 대한 피드백을 점자로 제공하였으니, 학생과 함께 확인해 주세요.
> 학 부 모 : 네. 그런데 학생 B가 시력이 더 나빠졌어요. 그래서 걷다가 자주 다치고, 점자정보단말기 사용도 서툰데 점자 이외에 다른 영역을 더 지도해 주실 수 있나요?
> 과학 교사 : 네. 우리 학교에서는 시각장애 학생의 재활을 위하여 확대중핵교육과정(Expanded Core Curriculum)을 바탕으로 보행, 일상생활, 대인관계, 기능시각, 보조공학 영역으로 구성된 (ⓢ)을/를 창의적 체험활동에 편성하고 있습니다. 청각장애 특수학교에서 '농인의 생활과 문화'를 창의적 체험활동에 편성하여 운영하는 것과 같습니다.
> 학 부 모 : 걱정이 많았는데 다행이네요. 감사합니다.

〈 작성 방법 〉

• (가)를 바탕으로 학생 A와 C의 시력 차이를 우세안 기준으로 서술할 것
• (나)의 밑줄 친 ⓐ을 약자로 표기할 때, 점형의 번호를 읽기 기준 순서대로 쓰고, (나)의 밑줄 친 ⓒ~ⓗ 중 점자가 틀린 것 1가지를 찾아 점형의 번호를 읽기 기준 순서대로 바르게 고쳐 쓸 것[단, 개정 한국 점자 규정(문화체육관광부 고시 제2020−38호)에 근거할 것]

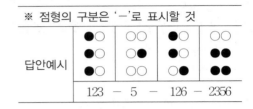

※ 점형의 구분은 '−'로 표시할 것				
답안예시	●○ ●○ ●○	○○ ○● ○○	●○ ●○ ○●	○○ ●● ●●
	123 − 5 − 126 − 2356			

70

(가)는 시각장애 학생 A의 보행 모습이고, (나)는 학생 A의 보행 수업을 위한 사전 평가 결과이다. (다)는 학생 A를 위한 개별화교육계획의 일부이다. 〈작성 방법〉에 따라 서술하시오.

〈작성 방법〉
• (가)를 보고 (나)와 (다)의 괄호 안의 ㉠에 공통으로 해당하는 용어를 쓸 것
• (다)의 밑줄 친 ㉡의 기준점으로 활용할 수 있는 것을 1가지 쓰고, 밑줄 친 ㉡과 ㉣에서 공통적으로 활용할 수 있는 독립보행 방법을 서술할 것[단, 신체를 활용할 것]
• (다)의 괄호 안의 ㉢에 해당하는 기능을 서술할 것

(가) 학생 A의 보행 모습

목표 진행 방향 / 출발 지점 / 실제 진행 방향

(나) 학생 A의 보행 수업을 위한 사전 평가 결과

사전 체크리스트	예	아니오
• 공간의 모양과 크기를 파악할 수 있다.		√
• 공간에 익숙해지기 위한 전략을 알고 있다.		√
• 방향을 잃지 않고 목적지에 도착한다.		√
• 좌·우로 틀어지지 않고 목표 진행 방향으로 걷는다.		√
• 점자블록을 정보로 활용할 수 있다.		√

결과 분석	• 공간에 대한 인지와 익숙화 전략이 부족함 • (㉠)이/가 심함 • 점자블록을 정보로 파악하지 못함

(다) 학생 A를 위한 개별화교육계획

교육 목표	보행의 기초적인 기술을 익힐 수 있다.	직선 독립 보행을 할 수 있다.
교육 내용	○자기 익숙화 전략 　- 교실 공간 탐색하기 　　• ㉡교실 둘레 탐색하기 　　• 교실 중심부 탐색하기 ○점자블록의 종류와 기능	○이점 촉타법 활용하기 　- 이점 촉타법의 변형 ○(㉠) 수정 방법 실습하기 　- (㉠) 인식하기 → 멈춰서기 → 진로 방향과 평행하게 서기 → 자세 정렬하기 → 직선 보행하기 ○기준선 보행 실습하기 　- ㉣벽 기준선 보행 　- 화단 기준선 보행 　- 점자블록 기준선 보행

(다) 교육 내용의 점자블록 종류와 기능 표:

종류	기능
점형 블록	보행 동선의 분기점, 대기점, 시발점, 목적지점 등의 위치를 표시하며 위험 지역을 둘러막을 때 쓰임
선형 블록	(㉢)

71 _____

(가)는 특수학교에 재학 중인 시각장애 학생들의 특성이고, (나)는 2015 개정 특수교육 교육과정 중 공통 교육과정 체육과 5~6학년군 '쇼다운형 게임을 해요' 단원의 교수·학습 과정안 일부이다. 물음에 답하시오.

(가)

학생	특성
민호	• 원인: 시신경위축 • ㉠읽기를 위해 5배율(X)의 손잡이형 확대경을 사용함 (단, $X = \dfrac{D(디옵터)}{4}$, 볼록 렌즈임)
현아	• 원인: 망막색소변성 • 시력: NLP(No Light Perception)
영미	• 원인: 녹내장 • 확대경 사용 방법 지도가 필요함 － 확대 배율 － 확대경 렌즈의 지름 [A] － 눈과 확대경 렌즈 간 거리

(나)

단원	쇼다운형 게임을 해요	차시	1/4
학습 목표	• 쇼다운형 게임의 특성을 이해하고, 기본 자세를 익힐 수 있다.		
확대핵 심교육 과정 (ECC)	• 점자 － 현아: 점자 읽기 지도 • 확대경 사용 － 영미: ㉡확대경을 사용할 때 넓은 시야로 자료를 볼 수 있도록 지도		

단계	교수·학습 활동		자료(짜) 및 유의점(㈜)
	교사	학생	
도입	• ㉢안전사고 예방을 위한 사전 활동하기		짜 ㉣쇼다운 테이블, 쇼다움 라켓, 쇼다운 공, 손등 보호 장갑
전개	<활동 1> 쇼다운형 게임 알아보기		
	• 시설 및 용구 설명하기	• 쇼다운 라켓 특징 이야기하기	
	<활동 2> 쇼다운형 게임 경기 방법 알아보기		짜 확대경, 게임 규칙 읽기 자료(묵자 자료, ㉤점자 자료)
	• 게임 규칙 설명하기 • 기본 자세 설명하기	• 게임 방법 익히기 • 라켓 잡는 법 익히기	㈜ ㉥시범적 시도 방법(Braille-me method)을 활용하여 자세 지도

1) ① (가)의 ㉠에 근거하여 민호가 글자를 가장 크고 선명하게 읽게 하는 교사의 지도 방법 1가지를 쓰고(단, 확대경 렌즈와 글자 간 거리를 관련지을 것), ② (가)의 [A]를 고려하여 (나)의 ㉡의 방법 1가지를 쓰시오.

①:

②:

2) (나)의 ㉤에 해당하는 다음의 점자를 묵자로 쓰시오 (단, 검은 점이 튀어 나온 점이며, 한국 점자 규정 (문화체육관광부고시 제2020-38호)에 의거할 것).

72

(가)는 시각장애 학생 A의 안내견 학교 체험 활동 노트이고, (나)는 학생 B의 보행 수업 노트이다. 〈작성 방법〉에 따라 서술하시오.

(가) 학생 A의 안내견 학교 체험 활동 노트

> **[안내견 학교에 다녀온 날]**
> • 안내견과 보행을 하게 되면 내가 빠르고 안전한 보행을 할 수 있음.
> • 안내견이 시각장애인과 보행하기 위해, 여러 가지 보행 프로그램 훈련을 받고 있었음.
> − ㉠ 내가 자주 가거나 정기적으로 가는 곳은 안내견이 보행을 주도하는 경우도 있다고 함.
> − 안내견 학교 선생님의 "엎드려!", "앉아!", "앞으로 가!", "기다려!" 등의 명령에 안내견이 복종하는 훈련 내용과 ㉡ 지적 불복종의 훈련 내용도 있었음.

(나) 학생 B의 보행 수업 노트

> 오늘은 선생님과 청각을 활용함 보행 수업을 했음.
> −(㉢) : 사거리 신호등의 신호에 따라 대기하고 있는 자동차 소리와 출발하는 자동차 소리의 차이를 들었음.
> −소리 추적 : 학교로 돌아가기 위해, 인도와 평행한 도로를 지나는 차량의 소리를 들으며 따라갔음.
> −사운드 섀도(sound shadow) : (㉣)

─〈 작성 방법 〉─
• (가)의 밑줄 친 ㉠과 같은 안내견 훈련 방법을 쓸 것
• (가)의 밑줄 친 ㉡의 개념을 서술할 것
• (나)의 괄호 안의 ㉢에 해당하는 용어를 쓰고, 괄호 안의 ㉣의 내용에 해당하는 예를 1가지 서술할 것 [단, ㉣은 버스 정류장을 찾는 상황으로 제시할 것]

73

(가)는 시각장애 ○○특수학교 음악과 교수·학습 지도안의 일부이고, (나)는 구음 장단의 점자 자료이다. 〈작성 방법〉에 따라 서술하시오.

(가) 음악과 교수·학습 지도안

학습목표	사물놀이 악기를 연주하는 바른 자세와 연주법을 익혀 흥겹게 연주할 수 있다.			
지도계획	교수·학습 활동			자료㉮ 및 유의점㉯
활동지도계획	도입	• 이전 차시 수업 상기 − 지난 시간에 배운 민요의 형식을 학생이 이해하도록 이야기하기		
	전개	[활동 1] 사물놀이 악기를 연주하는 바른 연주 자세와 연주법 알기		㉮ 꽹과리, 장구, 징, 북 ㉯ 저시력 학생은 손떨림이 있으므로 악기 지도 시 유의한다.
		맹 학생	저시력 학생	시각중복장애 학생
		사물놀이 악기의 연주 자세와 연주법에 대해 교사의 '신체적 안내법과 설명을 병행하여 지도한다. ※ ㉠ 스탠드형 확대경 제공	배경이 단순한 곳에서 교사는 사물놀이 악기 연주 자세와 연주법을 시범 보이고, 학생이 이를 가까이에서 보도록 지도한다.	'손 아래 손 안내법'으로 사물놀이 악기를 탐색하는 활동에서 ㉡촉각 단서(touch cue)를 제공하여 지도한다.	
		[활동 2] 제재곡 영남 가락 중 '별달거리' 악보를 보고 사물놀이 연주하기		㉮ 제재곡 악보

(나) 구음 장단의 점자 자료

(제시된 점형은 읽기 기준이며, ● 은 볼록 튀어 나온 점임.)

─〈 작성 방법 〉─
• (가)의 저시력 학생에게 밑줄 친 ㉠이 적합한 이유를 기기의 특성에 근거하여 1가지 쓰고, ㉠의 장점을 1가지 서술할 것
• (가)의 시각중복장애 학생에게 밑줄 친 ㉡을 제공하는 이유를 1가지 서술할 것
• (나)에 제시된 점자를 묵자로 쓸 것[단, 한국 점자 규정(문화체육관광부 고시 제2020−38호)에 근거할 것]

김남진

KORSET 특수교육학 기출분석 3

PART **13**

청각장애아교육

Mind Map

Chapter 1 청각장애의 이해

1 청각장애의 개념 ─ 생리학적 관점의 정의
　　　　　　　　├ 교육적 관점의 정의 ─ 장애인 등에 대한 특수교육법
　　　　　　　　│　　　　　　　　└ 미국 장애인교육법
　　　　　　　　└ 복지적 관점의 정의

2 귀의 구조와 기능 ─ 외이
　　　　　　　　├ 중이
　　　　　　　　└ 내이 ─ 내이의 구조 : 와우, 전정, 반규관
　　　　　　　　　　　├ 와우의 구조
　　　　　　　　　　　└ 내이의 기능

3 소리의 이해 ─ 소리의 물리적 특성 ─ 주파수 : Hz
　　　　　　　│　　　　　　　└ 진폭 : dB
　　　　　　　└ 소리의 전달

Chapter 2 청각장애의 원인 및 분류

1 청각장애의 원인 ─ 외이
　　　　　　　　├ 중이
　　　　　　　　├ 내이
　　　　　　　　└ 신경기관

2 청각장애의 분류 ─ 청력손실 시기에 따른 분류
　　　　　　　　├ 청력손실 정도에 따른 분류
　　　　　　　　└ 청력손실 부위에 따른 분류 ─ 전음성 청각장애 : 외이 또는 중이의 손상
　　　　　　　　　　　　　　　　├ 감음신경성 청각장애 : 내이 또는 청신경의 손상
　　　　　　　　　　　　　　　　├ 혼합성 청각장애 : 외이, 중이, 내이의 손상
　　　　　　　　　　　　　　　　└ 중추청각처리장애 : 중추청각신경계의 손상

PART

13

Chapter 3 청력검사

1 청력검사의 개요

2 객관적 검사 ┬ 중이검사 ┬ 개념
　　　　　　　│　　　　　└ 종류 ┬ 고막운동성검사
　　　　　　　│　　　　　　　　├ 등골근반사검사
　　　　　　　│　　　　　　　　└ 등골근반사피로검사
　　　　　　　├ 이음향방사(OAE)검사 ┬ 자발 이음향방사검사
　　　　　　　│　　　　　　　　　　└ 유발 이음향방사검사
　　　　　　　└ 청성유발반응검사 ┬ 개요
　　　　　　　　　　　　　　　├ 전기와우도검사
　　　　　　　　　　　　　　　└ 뇌간유발반응검사

3 유아 청각검사 ┬ 행동관찰청력검사
　　　　　　　├ 시각강화청력검사
　　　　　　　└ 놀이청력검사

Chapter 4 순음청력검사

1 순음청력검사의 이해 ┬ 순음청력검사의 개념
　　　　　　　　　　└ 순음청력검사 결과의 임상적 적용

2 기도검사 ┬ 기도검사의 개념
　　　　　└ 기도검사 방법 ┬ 검사 귀 선정
　　　　　　　　　　　├ 주파수 조절방법
　　　　　　　　　　　└ 강도 조절방법 : 상승법, 하강법, 수정상승법

3 골도검사 ┬ 골도검사의 개념
　　　　　└ 골도검사 방법

4 청력도 ┬ 청력도의 이해 ┬ 개념
　　　　　│　　　　　　└ 작성법
　　　　　└ 청력도의 해석 ┬ 청력손실 정도 : 3분법, 4분법, 6분법
　　　　　　　　　　　├ 청각장애 유형
　　　　　　　　　　　└ 청력형 ┬ 전음성 청각장애 : 역경사형
　　　　　　　　　　　　　　├ 감음신경성 청각장애 : 경사형
　　　　　　　　　　　　　　└ 혼합성 청각장애 : 수평형 또는 경사형

5 차폐의 이해 ┬ 차폐의 개념
　　　　　　　├ 이간감쇠 ┬ 개념
　　　　　　　│　　　　├ 차폐가 필요한 경우 ┬ 검사 귀 기도와 비검사 귀의 기도청력역치의 차이가 40dB 이상인 경우
　　　　　　　│　　　　│　　　　　　　　├ 검사 귀 기도와 비검사 귀의 골도청력역치의 차이가 40dB 이상인 경우
　　　　　　　│　　　　│　　　　　　　　└ 골도검사를 할 경우
　　　　　　　│　　　　└ 차폐를 사용한 청력도 해석
　　　　　　　└ 폐쇄효과

Chapter 5 어음청력검사

1 어음청력검사의 이해 ─┬─ 어음청력검사의 개념
　　　　　　　　　　　└─ 어음청력검사 결과의 임상적 적용

2 어음청취역치검사 ─┬─ 어음청취역치검사의 개념
　　　　　　　　　　└─ 어음청취역치검사 실시 방법 ─┬─ 검사어음 : 이음절어
　　　　　　　　　　　　　　　　　　　　　　　　├─ 검사방법 ─┬─ 친숙화 과정
　　　　　　　　　　　　　　　　　　　　　　　　│　　　　　└─ 본 검사
　　　　　　　　　　　　　　　　　　　　　　　　└─ 검사 결과 판독 시 고려사항

3 어음탐지역치검사

4 어음명료도검사 ─┬─ 어음명료도검사의 개념
　　　　　　　　　├─ 어음명료도검사 실시 방법 ─┬─ 검사어음 : 단음절어
　　　　　　　　　│　　　　　　　　　　　　　└─ 검사방법
　　　　　　　　　└─ 어음명료도 곡선 : 정상, 전음성 청각장애, 미로성 난청, 후미로성 난청

Chapter 6 Ling의 6개음 검사

1 Ling의 검사에 대한 이해 ─┬─ Ling의 5개음 검사 : [i], [u], [a], [ʃ], [s]
　　　　　　　　　　　　　└─ Ling의 6개음 검사 : [m], [i], [u], [a], [ʃ], [s]

2 바나나 스피치 ─┬─ 바나나 스피치의 개념
　　　　　　　　　└─ 검사 결과의 활용

Chapter 7 청각장애 학생의 특성

1 언어발달 ─┬─ 음운론적 발달 특성
　　　　　　├─ 의미론적 발달 특성
　　　　　　├─ 구문론적 발달 특성
　　　　　　└─ 화용론적 발달 특성

2 청각장애 학생의 읽기와 쓰기 ─┬─ 청각장애 학생의 읽기
　　　　　　　　　　　　　　　　└─ 청각장애 학생의 쓰기

Chapter 8 **보청기와 인공와우**

1 보청기 ─┬─ 보청기의 기본 구조 : 송화기, 증폭기, 수화기
　　　　├─ 보청기의 종류 ─┬─ 착용 위치에 따른 분류
　　　　│　　　　　　　├─ 신호처리방식에 따른 분류 ─┬─ 아날로그 보청기
　　　　│　　　　　　　│　　　　　　　　　　　　└─ 디지털 보청기
　　　　│　　　　　　　├─ 압축방식에 따른 분류 ─┬─ 선형증폭기
　　　　│　　　　　　　│　　　　　　　　　　└─ 비선형증폭기
　　　　│　　　　　　　├─ 채널방식에 따른 분류 ─┬─ 단채널
　　　　│　　　　　　　│　　　　　　　　　　└─ 다채널
　　　　│　　　　　　　└─ 특수 보청기 ─┬─ FM 보청기
　　　　│　　　　　　　　　　　　　　└─ 크로스 보청기 ─┬─ 단일－크로스 보청기
　　　　│　　　　　　　　　　　　　　　　　　　　└─ 바이－크로스 보청기
　　　　├─ 보청기의 사용
　　　　└─ 보청기의 관리 ─┬─ 보청기 관리 요령
　　　　　　　　　　　　└─ 보청기의 이상 해결 방법 ─┬─ 보청기가 작동하지 않을 경우
　　　　　　　　　　　　　　　　　　　　　　　├─ 보청기의 소리가 이상한 경우
　　　　　　　　　　　　　　　　　　　　　　　└─ 보청기에서 소리가 발생하는 경우

2 인공와우 ─┬─ 인공와우의 이식
　　　　　├─ 인공와우의 구조 ─┬─ 외부장치 : 송화기, 어음처리기, 송신기
　　　　　│　　　　　　　└─ 내부장치 : 수신기, 전극
　　　　　├─ 수술 후의 청능 재활
　　　　　└─ 인공와우의 관리

Chapter 9 **구화 지도**

1 청능훈련 ─ 청능훈련의 개념
　　　　　　└ 청능훈련의 계획 원리 ─ 청능 기술 ─ 1. 음의 인식
　　　　　　　　　　　　　　　　　　　　　　├ 2. 음의 변별
　　　　　　　　　　　　　　　　　　　　　　├ 3. 음의 확인
　　　　　　　　　　　　　　　　　　　　　　└ 4. 음의 이해
　　　　　　　　　　　　　　　　├ 자극
　　　　　　　　　　　　　　　　├ 활동 유형
　　　　　　　　　　　　　　　　└ 난이도

2 독화 지도 ─ 독화의 이해 ─ 개념
　　　　　　　　　　　　└ 한계점 ─ 말소리가 낮은 가시도
　　　　　　　　　　　　　　　　├ 동구형이음
　　　　　　　　　　　　　　　　├ 빠른 구어속도
　　　　　　　　　　　　　　　　├ 음운환경에 따른 전이효과
　　　　　　　　　　　　　　　　├ 조음운동의 개인차
　　　　　　　　　　　　　　　　└ 환경적 제약
　　　　　　├ 독화 관련 변인 ─ 독화자 변인 ─ 시각능력
　　　　　　　　　　　　　　　　　　　　├ 종합능력 ─ 지각종결
　　　　　　　　　　　　　　　　　　　　　　　　　└ 개념종결
　　　　　　　　　　　　　　　　　　　　├ 유연성
　　　　　　　　　　　　　　　　　　　　└ 언어이해력
　　　　　　　　　　　　├ 화자 변인
　　　　　　　　　　　　└ 환경 변인
　　　　　　├ 독화 지도법 ─ 전통적 독화 지도법과 총체적 접근법
　　　　　　　　　　　　├ 말추적법
　　　　　　　　　　　　└ 큐드 스피치
　　　　　　└ 독화 지도 시 고려사항

3 말·언어 지도 ─ 발음 지도 ─ 발음 지도의 이해
　　　　　　　　　│　　　　　└ 발음 지도법의 종류 : 조음점 지시법, 조음훈련 보조시스템, 입 도장을 활용한 발음 지도
　　　　　　　　　└ 의사소통 전략 ─ 의사소통 전략 ─ 예기 전략
　　　　　　　　　　　　　　　　　　　　　　├ 수정 전략
　　　　　　　　　　　　　　　　　　　　　　└ 회복 전략 ─ 반복 요구하기
　　　　　　　　　　　　　　　　　　　　　　　　　　　　├ 바꾸어 말하기
　　　　　　　　　　　　　　　　　　　　　　　　　　　　└ 간략화 요구하기
　　　　　　　　　　　　　　　└ 발화 수정 전략 : 반복, 수정, 부연 설명, 구어 확인, 비구어 반응, 부적절한 반응

Chapter 10 수어 지도

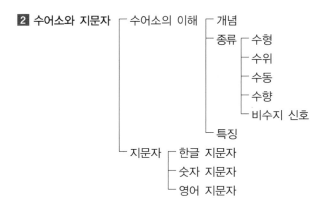

1 수어의 이해 ┬ 수어의 개념 및 필요성 ┬ 개념
　　　　　　　　　　　　　　├ 종류 ┬ 자연수화
　　　　　　　　　　　　　　│　　　└ 문법수화
　　　　　　　　　　　　　　└ 수어교육의 필요성
　　　　　　　└ 수어의 특성 ┬ 도상성
　　　　　　　　　　　　　├ 자의성
　　　　　　　　　　　　　├ 동시성
　　　　　　　　　　　　　├ 가역성
　　　　　　　　　　　　　├ 축약성
　　　　　　　　　　　　　└ 공간성

2 수어소와 지문자 ┬ 수어소의 이해 ┬ 개념
　　　　　　　　　　　　　├ 종류 ┬ 수형
　　　　　　　　　　　　　│　　├ 수위
　　　　　　　　　　　　　│　　├ 수동
　　　　　　　　　　　　　│　　├ 수향
　　　　　　　　　　　　　│　　└ 비수지 신호
　　　　　　　　　　　　　└ 특징
　　　　　　　└ 지문자 ┬ 한글 지문자
　　　　　　　　　　　├ 숫자 지문자
　　　　　　　　　　　└ 영어 지문자

Chapter 11 교육적 접근

1 농교육 방법론 ┬ 농교육 방법론의 역사 개관
　　　　　　　　├ 총체적 의사소통법
　　　　　　　　└ 이중언어-이중문화 접근법

2 청각장애 학생을 위한 통합교육 지원 ┬ 일반교사 ┬ 수어 사용 학생 지원
　　　　　　　　　　　　　　　　　│　　　└ 난청학생 지원
　　　　　　　　　　　　　　　　　├ 특수교사
　　　　　　　　　　　　　　　　　├ 수화통역사
　　　　　　　　　　　　　　　　　└ 교육방법상 고려사항

3 청각장애 학생을 위한 평가 조정 방법 ┬ 환경 조정
　　　　　　　　　　　　　　　　　├ 시간 조정
　　　　　　　　　　　　　　　　　├ 제시형태 조정
　　　　　　　　　　　　　　　　　└ 반응형태 조정

기출문제 다잡기

정답 및 해설 p.118

01
2009 중등1-19

장애학생의 언어특성을 설명한 내용 중에서 적절하지 **않은** 것은?

① 뇌성마비학생은 마비성 말장애(dysarthria)를 보인다.

② 정신지체학생이 흔히 보이는 조음오류는 종성자음 생략이다.

③ 자폐학생의 조음능력은 다른 언어영역에 비해 우수한 편이다.

④ 청각장애학생의 문법적 기능어와 내용어 표현능력은 유사하게 발달한다.

⑤ 중도(重度) 정신지체학생은 표현 언어발달이 지체되거나 무발화 단계에 머물기도 한다.

02
2009 중등1-20

청각장애학교에 재학하고 있는 A학생은 감음 신경성 청각장애로 진단받았다. 〈보기〉에서 A학생에게 해당될 수 있는 설명을 고른 것은?

〈보기〉
ㄱ. 침골과 등골에 손상이 있다.
ㄴ. 코르티기에 손상이 있다.
ㄷ. 기도와 골도 검사 결과 모두에 청력손실이 있고, 그 정도가 유사하다.
ㄹ. 기도 검사 결과에는 청력손실이 있고, 골도 검사 결과는 정상 범위에 있다.
ㅁ. 보청기 착용 효과가 없는 경우에는, 인공와우 이식을 고려한다.
ㅂ. 보청기 착용 효과가 충분히 예상되므로, 보청기 적합 절차를 거쳐 착용한다.

① ㄱ, ㄷ, ㅁ   ② ㄱ, ㄷ, ㅂ
③ ㄱ, ㄹ, ㅁ   ④ ㄴ, ㄷ, ㅁ
⑤ ㄴ, ㄹ, ㅂ

03

농학생의 전형적인 읽기 · 쓰기 특성에 관한 설명으로 적절하지 않은 것은?

① 내적 언어 결손으로 읽기 발달이 지체된다.
② 읽기 · 쓰기에서 비유적 표현의 어려움을 보인다.
③ 통사구조 이해력이 단일 문장에서보다 문단에서 낮다.
④ 음성언어의 통사구조가 아닌 그들만의 독특한 구조를 표현하기도 한다.
⑤ 학업성취도 평가의 하위 검사에서 철자법보다는 단어의미 이해력이 낮다.

04

청각장애학생을 위한 의사소통 지도 요소에 관한 설명으로 옳지 않은 것은?

① 국어 음운론상의 최소 단위를 음소라 한다.
② 수화의 시각적 최소 단위를 수화소라 한다.
③ 말읽기의 시각적 최소 단위를 독화소라 한다.
④ 한국 수화소의 수는 국어 음소의 수보다 많다.
⑤ 국어 독화소의 수는 한국 수화소의 수보다 많다.

05

다음은 청각장애 아동 혜주의 특성에 대한 기록이다. 이 기록을 기초로 하여 혜주에게 언어를 지도하려고 할 때, 〈보기〉에서 적절한 방법을 모두 고른 것은?

- 성명 : 김혜주(여)
- 특성 : 선천성 청각장애
  - 동작성 지능지수(IQ) : 94(K-WISC-Ⅲ 검사)
  - 사회성숙지수(SQ) : 85(사회성숙도 검사)
  - 가정환경 : 건청인 부모 밑에서 외동으로 성장하고 있으며 아파트에 거주함, 부모 모두 직장생활을 하고 있음.
  - 또래관계 : 또래들과 어울리려고 노력하나 주로 혼자 보내는 시간이 많음.

〈좌·우 청력도〉

─〈보기〉─
ㄱ. 말의 정보를 반복적으로 제공하여 혜주가 의사소통 단서를 파악하도록 유도한다.
ㄴ. 관용적으로 사용되는 표현은 혜주가 이해하기 어려울 수 있으므로 별도로 지도한다.
ㄷ. 읽기 지도에서 동시는 완성된 문장보다 쉽게 받아들이므로 동시를 활용하여 문장에 대한 이해를 높인다.
ㄹ. 혜주는 중이 손상에 의해 초래된 전음성 난청이므로 교과활동 시 교사는 음의 강도를 높여 지도해야 한다.
ㅁ. 교사는 혜주에게 정확한 입모양을 보여주기 위해 문장을 읽어줄 때, 음절마다 분리하여 천천히 말을 한다.

① ㄱ, ㄴ
② ㄴ, ㄷ
③ ㄱ, ㄴ, ㄹ
④ ㄷ, ㄹ, ㅁ
⑤ ㄱ, ㄷ, ㄹ, ㅁ

06

다음의 대화 내용을 읽고 최 교사가 제안한 청각장애 학생을 위한 읽기 지도 방법의 특징을 〈보기〉에서 고른 것은?

김 교사 : 다음 주에 지도할 국어 수업 주제는 '방송국을 다녀와서'인데, 교과서 지문의 내용이 너무 어려워서 청각장애학생들에게는 적합하지 않는 것 같아요. 수업을 어떻게 해야 할지 고민입니다.

최 교사 : 그러면 이렇게 하는 게 어때요? 학생들과 방송국을 직접 다녀온 후 국어 수업 시간에 학생들에게 발표하도록 하세요. 선생님이 그 내용을 칠판에 받아 적고, 적은 글을 읽어 준 후 학생에게 적은 글을 읽게 합니다. 그리고 적은 글을 활용하여 학생들과 함께 다양한 읽기 활동을 하면 됩니다.

─〈보기〉─
ㄱ. 읽기 교육과정 내용이 구조화되고 위계적이다.
ㄴ. 학생의 경험을 바탕으로 읽기를 지도하는 방법이다.
ㄷ. 구어(혹은 수어)와 문어 간의 관계를 이해하게 한다.
ㄹ. 학생의 경험을 개별 읽기 지도의 소재로 종종 활용한다.
ㅁ. 읽기 지도 방법 중 부호(해독) 강조법으로서 읽기 능력 향상에 효과가 있다.

① ㄱ, ㄴ, ㄷ
② ㄱ, ㄴ, ㄹ
③ ㄱ, ㄹ, ㅁ
④ ㄴ, ㄷ, ㄹ
⑤ ㄷ, ㄹ, ㅁ

07

다음에서 설명하는 청력검사 방법으로 옳은 것은?

- 검사 결과를 dB로 기록한다.
- 강강격 이음절어가 검사음이다.
- 검사할 때 하강법과 상승법을 사용한다.
- 6개의 검사음 중 3개를 정확히 들을 수 있는 최저 수준을 기록한다.
- 피검사자는 헤드폰을 통해 청취한 검사음을 듣고 곧바로 반복해서 따라 말하거나 받아쓴다.

① 유희청력검사
② 이음향방사검사
③ 어음탐지역치검사
④ 어음변별검사(어음명료도검사)
⑤ 어음청취역치검사(어음수용역치검사)

08

다음의 청력도는 학생의 순음청력검사 결과이다. 이 학생의 오른쪽 귀의 청각 특성에 대해 옳은 것을 〈보기〉에서 모두 고른 것은?

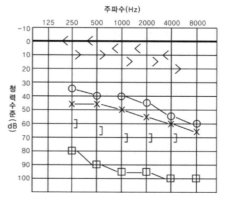

〈보기〉
ㄱ. 전음성 난청이다.
ㄴ. 인공와우 이식을 하게 되면 듣기 능력이 향상된다.
ㄷ. 남자 목소리를 여자 목소리보다 더 잘 들을 수 있다.
ㄹ. 조용한 장소에서 1.8m 떨어져 대화할 때 마찰음 말소리를 들을 수 있다.
ㅁ. 조용한 장소에서 1.8m 떨어져 대화할 때 대부분의 모음을 들을 수 없다.
ㅂ. 조용한 장소에서 두 사람이 속삭이는 소리를 1.2m 거리에서 듣는 데 어려움을 겪는다.

① ㄱ, ㄴ, ㄹ
② ㄱ, ㄷ, ㅂ
③ ㄱ, ㄷ, ㅁ, ㅂ
④ ㄴ, ㄷ, ㄹ, ㅁ
⑤ ㄴ, ㄷ, ㄹ, ㅁ, ㅂ

09

다음은 청각장애 자녀를 둔 어머니들이 나눈 대화이다. 밑줄 친 내용 중 옳은 것을 모두 고르면?

> 영미 엄마 : 어제 민수네랑 이비인후과에 가서 청력검사를 했어요. 우리 영미는 ㉠혼합성 청각장애로 기도와 골도검사 모두에서 청력 손실이 나타났는데, 기도검사의 청력 손실이 골도검사의 청력 손실보다 더 크게 나타났어요. 그리고 민수는 ㉡감음신경성 청각장애로 기도와 골도검사에서 청력 손실이 비슷하게 나타났어요.
>
> 정아 엄마 : 우리도 보청기를 다시 해야 되는데 인공와우 수술을 해야 할지 고민이에요. 정아네 반에 있는 예지도 작년에 ㉢와우에 문제가 있는 전음성 청각장애라서 인공와우 수술을 했어요.
>
> 영미 엄마 : 정말 인공와우 수술을 한 학생들이 점점 많아져요. 그런데 어제 인공와우를 착용한 병호가 ㉣달팽이관 속에 이식한 어음처리기에 문제가 생겨 병원에 갔다고 하더군요. 인공와우가 작동하지 않으면 수업을 하기 어렵죠. 그래서 영미 담임선생님은 아침마다 보청기와 인공와우를 한 아이들의 청취력을 검사하세요.
>
> 정아 엄마 : 아, 그래야겠군요. 근데 무슨 검사를 하신대요?
>
> 영미 엄마 : 대부분의 말소리가 위치하는 말소리 바나나(speech banana) 영역의 소리를 들을 수 있는지 보려고 ㉤Ling이라는 학자가 제시한 '5개음 검사'를 하는데, 이 검사에서 일반적으로 사용하는 5개음은 [i]. [ɔ], [a], [k], [s]이에요.

① ㉠, ㉡
② ㉠, ㉣
③ ㉡, ㉤
④ ㉠, ㉢, ㉤
⑤ ㉡, ㉢, ㉣

10

다음은 청각장애 특수학교(초등) 김 교사가 2008년 개정 특수학교 국민공통기본교육과정 수학 1학년 교과서 '6. 덧셈과 뺄셈 (2)'를 지도하기 위해 작성한 교수·학습과정안이다. 이 과정안의 내용에 대한 설명으로 옳은 것은?

목표	여러 가지 방법으로 (십 몇) − (몇) = (몇) 알아보기
단계	교수·학습 활동
도입	• 주어진 그림을 보고 달걀이 몇 개가 있으며, 요리를 하는 데 몇 개를 사용할 것인지 수화(말)로 설명한다. • 준비물: 10개들이 달걀판 1개, 달걀 14개
전개	〈활동 1〉 • 14개의 달걀 중, 6개를 쓰면 달걀이 몇 개 남는지 알아보는 방법에 대해 수화(말)로 이야기한다. • 문제 상황에 대한 연산과 식을 수화(말)로 설명하게 한다. 〈활동 2〉 • 14개의 달걀 중 6개를 덜어낸다. ─㉠먼저 낱개로 있는 달걀 4개를 덜어내고, 나머지 2개는 달걀판에 있는 것을 덜어내기 ─㉡달걀판에서 6개를 덜어내고, 나머지 4개와 낱개 4개를 더하기 〈활동 3〉 • 활동 2를 수 모형(십 모형 1개와 낱개 모형 4개)을 가지고 한다. • 앞의 활동을 그림으로 나타내 본다. 〈활동 4〉 • 앞의 활동과 대응한 수 모형 그림을 보면서 자연스럽게 식을 써 본다. • 앞에서 달걀과 수 모형 그림으로 알아본 활동을 가로 셈과 세로 셈 식을 세워 풀어본다.
정리 및 평가	• 내용을 정리하고 평가한다. • 차시를 예고한다.

① ㉠은 뺄셈에서 '비교하기' 방법을 적용하고 있다.
② ㉡과 같은 방법으로 빼는 것을 '감감법'이라고 한다.
③ 수학적 개념을 구체물–반구체물–추상의 3단계를 통해 지도하고 있다.
④ 교사가 설명을 할 때, 학생이 독화를 하면서 동시에 필기를 하게 한다.
⑤ 수화를 사용하는 청각장애 학생에게 14에서 6을 빼라는 지시를 할 때, 6을 지숫자로 하면 ✍이다.

11

다음은 청각장애의 진단에서 사용하는 검사들이다. (가)~(다)에 해당하는 검사 명칭을 바르게 제시한 것은?

(가) 피검자의 고막을 향해 소리를 들려준 후 반사되어 나오는 소리의 양을 미세마이크로 잡아 전기적 반응을 측정한다.

(나) 피검자가 헤드폰을 통해 청취한 검사음을 듣고 즉시 반복해서 따라 말하거나 받아쓰게 한다.

(다) 피검자의 머리에 전극을 부착시켜 청신경계의 미세한 전기적 반응을 측정한다.

	(가)	(나)	(다)
①	임피던스청력검사	어음청력검사	뇌간유발반응검사
②	임피던스청력검사	어음청력검사	골도청력검사
③	골도청력검사	임피던스청력검사	뇌간유발반응검사
④	골도청력검사	임피던스청력검사	어음청력검사
⑤	뇌간유발반응검사	어음청력검사	임피던스청력검사

12

보청기와 인공와우에 관한 설명으로 옳은 것만을 〈보기〉에서 모두 고른 것은?

〈보기〉

ㄱ. 보청기는 서늘하고 습기가 없는 곳에 보관한다.

ㄴ. 보청기의 기본 구조는 마이크로폰, 증폭기, 이어폰으로 이루어져 있다.

ㄷ. 인공와우는 소리를 전기에너지로 변환하여 청신경을 직접 자극하는 전자 보조장치이다.

ㄹ. 인공와우 이식은 양쪽 귀 모두 중등도(moderate) 감각신경성 청각장애인을 대상으로 한다.

ㅁ. 인공와우의 체내부 기기는 전극과 마이크로폰이며, 인공와우 수술 후 기계의 점검, 맵핑, 청능 훈련 등의 재활 프로그램이 필요하다.

---

① ㄱ, ㄴ   ② ㄱ, ㄷ

③ ㄷ, ㄹ   ④ ㄱ, ㄴ, ㄷ

⑤ ㄴ, ㄷ, ㄹ

13

다음은 선천성 청각장애 학생의 순음청력검사 결과이
다. 이 학생의 청력도에 근거하여 알 수 있는 내용으로
옳은 것만을 〈보기〉에서 모두 고른 것은?

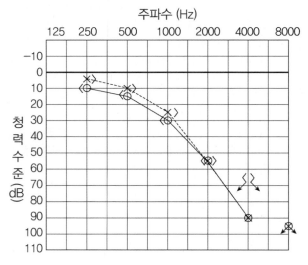

〈보기〉
ㄱ. 5개음 검사 결과, '아'음을 들을 수 있다.
ㄴ. 청각장애의 원인은 중이에 의한 청력손실이다.
ㄷ. 발성 시 자음 산출에 어려움이 있고, 과대비성이
　나타난다.
ㄹ. 3분법으로 계산한 왼쪽 귀의 평균 청력수준은 35
　dB (HL)이다.
ㅁ. 청력형은 고음장애형이며, 역동범위는 건청학생에
　비하여 넓다.
ㅂ. 청능 훈련을 할 때 큰북과 캐스터네츠 소리를 각각
　들려준 후, 어떤 소리에 반응하는지를 살펴본다.

① ㄱ, ㄴ, ㄹ　　　　② ㄱ, ㄷ, ㅂ
③ ㄱ, ㄷ, ㅁ, ㅂ　　④ ㄴ, ㄷ, ㄹ, ㅁ
⑤ ㄴ, ㄷ, ㄹ, ㅁ, ㅂ

14

다음은 특수학급 초임교사가 일반학급 교사를 대상으
로 장애학생 이해 교육을 실시하기 위해 준비한 교육
자료 초안의 일부이다. 청각장애 학생 이해 관련 내용
으로 옳지 <u>않은</u> 것을 고르면?

장애 이해 교육자료
청각장애 학생 이해

ㄱ. 청각장애의 가족력이 있는 경우, 청력 손실이 점진
　적으로 진행될 수 있으니 소리에 대한 반응을 유심
　히 관찰해야 합니다.
ㄴ. 청력 손실의 정도에 따라 전음성, 감음신경성, 혼합
　성, 중추성 청각장애로 나눌 수 있습니다.
ㄷ. 학생의 청력도를 통해 청력 손실의 정도, 유형, 시
　기를 알 수 있습니다.
ㄹ. 보청기 및 인공와우를 착용하는 학생의 상태를 점
　검하기 위해, 교사는 5개음 검사를 실시할 수 있습
　니다.
ㅁ. 인공와우시술을 받은 학생의 경우에도 학생의 효
　율적인 청취를 위해 적절한 학급 환경을 조성해야
　합니다.
ㅂ. 인공와우는 체내에 수신기가 있기 때문에 학생이
　머리에 충격을 받지 않도록 유의하고, 부딪쳤을 때
　는 유양돌기 주변이 부어 있는지 확인하고 조치해
　야 합니다.

① ㄱ, ㄴ　　　　　② ㄴ, ㄷ
③ ㄷ, ㄹ　　　　　④ ㄹ, ㅁ
⑤ ㅁ, ㅂ

15

다음은 보청기 착용 시, 좌·우 45 dB 청력을 가진 민호가 통합되어 있는 일반학급 5학년 국어과 교수·학습과정안이다. 민호를 위한 교수적 지원으로 적절하지 <u>않은</u> 것은?

제재	중요한 사건을 골라 육하원칙에 따라 기사문 쓰기
학습 목표	㉠학교에서 일어난 중요한 사건에 대해 기사문을 쓴다.
도입	㉡동기유발: 학교 신문 중 기억에 남는 중요한 사건 말해보기
전개	㉢<1단계>계획하기: 작성할 기사의 주제를 정하고, 육하원칙에 따라 내용 조직하기 <2단계>초안쓰기: 기사문 작성하기 <3단계>수정하기: 쓰기 도중이나 쓰기를 마치고 빠진 내용 다시 쓰기 <4단계>편집하기: 구두점, 단어 등을 고치고 독자를 고려하여 내용 다듬기 <5단계>완성하기: 완성된 기사문을 발표하고 잘된 점 살펴보기
평가	㉣육하원칙에 따라 체계적으로 기사문의 내용을 구성하였는가?

① ㉠ 2008년 개정 특수학교 국민공통기본교육과정 국어과 5학년 청각장애 학생 성취기준과 민호의 장애 특성을 고려하여 학습목표를 수정한다.

② ㉡ 친구들이 발표할 때, 민호에게 발표자의 이름을 알려주어 얼굴을 보게 한다.

③ ㉢ 민호가 자신의 글감에 대한 생각을 명료화할 수 있도록, 교사는 질문하고 민호에게 시각적 도구를 활용하여 구조화하게 한다.

④ ㉣ 민호의 특성과 쓰기 수준을 고려하여 내용 전달보다는 철자와 문법의 정확성을 평가한다.

⑤ 이 수업에 적용된 과정중심접근법 쓰기지도의 단계는 선형적이 아니며, 청각장애 학생을 위해 단계를 유연하게 적용할 수 있다.

16

다음은 청각장애 학생 A를 담당하고 있는 일반교사와 특수교사의 대화이다. ㉠~㉤ 중에서 옳은 내용만을 있는 대로 고른 것은?

일반교사: 우리 반의 청각장애 학생 A는 최근에 인공와우 수술을 받았다고 해요. 제가 어떻게 도와야 할까요? 특수교사: 그 학생은 ㉠귀 속에 송신기와 전극을 삽입했기 때문에 머리를 심하게 부딪히지 않도록 조심해야 해요. 그리고 머리에 착용한 기기는 습기에 약해요. 특히 ㉡정전기는 어음처리기(speech processor)에 있는 프로그램을 손상시킬 수 있으므로 조심해야 해요. 일반교사: 특별히 제가 신경써야 할 게 있나요? 특수교사: 매일 인공와우를 꼭 착용하도록 하고 제대로 작동하는지 확인해 주세요. ㉢인공와우수술을 했기 때문에 매일 기기를 착용만 한다면 정상적인 청력을 가진 사람과 똑같이 말을 알아 들을 수 있어요. 다만 교실의 소음과 반향에는 신경써 주셔야 해요. 일반교사: 수업시간에는 어떻게 하는 것이 좋을까요? 특수교사: ㉣학생 A에게는 단어로 말하기 보다는 완전한 문장으로 말해 주세요. 수업시간에는 시각적 자료를 많이 제시하는 게 좋은데, ㉤시각적 자료를 활용할 때는 시각적 자료를 보여준 후에 그 자료에 대해서 설명해 주세요.

① ㉠, ㉢

② ㉡, ㉢

③ ㉠, ㉣, ㉤

④ ㉡, ㉣, ㉤

⑤ ㉠, ㉡, ㉣, ㉤

17

청각장애를 진단하기 위한 청력검사에 대한 설명으로
옳은 것만을 〈보기〉에서 있는 대로 고른 것은?

---〈 보기 〉---

ㄱ. 뇌간유발반응검사(ABR)는 청성 초기 반응을 측정
하는 객관적 검사이다.

ㄴ. 링(D. Ling)이 제시한 5개음 검사는 청취력을 간단
하게 진단하는 데 유용한 검사로, 검사음은 [i], [u],
[a], [ʃ], [s]이며, [m]를 더하여 6개음 검사를 하기
도 한다.

ㄷ. 순음청력검사는 주파수별로 순음을 들려주어 청력
수준을 측정하는 주관적 검사로, 기도와 골도검사 결
과를 통해 청력손실 정도와 청각장애의 유형을 알
수 있다.

ㄹ. 어음청취역치 검사는 검사음의 50%를 정확히 대
답하는 최대 어음 강도인 어음청취역치를 알아보는
검사로, 어음청취역치는 일반적으로 순음평균청력
치와 20 dB 정도 차이가 난다.

ㅁ. 어음명료도 검사는 검사 어음을 얼마나 정확히 이
해하는지를 측정하는 검사로 최대명료도값(PBmax)
과 명료도 곡선을 구할 수 있는데, 약 60 dB에서
100%의 어음명료도를 보이면 감각신경성 청각장
애로 추정한다.

① ㄱ, ㄹ   ② ㄷ, ㅁ
③ ㄱ, ㄴ, ㄷ   ④ ㄱ, ㄴ, ㄷ, ㄹ
⑤ ㄴ, ㄷ, ㄹ, ㅁ

18

다음은 청각장애 학생이 지문자와 지숫자를 사용하여
수화로 자기소개를 한 것이다. ㉠과 ㉡의 수형과 수향
에 대한 설명을 보고, ㉠에 들어갈 한글 자음과 ㉡에
들어갈 숫자를 바르게 묶은 것은?

| "내 이름은 김 ㉠ ㅐ현입니다." |
| "내 생일은 ㉡ 월 6일입니다." |

- ㉠의 수형은 지숫자 7과 같으며, 수향은 지문자 ㄱ과 같다.
- ㉡의 수형은 지문자 ㅊ과 같으며, 수향은 지숫자 9와 같다.

	㉠	㉡
①	ㄷ	2
②	ㄷ	4
③	ㅌ	8
④	ㅈ	4
⑤	ㅈ	8

19 _____ 2013 유아A-2

다음의 (가)는 영호의 특성이고, (나)는 영호를 지도하기 위해 통합학급 최 교사와 특수학급 문 교사가 나눈 대화 내용이다. 물음에 답하시오.

(가) 영호의 특성

- 생활연령 : 6세
- 선천성 청각장애를 가지고 있음.
- 수술 전 평균 청력역치가 우측 90 dB, 좌측 90 dB임.
- 2세 때 우측 귀에 인공와우 이식 수술을 받았음.
- 현재 좌측 귀에는 보청기를 착용하고 있지 않음. ⊙
  현재 교정 순음청력손실 평균(교정 청력)은 35 dB임.
- K-WISC-Ⅲ 검사 결과 : 동작성 지능지수 90
- 사회성숙도 검사 결과 : 사회성지수 85

(나) 대화 내용

최 교사 : 영호가 말소리를 잘 알아듣지 못하는 것 같습니다. 영호를 위해 스피커 볼륨을 높여 주면 듣는 데 도움이 될까요?

문 교사 : 반드시 그렇지는 않습니다. 영호처럼 인공와우나 보청기를 착용한 아이들은 소리가 너무 크면 오히려 귀가 아프다고 할 수 있어요. 왜냐하면 청각장애 아이들도 (ⓛ)이(가) 일반 아이들과 비슷하기 때문이에요.

최 교사 : 그러면 제가 교실에서 영호를 위해 어떤 지원을 할 수 있을까요?

문 교사 : 교실에서는 인공와우와 연결할 수 있는 ⓒ FM 보청기를 사용하는 것도 좋은 방법이 될 수 있습니다.

최 교사 : 네. 그러면 다음 주에는 ⓔ 운동장에서 체육활동을 하려고 하는데 인공와우를 착용한 영호를 위해 특별히 주의해야 할 점이 있을까요?

1) (가)의 ⊙으로 인하여 생겨날 수 있는 문제점 1가지를 쓰시오.

2) (나)의 ⓛ에 들어갈 말을 쓰시오.

ⓛ :

3) (나)의 ⓒ이 효과적인 이유 1가지를 쓰시오.

4) (나)의 ⓔ에서 문 교사가 최 교사에게 제안할 수 있는 주의사항 2가지를 인공와우 세부 명칭과 연결 지어 쓰시오.

20

2013 중등1-13

일반학급에 통합된 청각장애 학생들의 효과적인 수업을 위해 교사가 고려해야 할 사항으로 (가)~(바) 중에서 옳은 것만을 있는 대로 고른 것은?

구분	고려해야 할 사항
보청기를 착용한 경우	(가) 수업시간에 친구가 필기한 노트를 청각장애 학생이 빌릴 수 있도록 한다. (나) 청각장애 학생에게 말할 때는 입 모양을 크게 하여 한 음절씩 또박또박 말한다. (다) 교사의 말을 잘 청취하도록 하기 위해서 FM 시스템(FM 보청기)을 활용할 수 있다.
교실에 수화통역사가 배치된 경우	(라) 수업시간에 수화통역사가 청각장애 학생의 옆 자리에 앉아서 통역을 하게 한다. (마) 수업 전에 수화통역사가 통역을 준비할 수 있도록 수업 내용이나 교재를 제공한다. (바) 청각장애 학생에게 질문을 할 때는 수화통역사를 보고 말하여 그 질문을 전달하도록 한다.

① (나), (라)
② (가), (나), (마)
③ (가), (다), (마)
④ (가), (다), (마), (바)
⑤ (나), (다), (라), (바)

21

2013 중등1-14

다음은 청각장애학교에 교육실습을 나온 교생 A와 B가 나눈 대화이다. ㉠~㉥ 중에서 옳은 내용만을 있는 대로 고른 것은?

교생 A: 우리 반 준희는 내이에 손상을 입은 감음신경성 청각장애에요.
교생 B: 아, ㉠ <u>감음신경성 청각장애는 외이나 중이에는 손상이 없으니까 헤드폰을 통해 순음을 들려주어 검사하는 기도검사 결과가 정상</u>이겠군요.
교생 A: 준희는 ㉡ <u>내이에 손상이 있으니까 골도검사에서 청력손실이 나타나지요.</u>
교생 B: 참, ㉢ <u>기저막에 손상을 입으면 전음성 청각장애</u>이지요. 그 외 청각기관의 손상 부위에 따른 청각장애의 종류는 무엇이 있나요?
교생 A: ㉣ <u>유모세포의 손상으로 음파가 전기에너지로 제대로 전환되지 않아 대뇌피질까지 소리가 전달되지 않는 중추성 청각장애</u>가 있어요.
교생 B: 그런데, 정미는 ㉤ <u>고막과 이소골 두 곳에 손상이 있다고 하니 혼합성 청각장애</u>이겠군요. 이런 학생들의 순음청력검사 결과는 어떤가요?
교생 A: ㉥ <u>혼합성 청각장애는 기도와 골도검사 모두에서 청력손실이 나타나는데, 기도검사의 청력손실이 골도검사의 청력손실보다 더 크게 나타나지요.</u>

① ㉠, ㉡
② ㉡, ㉥
③ ㉠, ㉢, ㉥
④ ㉡, ㉣, ㉤
⑤ ㉢, ㉣, ㉤, ㉥

22

수화(자연수화)에 대한 설명으로 옳은 것만을 〈보기〉에서 있는 대로 고른 것은?

─〈보기〉─
ㄱ. 수화를 구성하는 요소인 수화소는 음성언어의 형태소에 해당한다.
ㄴ. 음운론, 형태론, 통사론 등 규칙과 문법 체계를 가지고 있는 언어이다.
ㄷ. 수화 단어의 형태와 의미 사이에는 도상성(사상성)이 강하지만, 자의성(규약성)이 있는 단어도 많다.
ㄹ. 공간성과 동시성이라는 특성은 단어 구성 시에 나타나는 것으로 문장 수준에서는 나타나지 않는다.
ㅁ. 건청아동이 말을 습득하는 것과 마찬가지로 농아동도 수화 환경에 노출되면 자연스럽게 수화를 습득한다.

① ㄴ, ㄹ
② ㄱ, ㄷ, ㄹ
③ ㄴ, ㄷ, ㅁ
④ ㄱ, ㄴ, ㄷ, ㅁ
⑤ ㄱ, ㄴ, ㄹ, ㅁ

23

다음은 청각장애학교가 채택한 의사소통 방법에 따른 교육적 접근법에 대한 기술이다. 각각의 교육적 접근법에 대한 설명으로 옳은 것은?

- A 학교 : 농문화를 존중하며 자연수화를 사용하여 수업을 한다.
- B 학교 : 말과 함께 수화와 지문자 등을 사용하여 수업을 한다.
- C 학교 : 청능 훈련을 통해 잔존 청력을 최대한 활용하여 음성언어 발달을 강조하며, 음성언어를 사용하여 수업을 한다.

① A 학교 교육적 접근법의 구체적인 실천 방법은 로체스터법이다.
② A 학교의 교육적 접근법에서는 이차언어로 자연수화를 가르치므로 국어 교육과정에 수화 관련 내용을 추가한다.
③ B 학교 교육적 접근법의 구체적인 실천 방법은 동시적 의사소통법이다.
④ B 학교의 교육적 접근법에서는 음성언어보다 문자언어의 사용을 더 강조한다.
⑤ C 학교의 교육적 접근법에서는 말소리의 이해를 돕기 위해 수화를 함께 사용한다.

24 _____

다음의 (가)는 지수의 청능 훈련 활동이고, (나)는 지수의 청력도이다. 물음에 답하시오.

(가) 지수의 청능 훈련 활동

> 지수는 인지적 문제를 동반하지 않은 만 4세 청각장애 유아이다. 현재 지수는 양쪽 귀에 보청기를 착용하고 있다. 교사는 ㉠ 링(D. Ling)의 6개음 검사를 실시한 후 다음과 같이 청능 훈련을 하였다.
>
> 교사 : 지수야, 선생님이 하는 말을 잘 들어 보세요. (입을 가리고) '엄마 어디 있어?'
> 지수 : ㉡ (엄마를 가리키며) '엄마'
> 교사 : (입을 가리고) '우산'
> 지수 : ㉢ '우…잔'…… '우잔'

(나) 지수의 청력도

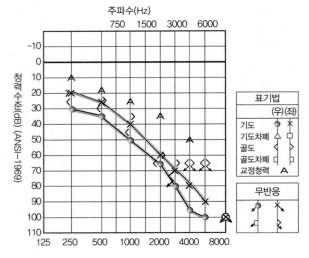

1) ㉠에서 /m/를 제외한 나머지 5개음의 음소를 쓰시오.

   • 음소 :

2) ㉡은 청능 훈련 계획 시 고려할 청능 기술(auditory skill)의 4단계 중 어디에 해당하는지 쓰시오.

3) ㉢과 같이 지수가 /ㅅ/를 /ㅈ/로 듣고 반응하는 이유를 /ㅅ/의 음향음성학적 특징과 지수의 청력도를 근거로 쓰시오.

4) (나)의 청력도를 근거로 지수가 감음신경성 청각장애인 것으로 판단할 수 있는 이유를 1가지 쓰시오.

5) (나)의 청력도를 보면 500 Hz, 1000 Hz, 2000 Hz의 기도검사에서 차폐(masking)가 요구되지 않는다. 그 이유를 1가지 쓰시오.

25

(가)는 청각장애 학생들의 청력 특성이고, (나)는 통합학급 박 교사의 수업 방법이다. 물음에 답하시오.

(가) 청각장애 학생들의 청력 특성

이름	㉠평균 청력역치 (㉡dB HL)	
병철	기도 좌측 50	우측 50
	골도 좌측 50	우측 50
수미	기도 좌측 35	우측 0
	골도 좌측 5	㉢우측 -5
지우	기도 좌측 70	우측 65
	골도 좌측 35	우측 35

(나) 박 교사의 수업 방법

① 청각을 주된 의사소통 채널로 사용하는 병철이는 FM 시스템(보청기)의 수신기를 착용하고 수업에 참여한다. 교사는 FM 시스템의 마이크를 착용한 채, 교실 안을 자유롭게 움직이며 설명한다.
② 수미에게는 완전한 문장보다는 한두 단어로 말해 준다.
③ 독화(말읽기)와 잔존청력을 활용하는 지우를 위해 집단토론 상황에서는 서로 둘러앉게 하고, 말하는 학생 앞에 컵이나 작은 공(스피치 볼)을 놓고 말하도록 한다.
④ 지우가 독화(말읽기)하기 가장 좋은 자리를 교사가 임의로 지정해 준다.

1) (가)의 청각장애 학생들 중 외이나 중이에 손상이 있는 학생의 이름을 모두 쓰시오.

• 이름 :

2) ㉠을 3분법이 아니라 4분법으로 구할 때의 장점을 1가지 쓰시오.

• 장점 :

3) ㉡과 같이 청력역치를 표시할 때, dB IL이나 dB SPL이 아니라 dB HL단위를 사용하는 이유를 1가지 쓰시오.

• 이유 :

4) ㉢의 의미를 0 dB HL의 의미에 비추어 쓰시오.

• 의미 :

5) (나)의 ①~④ 중 적절하지 않은 수업 방법 2가지를 찾아 기호를 쓰고, 그 이유를 각각 쓰시오.

• 기호와 이유 :

• 기호와 이유 :

26 _____

(가)는 청각장애 학생 영희의 특성이고, (나)는 국어(언어)과 '여러 가지 방법으로 말해요' 단원의 지도 내용이다. 물음에 답하시오.

(가) 영희의 특성

- 어렸을 때 고열로 인하여 달팽이관이 손상되었으며, 만성 중이염으로 중이에도 손상을 입었음.
- 현재 기도 청력 손실 정도는 양쪽 귀 모두 85 dB이며, 기도 청력 손실 정도가 골도 청력 손실 정도보다 높게 나타남.

(나) 지도 내용

차시	지도 내용
1	모음 지문자 따라 하며 익히기(ㅏ, ㅑ, ㅓ, ……)
2	자음 지문자 따라 하며 익히기(ㄱ, ㄴ, ㄷ, ……)
3	사물의 이름을 말하고, 지문자로 쓰기(학교, 연필, ㉠기차 등)
4	지숫자 따라 하며 익히기(1, 2, 3, ……)
지도 시 유의점	개별 학생의 수준을 고려하여 말하기(말·수화하기), 듣기(수화 읽기·말읽기), 읽기, 쓰기를 유기적으로 지도하고 평가한다.

1) (가) 영희의 특성을 고려할 때, 청력 손실 부위에 따른 청각 장애 유형을 쓰시오.

2) 영희에게 청력 검사를 실시할 때, 검사 주파수를 1,000 Hz − 2,000 Hz − 4,000 Hz − 8,000 Hz − 1,000 Hz − 500 Hz − 250 Hz − 125 Hz 순으로 하였다. 실시 과정에서 1,000 Hz를 두 번 검사하는 이유를 쓰시오.

3) ㉠ '기차'를 한국수화 지문자로 표현할 때, 이 지문자에 사용된 수형으로 표현할 수 있는 숫자(1~9)를 3가지 쓰시오.

27 _____

다음은 기도순음청력검사를 통해 산출된 청각장애 학생 A의 오른쪽 귀 평균청력손실치에 대한 설명이다. 괄호 안의 ㉠과 ㉡에 해당하는 말을 각각 쓰시오.

학생 A의 오른쪽 귀 평균청력손실치 75 dB은 대부분의 (㉠)이/가 분포되어 있는 주파수인 1,000 Hz, 500 Hz, (㉡) Hz의 각각의 청력손실치로 계산하여 구한 값이다. 즉, 1,000 Hz의 청력손실치 75 dB의 2배 값에 500 Hz의 청력손실치 70 dB과 (㉡) Hz의 청력손실치 80 dB을 더한 값을 4로 나눈 값이다.

28

다음은 청력손실도가 높은 청각장애 학생 A에 대해 일반학급 김 교사와 특수학급 최 교사가 나눈 대화 내용이다. 밑줄 친 ㉠이 무엇인지 〈조건〉에 맞게 2가지만 쓰고, ㉠을 보완하기 위해 사용할 수 있는 방법인 큐드 스피치(cued speech)에 대해 설명하시오.

> 김 교사 : 선생님께서 알려 주신 대로 학생 A가 제 입 모양을 잘 볼 수 있도록 가까이 앉히고, 다른 물리적 환경도 수정했어요. 그리고 수업을 할 때 말을 천천히 했는데도 학생 A가 여전히 제 말을 잘 이해하지 못할 때가 있는 것 같아요. 왜 그럴까요?
>
> 최 교사 : 학생 A가 말읽기(독화)를 통해 선생님의 말을 좀 더 많이 이해할 수 있겠지만, ㉠말이 지닌 시각적 단서의 한계 때문에 때에 따라서는 선생님의 말을 제대로 이해하기가 어려울 거예요.

〈조건〉
음소를 구체적으로 제시하지 말 것

29

준서는 통합유치원에 다니는 5세 청각장애 유아이며, 박 교사는 유아특수교사이다. (가)는 준서의 특성이며, (나)는 활동계획안의 일부이다. 물음에 답하시오.

(가) 준서의 특성

- 1년 전 인공와우 수술을 하였으며, 현재 청력은 45~50dB 정도임.
- 구어를 주로 사용하나 상대방의 입 모양이나 시각적 단서도 활용함.
- 노래 부르는 것을 좋아하지만 음정이나 박자가 정확하지 않음.

(나) 활동계획안

활동명	내 친구	활동 형태	대·소집단 활동	영역	음률
활동 목표	• 친구에 대해 소중한 마음을 갖는다. • 리듬에 맞춰 노래를 적절히 부른다. • 멜로디에 맞게 친구 이름을 넣어 부른다.				
누리과정 관련 요소	(생략)				
활동 자료	반 친구들의 사진(삼각대로 제작), 노랫말판, '내 친구' 음원, 사진기 등				
활동 방법	• 자유롭게 친구를 소개하면서 친구에 대한 다양한 생각을 이야기한다. • 친구와 함께 손을 마주잡고 '내 친구' 노래를 감상한다. • 친구 이름을 넣어 가사를 읽는다. • '내 친구' 가사에 친구 이름을 넣어 노래를 부른다. • 노래를 부른 후 생각과 느낌을 이야기한다.				
확장 활동	• 정리정돈을 알리는 신호로 '내 친구' 음악을 활용한다. • 이야기나누기 시간에 '내 친구' 노래로 인사한다.				

1) 박 교사는 준서에게 '내 친구' 노래를 익힐 수 있도록 다음과 같이 지도하였다. 적절하지 <u>않은</u> 지도 방법 2가지를 찾아 기호와 이유를 각각 쓰시오.

> ㉠ 유아가 부른 노래를 녹음하여 들려준다.
> ㉡ 그림악보를 사용하여 멜로디를 지도한다.
> ㉢ 리듬을 익히도록 코다이 손기호를 사용한다.
> ㉣ 신체를 이용한 동작으로 노랫말을 표현하게 한다.
> ㉤ 가사를 익히도록 교사는 입 모양을 최대한 크게 한다.

① 기호와 이유 :

② 기호와 이유 :

3) 준서가 집단 음률활동에 참여하기 위해 필요한 청각 보조장치 1가지를 쓰고, 음률 영역의 환경 구성 시 고려해야 할 점 1가지를 쓰시오.

① 청각보조장치 :

② 고려점 :

30
2015 초등B-7

(가)는 통합학급 박 교사가 2학년 청각장애 학생 소망이의 국어 수업 계획을 위해 특수학급 김 교사에게 자문을 구하는 대화이다. (나)는 '2009 개정 교육과정' 국어과(듣기·말하기) 교수·학습 과정안의 일부이다. 물음에 답하시오.

(가) 대화 내용

박 교사: 다음 주에 있을 국어과 수업 중에 '낱말 알아맞히기' 활동이 있어요. 소망이는 ㉠<u>자신이 궁금한 점을 질문하거나 질문에 대답도 잘 하고, 지시 따르기를 잘 할 수도 있으니까</u> 활동에 참여하는 데 별 어려움은 없겠지요?
김 교사: 소망이는 의사소통 수단으로 구어를 주로 사용하지만, 독화에 의존하는 경향이 있으니 ㉡<u>말추적법(speech tracking)</u>'이라는 의사소통 보충 전략을 미리 가르쳐 주시면, 소망이가 수업에 참여하는 데 도움이 될 것 같아요. 저도 소망이가 알아듣기 어려워하는 말소리를 중심으로 ㉢<u>청지각 훈련</u>을 해 주도록 할게요.
박 교사: 네, 알겠어요. 그런데 국어 수업에 대한 형성평가를 할 때 소망이는 어떻게 해야 할까요?
김 교사: 소망이가 청각중복장애 학생이 아니라서 특별히 유의할 사항은 없어요. 소망이가 의사소통 전략을 활용하는 정도에 따라서 형성평가 방법을 계획하시면 될 것 같아요.

(나) 교수·학습 과정안

단원	알고 싶어요	제재	낱말 알아맞히기
학습 목표	설명하는 말을 듣고 낱말을 알아맞힐 수 있다.		
학습 단계	교수·학습 활동		유의사항
도입	(생략)		
전개	〈활동 1〉 설명하는 말을 들을 때 주의할 점 알아보기 (중략) 〈활동 2〉 '사람 찾기 놀이' • 짝을 지어 '사람 찾기 놀이' 하기 　-그림에서 설명하고 싶은 사람의 특징을 친구에게 설명하기 　-친구가 설명하는 사람이 누구인지 말하기 　-설명하는 사람과 듣는 사람의 역할을 바꾸기 〈활동 3〉 '낱말 알아맞히기'		• 소망이를 고려하여 ㉣<u>판서 시</u> 유의해야 함. • 소망이가 짝 활동을 할 때 의사소통 전략을 활용할 수 있도록 함.

1) (가)의 ㉠을 고려할 때, 소망이는 청능기술(청각기술, auditory skill)의 4단계 중 어디에 해당하는지 쓰시오.

2) (가)의 ㉡을 (나)의 〈활동 2〉에서 활용했을 때, 다음 밑줄 친 곳에 들어갈 수 있는 소망이의 말을 쓰시오.

친　구: 이 사람은 채소 가게에서 상추를 삽니다.
소망이: (친구의 말을 듣고 머뭇거리다가) 　　　　이 사람은... 채... 가게?
선생님: 소망아, 친구의 말을 잘 못 들었을 때 어떻게 해야 한다고 했지?
소망이: ＿＿＿＿＿＿＿＿＿＿＿＿＿

3) 다음은 소망이가 듣기 어려워하는 말소리를 중심으로 (가)의 ㉢을 적용한 활동의 일부이다. 아래의 빈칸에 들어갈 내용을 쓰시오.

청지각 훈련	소망이를 위한 활동의 예
자음과 모음 카드를 가지고 글자를 구성한다.	/ㅅ/과 /ㅏ/가 만나면 무슨 소리가 될까요?
같은 음절로 시작되는 단어를 찾는다.	'사자', '사과', '아빠' 중에서 시작하는 말이 같은 것은 무엇일까요?
첫 소리가 같은 단어를 찾는다.	'상자', '송편', '책상' 중에서 시작하는 말소리가 같은 것은 무엇일까요?
	'살'에서 /ㅅ/ 대신에 /ㅆ/을 넣으면 무슨 소리가 될까요?

4) 독화에 의존하는 소망이를 고려할 때, (나)의 ㉣에서 유의해야 할 사항을 1가지 쓰시오.

31

다음은 순음청력검사에 대한 설명이다. 괄호 안의 ㉠에 들어갈 현상을 쓰고, 밑줄 친 ㉡의 이유를 쓰시오.

> 기도청력검사의 경우는 양 귀의 기도청력역치가 40 dB 이상 차이가 있거나 검사 귀의 기도청력역치와 비검사 귀의 골도 청력역치가 40 dB 이상 차이가 있을 때 차폐(masking)를 해야 한다. 이는 주파수에 따라 차이가 있으나, 검사 귀에 제시한 음이 두개골을 지나면서 최소한 40 dB 이상의 (㉠)이/가 일어나기 때문이다. 그리고 ㉡골도청력검사의 경우는 항상 차폐를 해야 한다.

32

다음은 청각장애 학생과 교사가 대화한 내용이다. ㉠을 한국어로 해석하고, 수화(수어, Korean sign language)의 도상성과 자의성을 전체 대화에서 사용된 단어 1가지씩을 선택하여 각각 설명하시오.

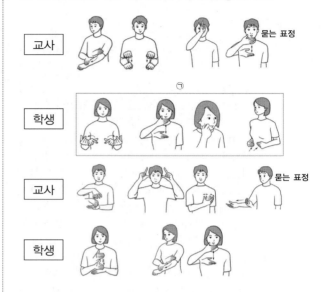

33

다음은 청각장애 유아의 특성과 담임교사의 수업 행동을 관찰한 결과이다. 물음에 답하시오.

유아	특성	교사의 수업 행동
영희	• 혼합성 청각장애 • 부모 모두 건청인 • '사자-가자'를 말읽기 하여 변별하지만, ⊙'발-팔', '날아-달아'를 말읽기만으로는 변별하지 못함. • 말읽기(독화)를 통해 들은 내용을 보충함.	ⓛ말읽기를 지도할 때, 자연스러운 입 모양으로 말하고, 영희가 항상 동일한 위치와 방향에서 화자를 보게 함.
승규	• 전음성 청각장애 • 부모 모두 건청인	©승규가 지시를 이해했다고 추측하지 않고, 이해했는지 여부를 구체적으로 질문하거나 지시 내용을 승규에게 말해 보게 함.
진수	• 감음신경성 청각장애 • 부모 모두 농인 • 한국 수어와 한국어를 모국어로 습득함.	②수화통역사를 진수 옆자리에 배치함.
민지	• 중추청각처리장애 • 부모 모두 건청인 • 소음 속에서 대화할 때 어려움을 경험함.	⑩민지가 알아듣지 못했을 때, 반복하거나 말을 바꾸어서 다시 말해줌.

1) 골도청력검사 결과가 정상 범주에 속하는 유아의 이름을 모두 쓰시오.

2) 교사는 진수의 특성을 고려하여 진수의 교육에는 이중언어·이중문화의 접근이 적절하다고 판단했다. 다음 (　) 안에 공통으로 들어갈 말을 쓰시오.

> (　　)은/는 농인들이 농사회의 구성원으로서 습득한 지식, 가치관, 도덕, 삶의 방식, 신념 등의 총체를 말한다. 이중언어·이중문화 접근은 농아동이 (　　)을/를 받아 들여 자아정체감을 형성하게 할 수 있다.

3) ⊙과 같은 현상이 나타나는 이유를 쓰시오.

4) ⓛ~⑩ 중 적절하지 않은 행동 2가지를 찾아 기호를 쓰고, 각각 바르게 수정하여 쓰시오.

　① 기호와 수정 내용:

　② 기호와 수정 내용:

34

2016 초등B-3

(가)는 ○○청각장애학교 초등학교 3학년 영어과 교수·학습 과정안의 일부이고, (나)는 특수교육지원센터의 순회교사인 김 교사가 △△초등학교 박 교사를 자문한 사례이다. 물음에 답하시오.

(가) 교수·학습 과정안

단원	Hello, I'm Sora.
차시 목표	만날 때 하는 인사말과 자신을 소개하는 말을 듣고 말할 수 있다.

단계	교수·학습 활동	유의사항
전개	〈활동 1〉 Listen and Say • 교사가 들려주는 대화문을 듣고 따라 말하기 대화문 Sora : Hello, I'm Sora. Boram : Hello, I'm Boram. 알파벳 지문자 Sora Boram	• 대화문을 들려줄 때 이름을 말하면서 알파벳 지문자도 함께 사용한다. • 듣기 평가를 할 때 청각장애 학생의 특성을 고려하여 ⓒ대안적인 영어 듣기 평가를 실시한다.

(나) 자문 사례

자문 대화 내용

박 교사 : 김 선생님, 우리 반에 현우가 전학을 왔는데 난청이 있다고 해요. 이것이 현우의 순음청력 검사 결과라고 하는데 한번 봐 주시겠어요?

김 교사 : (청력도를 보고) 네. 현우의 청력도를 보면 ⓒ 전음성 청각장애 유형에 해당하고, 보청기를 착용하는 것이 좋을 것 같네요.

박 교사 : 그렇군요. 제가 다른 검사 결과표도 받았는데, 이것도 이해가 잘 되지 않아요.

김 교사 : (결과표를 보고) 여기 있는 어음청력검사들은 일상생활에서 실제 사용하는 말소리를 듣고 이해하는 능력을 평가한 것이에요. 그런데 선생님이 주신 ⓔ순음청력검사 결과와 어음 청력검사 결과가 조금 이상하네요.

현우의 청력도

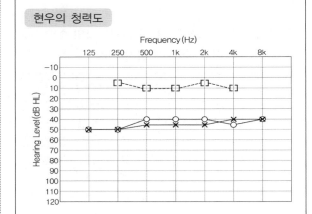

현우의 청력검사 결과표

검사 구분	기도청력 검사 (dB)	어음청취 역치검사 (dB)	ⓜ 어음 명료도검사 (%)
오른쪽	40	80	93
왼쪽	45	50	93

※ 기도청력 산출 방법 : 4분법

1) (가)의 ㉠에서 'B' 지문자와 수형(handshape)이 동일한 한국 수화언어의 지문자를 한글 자모로 쓰시오.

3) 김 교사가 현우의 청각장애 유형이 ⓒ이라고 판단한 이유를 (나)에 제시된 현우의 청력도에 근거하여 쓰시오.

4) (나)에서 김 교사가 ① ⓔ과 같이 말한 이유를 현우의 청력검사 결과표를 근거로 하여 쓰고, ② ⓜ을 실시하는 목적을 1가지 쓰시오.

① :

② :

35

(가)는 청각장애 학생 A의 특성이고, (나)는 특수학급 교사의 국어과 지도 계획이다. 청능 훈련 4단계를 순서대로 제시하고, ㉠이 그 중에서 어느 단계에 해당하는지 쓰시오. 그리고 밑줄 친 ㉡의 의미를 설명하시오.

(가) 학생 A의 특성

- 오른쪽 귀에는 보청기를 착용하고, 왼쪽 귀에는 초등학교 5학년 때부터 인공와우를 착용하고 있음.
- ○○중학교 일반학급에 통합되어 있으며, 구어로 의사소통하고 있음.
- 학급에서 교사와 또래 친구의 말을 알아듣는 데 약간 어려움이 있고, 말의 명료도가 낮은 편임.

(나) 듣기·말하기 지도 계획

내용 영역		지도 내용
듣기	청능 훈련	㉠학급의 소음 속에서 교사의 질문을 듣고 대답할 수 있는 훈련을 한다.
	말읽기 지도	가시도가 낮은 자음을 반복하여 학습하게 하고, 문맥을 통하여 다양한 소재에 대해 친숙해지도록 한다.
말하기	말·언어 지도	말의 명료도에 영향을 주는 ㉡초분절적(suprasegmental)요소를 지도한다.

36

다음은 특수교사 교육연구회에서 제공한 청각장애 연수 자료 중 일부이다. (가)에서 <u>잘못된</u> 것의 기호를 2가지 쓰고, 내용을 바르게 고치시오. 그리고 (나)에서 적절하지 <u>못한</u> 것의 기호를 2가지 쓰고, 그 이유를 쓰시오.

(가) 청력검사에 대한 이해

㉠ 최근에는 신생아 청력선별검사를 통해 청각장애가 조기에 발견되는 경우가 많으며, 검사 방법은 주로 순음청력검사이다.
㉡ 청력검사의 청력도를 통해 청각장애의 유형과 청력손실 정도를 알 수 있다.
㉢ 청각장애 등급을 판정할 때는 4분법으로 평균청력역치를 산출한다.
㉣ 청각장애와 정신지체 또는 자폐성장애가 중복되어 주관적 청력검사가 어려울 경우, 객관적 검사인 청성뇌간반응검사(ABR)를 실시할 수 있다.
… (하략) …

(나) 청각장애 학생의 통합학급 지원 사항

㉤ 청각장애 학생의 자리 배치는 독화하기 좋은 자리로 하되, 학생과 상의하여 결정한다.
㉥ 수화통역사를 활용하는 경우, 학생이 교사와 통역사를 동시에 볼 수 있는 자리에 배치한다.
㉦ 수화통역사를 활용하는 경우, 학생이 수업 내용을 이해했는지 교사가 통역사에게 물어보고 확인한다.
㉧ 일반학급 교사와 급우들에게 보청기 혹은 인공와우 착용 사실을 알리지 않는다.
… (하략) …

37

다음은 5세 발달지체 유아의 부모들이 부모 참여 수업 후 나눈 대화 내용의 일부이다. 물음에 답하시오.

우리 세호는 발음이 정확하지 않아요. ㉠사탕을 [타탕], 참새를 [참때], 풍선을 [풍턴]이라고 발음한다니까요.

우리 민지는 ㉡말이 너무 빨라서 발음이 뒤섞이고 심지어 말소리의 위치를 바꾸는 실수를 자주 해서 무슨 말을 하는지 못 알아듣겠어요.

민규는 발음은 괜찮은데 작년부터 말을 더듬기 시작하더니 요즘에는 ㉢말을 할 때 얼굴을 찌푸리기도 하고 아랫입술을 심하게 움직이기도 해서 걱정이에요. 말을 더듬고 있을 때 천천히 부드럽게 말하도록 하는 방법이 있다고 하던데 선생님께 여쭈어 봐야겠어요.

우리 딸 둘은 모두 인공와우 이식 수술을 하고 꾸준히 청능 훈련을 받았어요. 그랬더니 선희는 ㉣요즘 심부름도 곧잘 하고 대답도 잘 해요. 며칠 전에는 선희가 언니의 어음처리기가 궁금한지 언니 것을 달아 보더라고요. 그러더니 ㉤너무 시끄럽고 무슨 말인지 안 들린다고 했어요. 머리도 어지럽다고 하면서 어음처리기를 떼어 버렸어요.

4) ① ㉣에 해당하는 청각 기술(auditory skill)의 단계와, ② 어음처리기 사용 시 주의해야 할 사항을 고려하여 ㉤과 같은 행동이 나타나는 이유를 쓰시오.

①:

②:

38

(가)는 2009 개정 영어과 교육과정 3~4학년 '듣기' 영역에 해당하는 수업 장면의 일부이다. (나)는 일반 초등학교 3학년에 재학 중인 청각장애 학생 동호의 특성이고, (다)는 일반교사와 특수교사가 동호의 특성에 적합한 교육을 하기 위해 협의한 내용의 일부이다. 물음에 답하시오.

(가)

교사 : Listen carefully. The letter 'f' makes the /f/ sound.
학생 : (교사에게 집중한다.)
교사 : Raise your hand when you hear the word starting with the /f/ sound. Park, fish, star.
학생 : (해당하는 낱말에 손을 든다.)
교사 : Listen carefully. The letter 'g' makes the /g/ sound.
학생 : (교사에게 집중한다.)
교사 : Raise your hand when you hear the word starting with the /g/ sound. Tape, rain, goat.
학생 : (해당하는 낱말에 손을 든다.)
교사 : Listen carefully. The letter 'h' makes the /h/ sound.
학생 : (교사에게 집중한다.)
교사 : Raise your hand when you hear the word starting with the /h/ sound. Head, bike, lake.
학생 : (해당하는 낱말에 손을 든다.)

(나)

• 동호
-7세 때 양쪽 귀에 인공와우 수술을 받았고, 인공와우 착용 시 좌우 청력은 각각 30 dB임.
-청인과는 구어로, 농인과는 수어로 의사소통하는 이중언어 사용자임.

(다)

일반교사 : 선생님, 수업시간에 동호가 제 말소리를 잘 들을 수 있는지 궁금합니다. 지난 협의회 때 수업시간에 동호가 어느 정도 들을 수 있는지 확인하는 방법이 있다고 하셨지요?
특수교사 : 네, '링(D. Ling)의 6개음 검사'를 해보면 동호가 말소리를 듣는 정도를 간편하게 확인할 수 있습니다. 이 검사에서 사용하는 6개음은 ㉠/a/, /u/, /i/, /s/, /ʃ/, /m/이에요.

… (중략) …

특수교사 : 동호의 청취 환경은 어떻게 개선하셨나요?
일반교사 : 네, 선생님 말씀대로 ㉡반향 시간을 늘리려고 동호를 제 가까이에 앉혔습니다. 그리고 ㉢신호대잡음비(SNR)를 낮추기 위해서 FM 시스템을 사용하고 있어요. 자리 배치도 중요할 것 같아서 ㉣소그룹 토론식 수업을 할 때는 책상을 'U'자 모양으로 배열하고, 동호를 제일 오른쪽이나 왼쪽에 앉혀 전체 학생을 볼 수 있도록 했습니다. 그런데 동호가 조용한 환경에서도 말소리를 잘 이해하지 못할 때가 있는 것 같아요. ㉤인공와우 수술을 늦게 받은 것이 그 이유 중 하나인 것 같습니다.

2) 다음은 (가)에서 동호가 교사의 말소리를 잘 듣지 못하여 교사가 동호에게 보여준 알파벳 지문자이다. 알파벳 지문자에 해당하는 영어 알파벳을 순서대로 쓰시오.

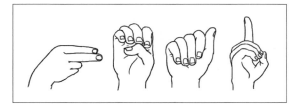

3) 링(D. Ling)의 6개음 검사를 할 때 (다)의 ㉠을 사용하는 이유를 쓰시오.

4) (나)를 고려할 때 (다)의 ㉡~㉤에서 틀린 것 2가지를 찾아 기호를 쓰고, 각각 바르게 고쳐 쓰시오.

①:

②:

39 _____

다음은 특수교사와 학생 E의 어머니가 나눈 대화 내용이다. ㉠과 같은 방법으로 순음을 측정하는 이유를 제시하고, ㉡에 들어갈 내용을 1가지 쓰시오. 그리고 전음성 청각장애와 감음신경성 청각장애는 ㉢에서 어떠한 차이를 보이는지 설명하시오.

어 머 니 : E가 순음청력검사와 어음청력검사를 받아야 한다고 하네요. 이 검사들은 어떤 검사인가요?

특수교사 : 순음청력검사는 소리 자극을 들려주고, 들을 수 있는 가장 작은 소리의 강도를 다양한 주파수에서 알아보는 검사입니다. 구체적으로는 ㉠ <u>125~8,000Hz 정도의 주파수 대역에서 순음을 측정</u>하고, 기도청력검사와 골도청력검사로 구성됩니다.

··· (중략) ···

어 머 니 : 순음청력검사를 통해 알 수 있는 것들은 무엇인가요?

특수교사 : 순음청력검사를 실시한 이후 그 결과를 바탕으로 (㉡)을/를 알 수 있어요.

어 머 니 : 그럼, 어음청력검사는 어떤 검사인가요?

특수교사 : 어음청력검사는 순음청력검사 결과를 기초로 말소리 청취와 이해 수준을 알아보는 검사로, 대표적인 것으로는 어음명료도 검사가 있습니다.

어 머 니 : 어음명료도 검사를 설명해 주시겠어요?

특수교사 : 어음명료도 검사는 최적의 듣기 강도에서 말소리 이해 정도를 나타내는 ㉢ <u>어음명료도(speech discrimination score)</u>를 알아보고, 이후 청능훈련을 하거나 보청기를 착용하고자 할 때 활용될 수 있는 검사입니다.

40

(가)는 2015 개정 국어과 교육과정에 따라 청각장애 학생 연지가 포함된 통합학급 수업을 위해 일반교사가 작성한 교수·학습 과정안의 일부이고, (나)는 일반교사와 특수교사가 협의한 내용의 일부이다. 물음에 답하시오.

(가)

단원	재미있게 ㄱㄴㄷ	학년반	1-3
학습 목표	• 자음자 소리를 말하고 읽을 수 있다. • 자음 음소를 대치하여 말하고 읽을 수 있다. • 자음 변화에 따라 의미가 변하는 낱말을 구별할 수 있다. • 수어의 최소대립쌍을 이용하여 수어소를 대치할 수 있다(연지의 추가 학습 목표).		
단계	교수·학습 활동		
	모든 학생	연지	

전개	〈활동 1〉 • 자음자 소리의 차이 알아보기 • 자음자를 소리 내어 읽기		

	〈활동 2〉
	• ㉠자음 음소 대치에 따라 낱말의 의미 구별하기
	  －낱말 카드의 예
	
	사과
		〈추가 활동〉
		• 수어소 변화에 따른 수어의 의미 구별하기
		  －㉡수어 그림 자료의 예

정리	• 연지를 위해 듣기, 말하기, 말읽기를 활용하여 평가하기	• 연지를 위해 (㉢)와/과 (㉣)을/를 활용하여 평가하기

(나)

일반교사 : 선생님, 요즘 우리 학급에서는 자음 음소 대치 수업을 하고 있는데 연지는 음소 대치를 어려워 해요.
특수교사 : 연지는 (㉤) 난청이 있어서 ㉥크로스 보청기를 착용하고 있지만 부모님이 농인이어서 수어에 익숙하고, 음성 언어를 접한 지 오래되지 않아서 소리 구조를 이해하는 것이 쉽지는 않을 거예요.
일반교사 : 그래도 지난번에 선생님이 주신 ㉦최소대립쌍을 이루는 수어 단어가 많은 도움이 되었어요.
특수교사 : 그러셨어요? 수어도 음성 언어처럼 수어소 대치가 가능하니 수어소에 따른 의미 변화를 연습하도록 수어 최소대립쌍을 활용할 수 있어요.

일반교사 : 아, 궁금한 게 하나 더 있어요. 연지가 창피하다고 자꾸 보청기를 빼려고 해요. 자신이 농·난청인인지 청인인지에 대한 정체성 갈등을 겪고 있는 것 같아요.
특수교사 : 그럴 수 있어요. ㉧연지가 바람직한 이중 문화 정체성을 갖도록 도움을 줄 필요가 있어요.
　　　　　… (하략) …

1) (가)의 밑줄 친 ㉠에서 '사과'를 최소대립쌍으로 지도하고자 하는 교사 발문의 예 1가지를 쓰시오.

2) (가)의 밑줄 친 ㉡은 '괜찮다'와 '웃다'의 의미를 가진 수어이다. 밑줄 친 ㉡이 (나)의 밑줄 친 ㉦에 해당하는 이유를 쓰시오.

4) ① (나)의 ㉤에 들어갈 내용을 쓰고, ② 밑줄 친 ㉥의 작동 원리를 쓰시오.

① :

② :

5) 다음은 (나)의 밑줄 친 ㉧에 해당하는 지원 방안이다. 적절하지 않은 방안을 찾아 기호로 쓰고, 바르게 고쳐 쓰시오.

> ⓐ 정기적으로 수어 단어를 학급 친구들에게 가르쳐 줄 기회를 준다.
> ⓑ 하나의 언어를 집중적으로 교육하여 단일 언어 사용자가 되도록 지도한다.
> ⓒ 본받고 싶은 청인과 농인 사례를 골고루 접할 수 있는 기회를 갖게 해 준다.
> ⓓ 학교 친구들뿐만 아니라 다른 학교에 있는 농인 친구와도 만날 수 있는 기회를 갖게 해 준다.

41

(가)는 일반학급에 통합된 학생 K의 청력도이고, (나)는 특수교사와 일반학급 교사가 나눈 대화이며, (다)는 특수교사와 학생 K의 대화이다. 〈작성 방법〉에 따라 서술하시오.

(가) 학생 K의 청력도

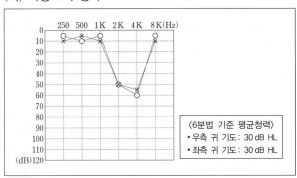

〈6분법 기준 평균청력〉
• 우측 귀 기도 : 30 dB HL
• 좌측 귀 기도 : 30 dB HL

(나) 특수교사와 일반학급 교사의 대화

일반교사 : 선생님, 학생 K가 청력은 괜찮다고 하는데 수업 시간에 가끔 제가 하는 말을 잘 듣지 못하는 것 같아요. 왜 그런가요?

특수교사 : 예, 학생 K의 ㉠청력도를 해석하면 그 이유를 알 수 있습니다.

… (중략) …

일반교사 : 학생 K가 의사소통을 잘 할 수 있는 방법이 있을까요?

특수교사 : 예, 여러 방법이 있지만 그중 ㉡회복전략을 참조하면 좋겠네요.

(다) 특수교사와 학생 K의 대화

학 생 K : 선생님, 저 손모양 그림은 지문자이지요?

특수교사 : 그래, 잘 알고 있구나. 그럼, 우리 차례대로 손 모양과 함께 소리 내어 읽어볼까?

㉢

〈 작성 방법 〉
• 밑줄 친 ㉠을 하는 이유를 1가지 서술할 것
• (가)에 근거하여 학생 K가 듣기 곤란한 한국어 음소를 1가지 쓸 것
• 밑줄 친 ㉡ 중에서 학생 K가 사용할 수 있는 방법을 2가지 서술할 것
• ㉢의 지문자를 한글 자모로 쓸 것

42

다음은 통합학급 박 교사와 김 교사가 특수학급 윤 교사와 협의회에서 나눈 대화의 일부이다. 물음에 답하시오.

윤 교사 : 유아들 지도하느라 많이 힘드시죠?

박 교사 : 윤수가 최근에 인공와우 수술을 받은 거 아시죠?

윤 교사 : 알죠. ㉠인공와우는 인간의 말소리를 잘 들을 수 있게 하는 데 초점이 맞춰져 있어요. 그리고 무엇보다도 매핑(mapping)이 중요하죠.

박 교사 : 매핑이 뭔가요?

윤 교사 : ㉡매핑은 어음처리기를 프로그래밍(programming) 하는 것을 말하죠.

김 교사 : 저의 조카도 인공와우 수술을 받았어요. 보청기와는 달리 ㉢별다른 청능 훈련이 필요하지 않다고 하던데요.

박 교사 : 수술을 해도 ㉣모두 정상적인 청력을 갖게 되지는 않는다고 알고 있어요. 그리고 윤수는 ㉤유아들 간 상호작용이 활발한 활동을 할 때면 소음으로 인해 지시를 잘 이해하지 못하던데, 제가 어떻게 해야 할지 모르겠어요. 다른 유아들도 있는데 윤수만 고려해서 조용한 활동만 할 수도 없잖아요.

… (중략) …

1) ㉠~㉣ 중 적절하지 않은 내용을 찾아 바르게 고쳐 쓰시오.

2) ㉤의 상황에서 박 교사가 윤수를 위해 제공할 수 있는 대안적 지원을 쓰시오.

43

2019 유아B-5

(가)는 5세 청각장애 유아 영수의 특성이고, (나)는 영수의 청력도의 일부이다. 물음에 답하시오.

(가)

영수 특성
• 혼합성 청력손실 • ㉠ 평균순음역치(PTA): 오른쪽 귀 72 dB HL, 　　　　　　　　　　　　왼쪽 귀 76 dB HL • 보청기 착용 • 농인 부모 가정에서 ㉡ 한국수어(자연 수화)를 제1 언어로 습득하고, 한국수어와 한국어를 공용어로 사용함.

(나)

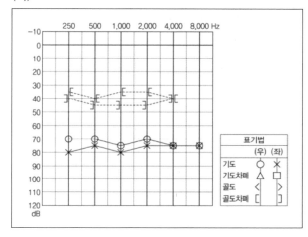

1) ① (가)의 ㉠을 6분법으로 구할 때의 장점을 1가지 쓰고, ② (가)의 ㉠과 (나)의 기도청력검사 결과로 영수의 링 6개음 검사 결과를 예측하기 어려운 이유를 1가지 쓰시오.

① :

② :

2) (나)에서 골도청력역치를 검사할 때 들려주는 차폐음을 1가지 쓰시오.

3) (가)의 ㉡과 문법 수화(국어대응식 수화)와의 차이점을 ① 발생의 기원과 ② 문법 측면에서 각각 1가지 쓰시오.

① :

② :

44 _____ 2019 초등B-4

(가)는 청각장애 학생 영희의 청력검사 결과와 특성이다. 물음에 답하시오.

(가) 청력검사 결과와 특성

청력검사 결과			
검사명		좌	우
순음청력 역치검사	기도검사	19 dB HL	73 dB HL
	골도검사	19 dB HL	73 dB HL
어음청취역치검사(SRT)		25 dB HL	80 dB HL
어음명료도검사		40 dB에서 100%	70 dB에서 60%
			말림현상은 관찰되지 않음.
(청성)뇌간유발반응검사 (ABR)		25 nHL	70 nHL

특성
• 인지 능력과 정서 및 사회성 발달에 특이사항 없음. • 신체 발달상으로 이상 없으나 ㉠ 평형성이 떨어짐. • 발음이 부정확하나 의사소통을 하는 데는 큰 어려움이 없음. • 현재 우측 귀에 보청기를 착용하고 있음.

1) (가)의 청력검사 결과에 대한 해석으로 적절하지 않은 것 2가지를 찾아 ①과 ②에 각각 기호를 쓰고 바르게 고쳐 쓰시오.

ⓐ 우측 귀는 후미로성 난청에 해당한다.
ⓑ 청력검사 간의 결과는 모두 일반적인 오차 범위 내에 있다.
ⓒ 좌측 귀의 어음 청취 능력은 정상 청력 수준에 해당한다.
ⓓ 편측성 난청으로 소리의 음원을 찾는 데에 어려움이 예측된다.
ⓔ 기도검사에서는 양쪽 귀의 청력 차이가 40 dB 이상이면 차폐검사를 실시하며, 이 경우에는 우측 귀에 차폐음을 들려주고 좌측 귀를 재검사한 것이다.
---

① :

② :

2) (가)의 청력검사 결과를 근거로 ㉠의 이유를 1가지 쓰시오.

45 _____ 2019 중등B-3

(가)는 ○○중학교에 재학 중인 청각장애 학생 G의 정보이고, (나)는 일반교사와 특수교사의 대화 내용 일부이다. 〈작성 방법〉에 따라 서술하시오.

(가) 학생 G의 정보

• 부모 모두 농인이며, 수어를 1차 언어로 사용함.
• 수어통역사를 배치하여 수업을 진행함.

(나) 대화 내용

일반교사 : 학생 G는 수어통역 지원으로 수업을 잘 받고 있어요. 선생님께서 지난번에 읽기와 쓰기 지도도 중요하다고 하셨지요?

특수교사 : 네. 수어를 1차 언어로 하고, 읽기나 쓰기를 위한 한국어를 2차 언어로 가르치는 이중언어접근법으로 지도하고 있어요. 학교에서 이중언어접근법을 강조하는 이유는 학생 G의 (㉠)을/를 목표로 하기 때문이지요.

… (중략) …

일반교사 : 수어에서도 음성언어의 고저나 장단 같은 초분절음의 역할을 하는 특성이 있나요?

특수교사 : (㉡)이/가 음성언어의 초분절음과 같은 역할을 합니다.

일반교사 : 수업 시간에 활용할 수 있는 수어 하나 알려 주시겠어요?

특수교사 : 이 수어를 알고 있으면 좋을 것 같아요.

(㉢)

※ 수형 설명: 오른 주먹의 1·2지를 펴서 2지 옆면으로 모로 세운 왼 주먹의 손목을 두 번 두드린다.

┌〈 작성 방법 〉
• 괄호 안의 ㉠에 해당하는 내용을 1가지 서술할 것
• 괄호 안의 ㉡에 해당하는 용어를 쓰고, ㉡이 가지는 수어에서의 기능을 1가지 서술할 것(단, (나)에서 제시한 내용은 제외할 것)
• 괄호 안의 ㉢에 해당하는 수어의 의미를 쓸 것

46

다음은 4세 청각장애 유아 찬우를 지도하기 위하여 통합학급 김 교사와 특수학급 박 교사가 나눈 대화이다. 물음에 답하시오.

김 교사 : 새로 전학 온 찬우는 청각장애가 있어요. 찬우가 보청기를 착용하는데 수업 시간에 보청기에서 가끔 '삐 ~ ~' 소리가 나요.

박 교사 : 음향 피드백(음향 되울림)이 발생하면 ㉠찬우의 보청기 이어몰드나 건전지 상태를 확인해야 해요. 그리고 찬우가 소리를 최대한 잘 듣도록 ㉡신호대 잡음비(Signal to Noise Ratio : SNR)를 개선할 필요가 있어요.

김 교사 : 찬우의 자리는 어디로 할까요?

박 교사 : 수업 형태에 따라 자리 배치를 하는 것이 좋아요. ㉢유아들이 언어적 상호작용을 많이 하는 수업시간에는 자리 배치를 반드시 고려해야 해요.

김 교사 : ㉣조명이나 채광도 고려해야 하지요? 그럼 찬우 자리는 어디가 좋을까요?

박 교사 : 아래 [그림]과 같은 위치가 가장 좋아요.

[그림]
··· (하략) ···

1) ㉠과 같이 말한 이유를 1가지 쓰시오.

2) ① ㉡의 의미를 쓰고, ② 교실 수업 상황에서 ㉡을 향상시키는 방법을 1가지 쓰시오.

　　①:

　　②:

3) 찬우가 [그림]의 위치에 앉으면 좋은 이유를 ㉢과 ㉣을 고려하여 각각 쓰시오.

　　㉢:

　　㉣:

47 _____

(가)는 청각장애 학생 윤서가 보청기를 착용하지 않은 상태에서 받은 순음청력검사 결과이고, (나)는 윤서의 특성이며, (다)는 윤서를 위해 작성한 2015 개정 특수교육 교육과정 중 기본 교육과정 국어과 5~6학년군 '듣기·말하기' 영역 교수·학습 활동 개요의 일부이다. 물음에 답하시오.

(가) 순음청력검사 결과

구분		주파수(Hz)						
		125	250	500	1000	2000	4000	8000
좌	㉠ 골도역치 (dB HL)		50	65	65	75	75	
	기도역치 (dB HL)	50	55	65	65	75	80	85
우	골도역치 (dB HL)		40	50	60	70	75	
	기도역치 (dB HL)	40	45	50	65	70	75	85

(나) 윤서의 특성

- 선천적으로 코르티 기관에 손상이 있음.
- 청신경에 이상이 없음.
- 중추청각처리에 이상이 없음.
- 보청기를 착용한 상태에서 자음 중 마찰음과 파찰음을 정확히 듣는 데 어려움이 있음.

(다) 교수·학습 활동 개요

단계	활동 내용	자료 및 유의점
(㉡)	/사/, /자/, /차/ 중에서 2개 (예: /사/-/사/, /사/-/자/)를 듣고, 서로 같은 소리로 들리면 'O' 카드, 다른 소리로 들리면 '×' 카드 들기	• O× 카드: O , × • 글자 카드: 사 , 자 , 차
확인	• /사/, /자/, /차/ 중 1개를 듣고, (㉢) • /사/, /자/, /차/ 중 1개를 듣고, 들리는 소리를 글자로 쓰기 • /기사/, /기자/, /기차/ 중 1개를 듣고, 들리는 대로 따라 말하기	• 양쪽 귀에 보청기를 착용하도록 함. • 소리 자극은 청각적 자극으로만 제시함.

1) (가)에 근거하여 청각기관의 손실 부위에 따른 분류상 윤서가 보이는 청각장애의 유형을 쓰고, 그 이유를 역치 측면에서 쓰시오.

2) (가)의 ㉠을 측정할 때 항상 차폐를 하는 이유를 이간감쇠(이간감약, interaural attenuation)의 특성과 관련지어 쓰시오.

3) 다음은 어음명료도 곡선이다. (가)와 (나)에 근거하여 윤서와 같은 청각장애 유형이 나타내는 곡선의 기호와 어음명료도의 변화 양상을 쓰시오.

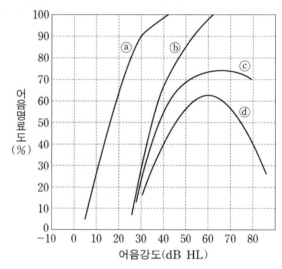

4) 듣기기술(청각기능) 단계에 근거하여 ① (다)의 ㉡이 어느 단계에 해당하는지 쓰고, ② (다)의 ㉢에 들어갈 내용을 '자료 및 유의점'에 제시된 '글자 카드'를 활용하여 1가지 쓰시오.

① :

② :

48 _____ 2020 중등A-8

(가)는 청각장애 학생 G의 특성이고, (나)는 학생 G의
의사소통 증진을 위해 일반교사와 특수교사가 나눈 대
화의 일부이다. (다)는 학생 G의 발화 수정 전략이다.
〈작성 방법〉에 따라 서술하시오.

(가) 학생 G의 특성

- 초등학교 1학년 때부터 보청기를 착용함.
- 음성언어(구어)로 주로 의사소통함.
- ⓐ 독화로 음성언어를 수용하나, 독화의 시각적 한계로
  인한 어려움을 보임.
  - ㉠/ㅁ, ㅂ, ㅍ/를 구분하지 못함.
- 말 명료도가 낮음.
  - '결석'을 [겨서]로 발음함.
  - ㉡[i] 발음 시 [a]에 가깝게 발음함.

(나) 대화

일반교사 : 학생 G가 발음은 정확하지 않지만, 적극적으로
　　　　　말을 하려고 해요. 그런데 가끔씩 학생 G의 발
　　　　　음이 분명하지 않아서 무슨 말을 하는지 제가
　　　　　알아듣지 못해요. 그래서 대화가 끊어질 때가
　　　　　있어요. 그럴 땐 어떻게 하면 좋을까요?
특수교사 : 네, 학생 G가 스스로 수정해서 말하도록 대화에
　　　　　적절한 반응을 보여주세요. 그러면 학생 G가 계
　　　　　속해서 말하려고 시도할 겁니다.

(다) 발화 수정 전략

유형	내용	예시	목표발화
반복	이전 발화 내용을 똑같이 반복함.	학생 : 다당면 먹어서요. 교사 : 뭐라고? 학생 : 다당면 먹어서요.	짜장면 먹었어요.
수정	(㉢)	학생 : 비수가 겨서해서요. 교사 : 뭐라고? 학생 : 비수가 아와서요.	지수가 결석했어요.
부연설명	이전 발화를 자세히 설명함.	학생 : 저바 저워서요. 교사 : 뭐라고? 학생 : 제가 아가 저바 저워서요.	칠판 지웠어요.

─〈작성 방법〉─
- (가)의 밑줄 친 ⓐ와 같은 특징을 고려하여, 독화에서 ㉠에
  해당하는 용어를 쓰고, 그 의미를 서술할 것
- (가)의 밑줄 친 ㉡과 같은 발음의 현상을 의미하는 용어를
  쓸 것
- (나)의 대화를 참고하여 (다)의 ㉢에 해당하는 수정 내
  용을 서술할 것

49 _____

(가)는 청각장애 학생 P의 순음청력검사 결과이고, (나)는 어음청취역치 검사 결과이다. (다)는 어음명료도 검사 결과와 그 실시 방법이다. 〈작성 방법〉에 따라 서술하시오.

(가) ㉠ 순음청력검사 청력도

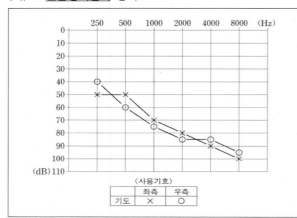

(나) ㉡ 어음청취역치 검사 결과

좌측 귀검사	양양격 단어 맞춤(○), 틀림(×)					정반응률(%)
80 dB	농촌 ○	필요 ○	의견 ○	싸움 ○	육군 ○	100
75 dB	행복 ○	물건 ○	글씨 ×	지금 ○	약국 ○	80
70 dB	둘째 ○	건설 ×	느낌 ×	동생 ○	자연 ○	60
65 dB	사람 ×	산문 ×	종류 ×	오빠 ○	송곳 ○	40
60 dB	약속 ×	안녕 ×	물건 ○	통일 ×	뚜껑 ×	20

(다) 어음명료도 검사 결과

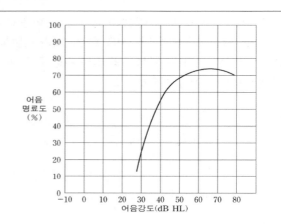

〈어음명료도 검사의 실시 방법〉

① 피검자에게 어음을 들려주면서 이를 소리 내어 말하거나 받아쓰게 한다.
② 피검자가 검사 방법을 이해했는지 확인한다.
③ 청력이 좋은 쪽 귀부터 시작한다.
④ 어음청취역치보다 30~40 dB 더 큰 강도 또는 (㉢)(으)로 자극음을 제시한다.
⑤ 정확히 들은 검사 어음의 수를 백분율로 산출한다.

┌〈 작성 방법 〉
• (가)의 청력도를 보고 학생 P의 좌측 귀 기도청력평균역치를 쓸 것(단, 6분법으로 계산하고, 소수점 이하가 나올 때는 버릴 것)
• (가)의 ㉠과 (나)의 ㉡의 실시 목적을 비교하여 서술할 것
• (다)의 괄호 안의 ㉢에 해당하는 용어를 쓸 것

50 _____ 2021 유아A-4

(가)는 통합학급 김 교사와 유아특수교사 윤 교사가 4세 청각장애 유아 민기를 지도하기 위해 나눈 대화의 일부이고, (나)는 민기의 청력검사 결과의 일부이다. 물음에 답하시오.

(가)

> 김 교사: 새로 전학 온 민기가 청각장애가 있는데 민기를 위해 어떤 지원을 해야 할지 고민이에요. 저의 가장 큰 고민은 민기가 보청기를 끼고는 있는데 보청기가 잘 작동되고 있는지 확인하는 것과 청력검사 결과를 해석하는 것이에요.
>
> 윤 교사: 민기는 아직 어리기 때문에 보청기를 낀 상태에서 소리가 어떻게 들리는지 스스로 표현하는 것을 어려워해요. 그래서 교사가 수시로 보청기 상태를 확인하고 링(D. Ling)의 6개음 검사를 정확하게 하는 것이 좋아요. ㉠ 링(D. Ling)의 6개음 검사를 할 때는 교사의 입을 가리고 해야 해요.
>
> 김 교사: 그런데 민기는 주변 소음이 많거나 거리가 멀어지면 말소리를 훨씬 이해하지 못하더라고요.
>
> 윤 교사: ㉡ 그런 경우에는 FM 보청기를 사용하면 도움이 됩니다. 그리고 ㉢ FM 보청기를 사용할 때는 유의해야 할 것이 있어요.
>
> 김 교사: 그리고 여기에 민기 청력검사 결과가 있는데 한번 봐 주시겠어요?
>
> 윤 교사: 오른쪽 귀 순음청력검사와 어음청력검사 결과네요. 그런데 ㉣ 검사 결과에 오류가 있네요.
>
> … (하략) …

(나)

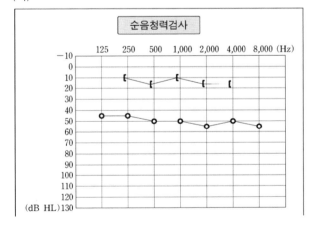

어음청취역치검사					
자극강도 (dB HL)	이음절어				정반응률
	맞힘(+)		틀림(−)		
70	당근	가위	사과	나무	100%
	+	+	+	+	
60	신발	모자	연필	기차	50%
	−	+	−	−	
50	거울	안경	전화	풍선	25%
	−	+	−	−	

어음명료도검사

산출공식: $\dfrac{틀린\ 검사\ 어음\ 수}{전체\ 검사\ 어음\ 수} \times 100$

산출식: $\dfrac{5}{25} \times 100 = 20$

〈검사 결과 해석〉

PTA (기도순음역치)*	SRT (어음청취역치)	Speech Discrimination (어음명료도)
51dB HL	60dB HL	20%

* 기도순음역치는 4분법으로 산출하였음.

1) ㉠의 이유를 쓰시오.

2) ① ㉡의 이유를 FM 보청기 작동 특성에 기초하여 쓰고, ② 교사 입장에서 ㉢을 1가지 쓰시오.

① :

② :

3) 윤 교사가 말한 ㉣의 근거를 (나)에서 찾아 ① 오류가 있는 청력검사 유형을 쓰고, ② 그것이 오류인 이유를 쓰시오.

① :

② :

51

(가)는 청각장애 학생 성호의 특성이고, (나)는 신임 교사와 선배 교사의 대화이며, (다)는 링의 5개음에 대한 바나나 스피치(banana speech) 영역 그래프이다. 물음에 답하시오.

(가) 성호의 특성

- 순음청력검사의 기도검사: 3분법으로 두 귀가 동일하게 평균 80 dB HL
- 청력도: 고음점경형(경사형)
- 중추청각처리 장애는 없음

(나) 신임 교사와 선배 교사의 대화

선배 교사: 성호의 어음청력검사의 청취역치는 어떤가요?
신임 교사: ㉠어음청력검사의 청취역치를 기도검사와 동일한 3분법으로 산출했는데 85 dB HL입니다.

　　　　　　　… (중략) …

선배 교사: 성호가 최근 보청기를 교체했던데, 보셨어요?
신임 교사: 네, 디지털 보청기로 바꾸었는데, 디지털 보청기와 아날로그 보청기는 어떤 차이가 있나요?
선배 교사: ㉡디지털 보청기의 채널 방식, 신호처리 방식, 압축 방식은 아날로그 보청기와 다릅니다.
신임 교사: 바나나 스피치 영역 그래프를 보니 자음과는 달리 모음에 해당하는 /ee/, /ah/, /oo/는 ㉢두 곳에 표시되어 있더라고요. 왜 그런가요?

(다) 링의 5개음에 대한 바나나 스피치 영역 그래프

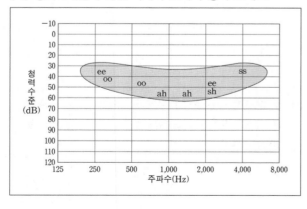

1) ① (가)를 참고하여 성호의 골도검사 결과가 제시되면 예상할 수 있는 '청각기관의 청력손실 부위에 따른 분류'의 명칭을 2가지 쓰고, ② ㉠이 잘못된 이유를 쓰시오.

　①:

　②:

2) ① ㉡의 특성을 쓰고, ② (다)를 참고하여 ㉢의 이유를 쓰시오.

　①:

　②:

3) 다음 지숫자가 나타내는 의미를 아라비아 숫자로 쓰시오.

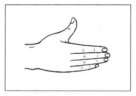

52

(가)는 청각장애 학생 G, H의 특성이고, (나)는 학생 G의 통합학급 수업 지원을 위한 대화이다. (다)는 학생 H의 특수학급 수업 계획과 관련한 대화의 일부이다. 〈작성 방법〉에 따라 서술하시오.

(가) 학생 특성

학생	특성
G	• 중추청각처리장애 없음. • 5세경 오른쪽 귀 인공와우 수술, 왼쪽 귀 보청기 착용(착용 후 좌: 40 dB HL, 우: 45 dB HL) • 기본적인 구어 의사소통은 가능하나 성취 수준이 낮음. • 수업 시간에 독화와 잔존청력에 의존함.
H	• 중추청각처리장애 없음. • 6세부터 보청기 착용(착용 후 좌: 50 dB HL, 우: 65 dB HL) • 지적장애가 있음. • 기본적인 구어 의사소통에 어려움이 있음.

(나) 학생 G의 수업 지원 관련 대화

특 수 교 사: 말읽기에 좋은 환경을 어떻게 구성해야 할지 선생님의 생각을 말씀해 보세요.

교육 실습생: ㉠학생을 선생님의 얼굴이 잘 보이는 자리에 앉게 합니다. 학생이 말읽기를 잘 할 수 있도록 ㉡교사는 칠판 앞에서 학생의 눈을 마주치고 움직임을 최소화하여 수업하는 것이 좋다고 생각합니다.

특 수 교 사: 그 외에 어떤 점을 고려해야 할까요?

교육 실습생: ㉢판서를 할 때 교사가 말하면서 그 내용을 칠판에 적어 주는 것이 좋습니다. 그리고 ㉣교실에 커튼이나 카펫 등을 활용하여 반향음을 줄여주는 것이 좋습니다.

특 수 교 사: 자료 활용 측면에서 어떤 것을 고려해야 할까요?

교육 실습생: ㉤말읽기에 집중하도록 시각적 보조 자료의 사용을 제한하는 것이 도움이 될 것 같아요.

(다) 학생 H의 수업 계획 관련 대화

이 교사: 학생 H에게 /마/-/바/가 같은지 다른지를 구별하는 활동을 했는데 아주 잘 하더라구요.

최 교사: 그렇다면 다음 단계의 활동으로 들어가는 게 좋겠습니다.

이 교사: 다음 단계의 활동을 계획할 때 어떤 점을 고려하면 좋을까요?

최 교사: 우선 아동의 듣기 능력이 파악되면 자극수준과 과제 난이도를 고려하여 활동을 계획해야 합니다.

단계	내용	활동의 예
(㉥)	• 청취한 자극음이 무엇인지 알기	• (㉦)
이해	• 음성언어 자극을 의미 있게 이해	• "마주 보아요."를 듣고 마주 본다.

〈 작성 방법 〉

• (가)의 학생 G의 특성을 참고하여 (나)의 밑줄 친 ㉠~㉤ 중 틀린 곳 2가지를 찾아 바르게 고쳐 쓸 것

• (가)의 학생 H의 특성을 참고하여 (다)의 괄호 안의 ㉥에 들어갈 단계의 명칭을 쓰고, 괄호 안의 ㉦에 해당하는 활동의 예를 학생이 이미 구별할 수 있는 음소를 포함하여 1가지 서술할 것

53 _____

다음은 문법 수화를 배운 특수교사가 수어통역사와 함께 있는 농학생을 만나 수어로 나눈 대화 내용의 일부이다. 〈작성 방법〉에 따라 서술하시오.

(특수 교사는 구어와 수어를 동시에 하며, 수어통역사는 수어로만 대화한다.)

특수 교사 : 여기는 왜 왔습니까?

농학생 : ⋯ (수어통역사를 바라본다.)

수어통역사 :

농학생 :

┌─〈 작성 방법 〉
• 수어에서 의문문을 표현하기 위해 사용하는 비수지 기호를 2가지 쓸 것
• 위 대화에서 수어통역사가 사용하는 자연 수어와 특수 교사가 사용하는 문법 수화의 차이점을 2가지 서술할 것

54 _____ 2022 초등B-4

(가)는 청각장애 학생 미라의 특성이고, (나)는 2015 개정 특수 교육 교육과정 중 기본 교육과정 과학과 5~6학년군에 따른 교수·학습 과정안의 일부이다. 물음에 답하시오.

(가) 미라의 특성

특성	미라가 사용할 의사소통 전략	
• 보청기를 사용함 • 구어 위주의 의사소통 방법을 선호함 • /ㅅ/ 음을 잘 듣지 못함 • 지적장애가 있음	예기 전략	• 수업 장면에서 나올 /ㅅ/가 들어가는 말을 미리 생각해 본다.
	(㉠)	• 수업 중 교실 밖 소음으로 인해 듣기에 방해가 되어 창문을 닫는다. • 교사의 말이 잘 들리지 않아서 보청기의 볼륨이 적절한지 점검하여 조정한다. • 교사의 말이 잘 들리지 않아서 교사와 가까운 자리로 옮겨 앉는다.
	회복 전략	• 교사의 말을 이해하지 못하면 중요한 단어를 다시 말해 달라고 요청한다.

(나) 교수·학습 과정안

성취 기준	[6과학02-04] 생활 주변의 소리를 듣고 큰 소리와 작은 소리, 높은 소리와 낮은 소리로 구분한다.		
학습 목표	북을 치며 큰 소리와 작은 소리를 비교할 수 있다.	차시	5/12
단계	활 동	자료(㉣) 및 유의점(㉺)	
전개	○ 활동 1 • 여러 가지 소리 내어 보기 　- ㉡ 수업에 사용할 물건이나 악기의 설명을 듣고, 해당되는 물건이나 악기를 가져와 책상 위에 올려 놓기 　- 책상 위의 악기로 소리 내어 보기 　- 북과 북채를 가지고 소리 내어 보기 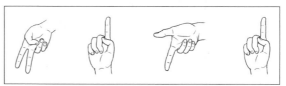	㉣ 북, 탬버린 등 ㉢ 소리가 나는 물건이나 악기 ㉺ 미라가 잘 듣지 못하는 음소를 지문자로 전달	

○ 활동 2
• 북 소리를 크게 또는 작게 내는 방법 알아보기
　- 북 소리를 크게 또는 작게 내는 방법 말해 보기
　- 북 소리를 크게 또는 작게 소리 내어 보기
• 소리의 크기에 따른 콩의 떨림 살펴 보기 ┐
　- 북 위에 콩 뿌리기 [A]
　- 북을 세게 또는 여리게 두드리며 콩의 떨림 살펴보기 ┘

㉺ ㉤ '북소리는 북을 세게 칠수록 높은 소리가 난다.'는 오개념 형성에 유의하여 지도하기

1) ① (가)의 ㉠에 들어갈 청각장애 학생의 구어 지도를 위해 사용하는 의사소통 전략을 쓰고, ② (나)의 ㉡에 해당하는 청능학습(청능훈련)의 단계를 쓰시오.

　① :

　② :

2) 다음은 (나)의 ㉢ 중 하나를 지문자로 나타낸 것이다. 지문자가 의미하는 바를 순서대로 쓰시오(단, 지문자는 교사가 보는 방향임).

3) (나)의 ㉤의 오개념을 바르게 고쳐 쓰시오.

55

(가)는 청각장애 학생 H와 I가 보이는 특성의 일부이고, (나)는 교육 실습생이 작성한 지도 계획이다. 〈작성 방법〉에 따라 서술 하시오.

(가) 특성

학생	유형	특성
H	감각신경성 난청: (㉠)	…(상략)… • 어음명료도검사: 양측 귀 70 dB HL에서 PB max 40% [A] • ㉡말림현상이 관찰됨. • 청각보조기기를 착용하고 있지 않음. • 현재 수어로 의사소통 하는 것을 배우고 있음.
I	혼합성 난청	…(상략)… • 유발이음향방사: Fail(관찰되지 않음). • 4세부터 양쪽 귀에 귀걸이형 보청기를 착용하고 있음. • 독화와 지문자로 의사소통을 함.

(나) 지도 계획

학생	지도 계획
H	• 학생이 잘 볼 수 있도록 정면에서 수어를 한다. • ㉢적절한 수어 표현이 없을 때에는 지문자를 사용한다. • ㉣청능 훈련 시 변별 단계에서는 소리 자극의 차이가 적은 두 개의 소리부터 시작한다.
I	• FM 보청기를 보조기기로 지원한다. • ㉤학생을 부를 때는 멀리서 큰 소리로 부르기보다는 가까이 가서 부른다. • ㉥수업에 잘 참여할 수 있도록 음성 자막 변환 애플리케이션(application)을 지원한다. • ㉦교실의 신호 대 잡음비(SNR)를 최소 −10에서 −15 정도로 유지하여 말소리 이해력을 높인다.

┌〈 작성 방법 〉┐
• (가)의 괄호 안 ㉠에 해당하는 난청의 유형을 [A]를 참고하여 쓰고, 밑줄 친 ㉡을 최대명료도(PB max)와 관련지어 설명할 것
• (나)의 밑줄 친 ㉢~㉦ 중 틀린 것 2가지를 찾아 기호와 함께 바르게 고쳐 각각 서술할 것

56

다음은 청각장애학교에 근무하는 초임 교사가 경력 교사에게 학생 J의 언어지도에 관해 자문하는 내용의 일부이다. 〈작성 방법〉에 따라 쓰시오.

초임 교사 : 선생님, 며칠 전에 일반학교에서 전학 온 학생 J에게 어떻게 언어지도를 해야 할지 잘 모르겠어요.

경력 교사 : 학생 J는 지금 어떤 방법으로 의사소통을 하나요?

초임 교사 : 독화를 사용해서 어느 정도 말을 이해하는 것 같기는 해요. 하지만 쉽지는 않아요. 얼마 전에는 잘못 읽어서 ㉠과 함께 입모양을 크게 하여 보여 주었어요.

㉠

경력 교사 : ㉡큐드 스피치(cued speech)가 독화를 하는 데에 보조 단서로 유용하다고 들었어요.

초임 교사 : 아, 그렇군요. 게다가 학생 J는 수어를 배워 본 적이 없어서 친구들과 의사소통이 안 되어 걱정입니다.

경력 교사 : 노래를 부르면서 수어로 표현해 보는 것도 방법이 될 수 있어요.

손가락 번호

양말: 왼손 ①②③④지를 펴서 손등이 위로 향하게 하고, 오른손 바닥을 손등에 올렸다가 뒤집어 손등에 댄다.

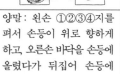

선물: 왼손 ①②지를 펴서 손등이 위로 향하게 하고, 오른손 ①②지를 그 위에 올렸다가 뒤집어 손가락 위에 댄다.

초임 교사 : '양말'과 '선물' 단어를 함께 가르치면 최소대립쌍 개념을 알게 되고, ㉢얼굴 표정에 따라 수어의 뜻이 달라지는 것도 자연스럽게 배울 수 있겠네요.

┌〈 작성 방법 〉┐
• ㉠의 지문자를 한글 단어로 옮겨 적을 것
• 밑줄 친 ㉡의 이유를 1가지 서술할 것
• 그림 ㉢과 ㉣이 최소대립쌍인 이유를 서술하고, 밑줄 친 ㉤에 해당하는 수어의 구성요소를 쓸 것

57 _____

다음은 청각장애특수학교 교육현장실습 중 예비 교사와 지도교사가 나눈 대화이다. 물음에 답하시오.

예비 교사 : ⓐ총체적 의사소통법으로 수업을 할 수 있도록 수어를 배우고 있습니다. 그런데 농학생과 의사소통이 잘 안 되는 경우가 있습니다.

지도 교사 : 국어대응식수화로 의사소통해서 그럴 수 있습니다. 국어대응식수화는 문법수화로 불리기도 합니다. 한국수어는 자연수어라고도 하지요.

예비 교사 : 한국어 단어마다 수어 단어를 대응시키면 한국수어 문장이 되는 것 아닌가요?

지도 교사 : 아닙니다. 국어대응식수화는 한국수어를 사용하는 농학생은 이해하기 어렵습니다. 예를 들면 다음과 같습니다. (자료를 보여 주며)

> 한국어 : 나는 친절한 친구가 좋다.
> 국어대응식수화 : [나] [친절하다] [친구] [좋다]

위와 같은 국어대응식수화 문장은 한국수어를 사용하는 농학생이 "나는 친절하다. 친구가 좋아한다."라고 해석할 수 있습니다.

예비 교사 : 아! 한국수어의 문법 체계는 한국어 문법 체계와 다른 거군요.

지도 교사 : 예. 한국수어는 음성언어와 ⓑ언어적 특성 측면에서 차이가 있습니다. 수어 단어뿐만 아니라 한국수어 문법도 공부하고 연습해야 합니다. 아울러 농문화에 대한 이해를 충분히 하는 것도 중요합니다. 그리고 병리적 관점에서 벗어나 ⓒ농문화를 수어 사용 소수집단 구성원들의 생활양식으로 인정하는 관점에서 수어를 이해해야 합니다.

---

1) ① ⓐ의 도입 목적을 1가지 쓰고, ② ⓐ에서 사용되는 의사소통 유형을 1가지 쓰시오. (단, 수어는 제외할 것.)

   ① :

   ② :

2) ⓑ 측면에서 한국수어와 음성언어의 차이점을 2가지 쓰시오.

   ① :

   ② :

3) ⓒ에 해당하는 관점의 명칭을 쓰시오.

58 _____

다음은 청각장애 학생 A의 청능평가 결과를 바탕으로 두 교사가 나눈 대화의 일부이다. 밑줄 친 ㉠의 종류와 괄호 안의 ㉡에 해당하는 음의 강도(dB) 범위를 순서대로 쓰시오. (단, 음의 강도는 약 1.8 m의 거리에서 대화할 경우를 기준으로 할 것.)

통합학급 교사 : 학생 A의 어머니가 청력검사 결과지를 보여 주시면서, 학생 A가 일상생활에서 들을 수 있는 듣기 수준을 알 수 있다고 하셨어요. 어떤 검사인가요?

특 수 교 사 : 어음명료도 검사입니다. 가장 듣기 편안한 소리 강도로 제시된 말소리를 얼마나 정확히 이해하는지 측정하는 검사로, ㉠ 검사음이 들릴 때마다 소리내어 따라 말하거나 소리 나는 대로 종이에 쓰는 검사입니다.

… (중략) …

통합학급 교사 : 그럼, 말소리를 사용해서 듣기 수준을 알 수 있는 다른 검사도 있나요?

특 수 교 사 : 네. 말소리를 사용하는 검사 중에는 모든 말소리를 검사하는 대신에 6개의 말소리만을 가지고 주파수 대역의 청취능력을 알 수 있는 링(D. Ling)의 6개음 검사를 많이 사용합니다.

통합학급 교사 : 6개의 음이 무엇인가요?

특 수 교 사 : 6개의 말소리는 /i/, /u/, /a/, /ʃ/, /s/, /m/으로, 일반적으로 '약 250~8,000 Hz 사이의 주파수 대역'과 '약 (㉡) dB 사이의 강도'에 분포하는 대표적인 말소리입니다.

59

2023 중등B-8

(가)는 청각장애 학생 A의 특성이고, (나)는 교수·학습 지원에 대해 두 교사가 나눈 대화의 일부이다. 〈작성 방법〉에 따라 서술하시오.

(가) 학생 A의 특성

- 음성언어를 사용하여 의사소통함
- 보청기를 착용하고 있으며, 청능훈련을 지속적으로 하고 있음
- 어음명료도가 70% 정도임
- 말읽기(독화)를 함
- 지문자를 사용함

(나) 교수·학습 지원에 대한 대화

통합학급 교사: 학생 A는 수업 중 제 얼굴만 계속 쳐다보는 것 같습니다.

특　수　교　사: 그것은 선생님의 입술 모양을 통해 듣지 못하는 정보를 얻으려고 하는 것입니다. 이를 말읽기 또는 독화라고 합니다.

통합학급 교사: 수업 중에 학생 A에게 도움이 될 수 있도록 말읽기에 대해 설명해 주세요.

특　수　교　사: 말읽기는 (㉠) 능력을 사용합니다. 학생 A는 선생님의 입술 모양을 보며 낱낱의 부분들을 의미 있게 연결하여 전체적으로 의미를 구성하게 됩니다.

통합학급 교사: 그렇군요. 그럼 (㉠) 능력만으로 모든 음성언어를 이해할 수 있나요?

특　수　교　사: 그렇지 않습니다. 시각적으로 유사한 음소들이 많아 이를 정확하게 구분하기 어렵기 때문에 학생 A는 자신이 받아들인 잘못된 정보를 상황에 따라 수정해 나가게 됩니다.

… (중략) …

통합학급 교사: 학생 A는 /ㅅ/를 듣지 못합니다. 혹시 개선시킬 수 있는 방법은 없을까요?

특　수　교　사: 청능훈련을 통해 개선시키고 있습니다.

통합학급 교사: 그럼, 청능훈련은 어떻게 합니까?

특　수　교　사: 청능훈련은 청각 발달에 맞춰 단계적으로 실시합니다.

통합학급 교사: 어떤 단계가 있나요?

특　수　교　사: 일반적으로 탐지, (㉡), 확인, 이해가 있습니다.

통합학급 교사: 그렇군요. 시간이 되면 자세히 소개해 주세요. 그 밖에 학생 A를 위해 필요한 것은 또 없을까요?

특　수　교　사: 지문자를 배우면 좋습니다. 학생 A가 듣지 못하는 음소가 들어 있는 단어들을 지문자로 제시하면 그것들을 보다 정확하게 이해할 것입니다. 예를 들면 다음과 같습니다.

└─────[㉢]─────┘

〈 작성 방법 〉

- (나)의 괄호 안의 ㉠에 공통으로 해당하는 용어를 쓸 것
- (나)의 괄호 안의 ㉡에 해당하는 용어를 쓰고, '탐지'와 괄호 안의 ㉡과의 차이점을 1가지 서술할 것
- (나)의 ㉢에 해당하는 지문자를 한글 단어로 쓸 것

60

2024 초등B-4

(가)는 김 교사가 메모한 청각장애 학생 영수의 특성이고, (나)는 2015 개정 특수교육 기본 교육과정 수학과 3~4학년군 '도형 영역' 교수·학습 과정안의 일부이다. 물음에 답하시오.

(가)

- K-WISC-V 결과: 지능지수 76
- 1년 전부터 양측 귀에 인공와우를 착용함
- 교정 청력: 양측 40dB HL
- 말소리 명료도가 낮음
  - '거리'를 /그리/로 발음함 ㄱ
  - '네모'를 /니모/로 발음함 [A]
  - '개미'를 /그미/로 발음함 ㄴ

  … (중략) …

- /f/, /th/, /s/ 음을 정확하게 인지하지 못함
  ↳ • 모음 식별 가능   [B]
    • /f/, /th/, /s/를 제외한 대부분의 자음 식별 가능
- 개념 지도 시 지문자를 활용하면 효과적임
  ↳ • 부모와 학생도 지문자 사용을 선호함

(나)

단원	2. 여러 가지 입체도형의 모양(2)		자료(재) 및 유의점(유)
단계	교수·학습 활동		
	교사	학생	
전개	<활동 1> 나무 블록 놀이		
	"블록을 같은 모양끼리 분류하여 모양 바구니에 담아 볼까요?"	(똑바로 세워져 있는 크기와 모양이 같은 빨간 둥근기둥 블록과 노란 둥근기둥 블록을 집어서) "이 바구니에 2개 모두 넣을게요." [C]	재 나무 블록 세트, 공 세트
		(큰 공과 작은 공을 집어서) "모두 공 모양 바구니에 넣을게요."	
	<활동 2> 교실에서 모양 찾기		
	"우리 교실에서 다양한 모양의 물건들을 찾아볼까요?"	"저는 구슬을 찾았어요."	재 딱풀, 두루마리 휴지, 구슬 등 다양한 모양의 구체물
	(딱풀과 음료수 캔을 보여 주며) ㉠"이렇게 생긴 모양은 둥근기둥 모양이에요."	"선생님, 두루마리 휴지도 둥근기둥 모양이에요."	재 지문자 단어 카드
	"영수가 찾은 물건은 무슨 모양인가요?"	"제가 찾은 물건은 (㉡) 모양이에요."	

2) ① (가)의 [B]에서 확인할 수 있는 영수의 청력 특성을 주파수 측면에서 1가지 쓰고, ② (나)의 ㉡에 해당하는 다음의 지문자를 2음절의 한글 단어로 쓰시오.

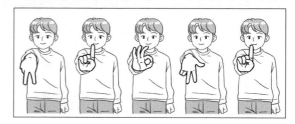

① :

② :

61

(가)는 ○○중학교에 재학 중인 청각장애 학생 A의 특성이고, (나)는 일반 교사와 특수 교사의 대화 중 일부이다. 〈작성 방법〉에 따라 서술하시오.

(가) 학생 A의 특성

- 순음청력검사 결과가 왼쪽 귀 60 dB HL, 오른쪽 귀 90 dB HL으로 나타남.
- 오른쪽 귀만 보청기를 착용하고 있음.
- 보청기 착용으로 말읽기를 통하여 수업에 참여하고 있음.

(나) 일반 교사와 특수 교사의 대화

일반 교사 : 선생님, 학생 A는 오른쪽 귀에 보청기를 착용하고 있는데도 수업 시간에 말소리를 듣고 이해하는 것을 어려워하고, 음원의 위치 파악이 가끔씩 잘 안 될 때도 있더라고요.

특수 교사 : 학생 A는 특성상 양쪽 귀에 보청기를 착용하면 좋을 것 같더군요. 이런 경우에는 (㉠)의 착용이 효과적일 수 있어요.

일반 교사 : 학생 A는 친구들과 대화하는 데 어려움을 느끼는 것 같아요. 학생 A가 어떻게 하면 대화에 더 적극적으로 참여할 수 있을까요?

특수 교사 : 듣는 정보가 부족하고 알고 있는 어휘 수도 적은 편이어서 의사소통이 잘 되지 않을 수 있어요. 학생 A가 ㉡<u>예상하는 전략</u>과 ㉢<u>회복하는 전략</u>을 사용할 수 있도록 지도하면 됩니다.

일반 교사 : 그렇군요. 그럼 다음 주에 '박물관 학예사 체험하기 활동'을 하면서 ㉣<u>학예사의 활동 알아보기</u>와 ㉤<u>학예사 역할 체험</u>을 계획하였는데, 학생 A에게 적용해 보면 좋겠습니다.

─〈 작성 방법 〉─
- (가)를 참고하여 (나)의 괄호 안의 ㉠에 해당하는 보청기의 유형을 쓰고, 학생 A가 ㉠을 착용했을 때의 효과를 1가지 서술할 것
- (나)의 밑줄 친 ㉡을 ㉣ 활동에 적용하는 예와 ㉢을 ㉤ 활동에 적용하는 예를 1가지씩 각각 서술할 것 [단, ㉢은 '언어 정보 전체를 이해하지 못한 경우'에 한하여 작성할 것]

김남진
KORSET 특수교육학 기출분석 3

PART 14

전환교육

Mind Map

Chapter 1 전환교육의 이해

1 전환 및 전환교육의 개념 ┬ 전환의 개념
　　　　　　　　　　　　　└ 전환교육의 개념

2 전환교육과 교육과정 ┬ 기본 교육과정 : 실과
　　　　　　　　　　　├ 기본 교육과정 : 진로와 직업
　　　　　　　　　　　├ 선택 중심 교육과정 특수교육 전문교과 : 직업·생활
　　　　　　　　　　　├ 특수학교 전공과
　　　　　　　　　　　└ 특수학교 학교기업

Chapter 2 전환교육 모델

1 Will의 교량모형 ┬ 이론적 특징
　　　　　　　　　└ 주요 개념 : 일반적 서비스, 시간제한적 서비스, 지속적 서비스

2 Halpern의 독립생활과 지역사회 적응 모형 ┬ 이론적 특징
　　　　　　　　　　　　　　　　　　　　└ 주요 개념 : 취업, 주거환경, 사회·대인관계 기술

3 Wehman의 지역사회 중심 직업훈련 모형 ┬ 이론적 특징 ┬ 1. 투입과 기초 단계
　　　　　　　　　　　　　　　　　　　│　　　　　├ 2. 과정 단계
　　　　　　　　　　　　　　　　　　　│　　　　　└ 3. 취업 결과 단계
　　　　　　　　　　　　　　　　　　　└ 기본 원리

4 Brolin의 생활 중심 진로교육 모형 ┬ 이론적 특징
　　　　　　　　　　　　　　　　　└ 주요 구성요소 ┬ 1차원 : 능력
　　　　　　　　　　　　　　　　　　　　　　　├ 2차원 : 경험
　　　　　　　　　　　　　　　　　　　　　　　└ 3차원 : 단계 ┬ 1. 진로 인식 단계
　　　　　　　　　　　　　　　　　　　　　　　　　　　　　├ 2. 진로 탐색 단계
　　　　　　　　　　　　　　　　　　　　　　　　　　　　　├ 3. 진로 준비 단계
　　　　　　　　　　　　　　　　　　　　　　　　　　　　　└ 4. 진로 배치, 동화, 추수지도 또는
　　　　　　　　　　　　　　　　　　　　　　　　　　　　　　 평생교육 단계

5 Clark의 포괄적 전환교육 서비스 모형 ┬ 모형의 가정
　　　　　　　　　　　　　　　　　├ 주요 구성요소 ┬ 지식과 기술 영역
　　　　　　　　　　　　　　　　　│　　　　　　　├ 진출 시점과 결과 ┬ 수직적 전환
　　　　　　　　　　　　　　　　　│　　　　　　　│　　　　　　　　└ 수평적 전환
　　　　　　　　　　　　　　　　　│　　　　　　　└ 서비스 전달 체계와 지원
　　　　　　　　　　　　　　　　　└ 강조점

6 Kohler의 전환 프로그램 분류 모형 ┬ 이론적 특징
　　　　　　　　　　　　　　　　　　└ 모형의 다섯 가지 영역 ┬ 학생중심계획
　　　　　　　　　　　　　　　　　　　　　　　　　　　　├ 학생 개발
　　　　　　　　　　　　　　　　　　　　　　　　　　　　├ 기관 간 협력
　　　　　　　　　　　　　　　　　　　　　　　　　　　　├ 프로그램 구조
　　　　　　　　　　　　　　　　　　　　　　　　　　　　└ 가족 참여

Chapter 3 전환평가

1 전환평가의 이해 ┬ 전환평가의 개념과 특성 ┬ 개념
　　　　　　　　　　│　　　　　　　　　　　└ 특성
　　　　　　　　　　├ 전환평가 체제
　　　　　　　　　　└ 전환평가 요소 ┬ 미래 계획을 위한 요구 및 목표 평가
　　　　　　　　　　　　　　　　　├ 자기결정/자기옹호 기술에 대한 평가
　　　　　　　　　　　　　　　　　├ 학업 및 행동 기술 평가
　　　　　　　　　　　　　　　　　├ 생활기술 평가
　　　　　　　　　　　　　　　　　└ 직업 흥미·적성·능력에 대한 직업평가

2 전환평가의 유형 ┬ 형식적 평가와 비형식적 평가
　　　　　　　　　　├ 조사와 인터뷰
　　　　　　　　　　├ 기능적 평가
　　　　　　　　　　├ 교육과정 중심 사정
　　　　　　　　　　├ 작업표본 평가 ┬ 개념
　　　　　　　　　　│　　　　　　　├ 유형 ┬ 실제 직무표본
　　　　　　　　　　│　　　　　　　│　　├ 모의 작업표본
　　　　　　　　　　│　　　　　　　│　　├ 단일 특성표본
　　　　　　　　　　│　　　　　　　│　　└ 군특성 표본
　　　　　　　　　　│　　　　　　　└ 장단점
　　　　　　　　　　├ 상황평가 ┬ 개념
　　　　　　　　　　│　　　　　├ 장점
　　　　　　　　　　│　　　　　└ 단점
　　　　　　　　　　├ 직무현장평가
　　　　　　　　　　└ 기타 유형 ┬ 직무분석
　　　　　　　　　　　　　　　　└ 관심목록

Chapter 4 전환의 결과

1 경쟁고용 ┬ 경쟁고용의 개념
└ 경쟁고용의 주요 특징

2 지원고용 ┬ 지원고용의 개념
├ 지원고용의 주요 특징
├ 지원고용 관련 주요 개념
├ 지원고용의 과정
└ 지원고용의 유형 ┬ 개별배치 모델
├ 소집단 모델
├ 이동작업대 모델
└ 소기업 모델

3 보호고용 ┬ 보호고용의 개념 : 장애인 직업재활시설의 유형 ┬ 장애인 근로사업장
├ 장애인 보호작업장
└ 장애인 직업적응훈련시설
└ 보호고용의 특징

4 주거 ┬ 독립생활
├ 보호생활
├ 공동생활가정
└ 양육가정

기출문제 다잡기

정답 및 해설 p.164

01

장애학생의 졸업 후 취업 방안으로 '지원고용'을 고려할 때, 이를 실시하는 방법에 대한 설명으로 옳은 것을 〈보기〉에서 모두 고른 것은?

─〈보기〉─

ㄱ. 직업평가와 직무분석 결과를 비교하여 지원고용의 적합성 정도를 분석한다.

ㄴ. 직업 현장에 배치되기 전에 그 직업에 대한 기술 훈련을 집중적으로 실시한다.

ㄷ. 직업 적응을 위해 직업 현장에서의 조정(accommodations)은 최소로 이루어지게 한다.

ㄹ. 직무수행 능력을 높이기 위하여 인위적 지원의 제공과 함께 자연적 지원을 활용한다.

① ㄱ   ② ㄱ, ㄴ

③ ㄱ, ㄹ   ④ ㄷ, ㄹ

⑤ ㄴ, ㄷ, ㄹ

02

장애학생의 전환교육 및 전환계획과 관련된 내용 중 옳은 것만을 〈보기〉에서 모두 고른 것은?

─〈보기〉─

ㄱ. 전환계획 수립 시 장애학생이 원하는 진로와 성인기 전환영역을 고려하여 학생과 학생의 현재 및 미래 환경에 대한 포괄적인 전환평가가 선행되어야 한다.

ㄴ. 장애학생의 전환교육과 관련하여 「장애인 등에 대한 특수 교육법」에서는 관련 기관과의 협력을 통해 직업재활훈련 및 자립생활훈련을 실시하는 지원고용을 강조하고 있다.

ㄷ. 개별화전환계획은 개별화교육계획의 한 과정으로, 성공적인 성인기 전환을 준비하기 위하여 학령 초기에는 학업기술에 집중하고 청소년기부터 체계적으로 전환교육을 실시하는 것이 중요하다.

ㄹ. 장애학생의 전환교육과 관련하여 '2008년 개정 특수학교 기본 교육과정' 직업교과의 직업기능 영역에서는 사회생활과 작업을 통하여 일과 직업에 대한 이해, 감각 및 신체적 기능 향상, 기초 학습 기능 향상 등에 중점을 두고 있다.

ㅁ. 중등교육 이후의 전환을 효과적으로 준비하기 위하여 개인 중심계획(person-centered planning)을 통해 장애학생의 적극적인 참여를 유도하고 학생과 가족, 전문가가 서로 협력하여 장애학생의 교육적 요구를 파악하는 것이 중요하다.

① ㄱ, ㄹ   ② ㄱ, ㅁ

③ ㄴ, ㄷ   ④ ㄱ, ㄹ, ㅁ

⑤ ㄴ, ㄷ, ㄹ

03

다음은 두 가지 전환모형의 특성을 설명한 것이다. 각 모형의 특성에 대한 설명으로 옳은 것만을 있는 대로 고른 것은?

전환모형	특성
Will의 모형	(가) 전환의 초점을 과정보다는 결과인 '고용'에 둔다. (나) 고등학교와 고용 사이의 다리 역할로서의 전환교육을 강조한다. (다) 전환교육의 범위에는 고용뿐만 아니라, 주거환경, 사회·대인관계 기술이 포함된다.
Clark의 모형	(라) 전환 프로그램의 지식과 기능 영역에는 의사소통, 자기결정, 여가와 레크리에이션이 포함된다. (마) 전환 과정을 투입과 기초, 과정, 취업 결과의 3단계로 구분하고, 중등학교 특수교육의 직업교육 프로그램을 강조한다. (바) 생애의 각 단계마다 수료점과 결과(exit point and outcomes)가 있어, 전환은 생애에 걸쳐서 한 번이 아니라 여러 번 나타난다.

① (가), (다), (마)
② (나), (라), (바)
③ (가), (나), (라), (바)
④ (가), (다), (마), (바)
⑤ (나), (다), (라), (마)

04

다음은 장애학생의 전환계획을 수립하기 위해 실시한 전환평가(transition assessment)에 대한 설명이다. 옳은 것만을 〈보기〉에서 있는 대로 고른 것은?

〈보기〉
ㄱ. 학생의 자기결정 및 자기옹호기술, 학습 스타일, 생활기술 관련 교육적 요구, 직업의 흥미, 적성 및 능력에 등에 대한 평가가 포함된다.
ㄴ. 상황평가는 학습 및 직업 상황과 유사한 과제와 자료 등을 활용하여 실제 생활환경의 통제된 조건하에 실시한다.
ㄷ. 직무분석은 장애학생의 능력과 수준에 맞추어 직무과제를 여러 요소로 나누고, 그 요소들을 추가, 면제, 재결합하여 직무배치 후 실시한다.
ㄹ. 장애학생 개인에 대한 평가와 더불어, 미래의 생활·학습·직업 환경에서 요구되는 사항이 무엇인지 파악하고, 미래의 생활·학습·직업 환경에서 어떤 지원이 제공되는지 확인한다.
ㅁ. 관심목록(interest inventory)은 직무기술의 잠재적 유창성을 측정하기보다는 직업의 여러 가지 유형에 대한 학생의 느낌 및 선호도를 평가하는 데 활용될 수 있다.
ㅂ. 장애학생의 능력과 흥미에 부합하는 직업을 찾아주는 역할이 중요하므로, 모든 성인 생활 영역에 대한 포괄적 평가보다는 교육 및 고용 영역에 국한하는 집중성과 특수성에 초점을 맞추어 평가한다.

① ㄱ, ㅂ
② ㄷ, ㅁ
③ ㄱ, ㄹ, ㅁ
④ ㄴ, ㄹ, ㅂ
⑤ ㄱ, ㄴ, ㄷ, ㅂ

05 _____

(가)는 김 교사가 A특수학교 중학생 경아에 대해 진로
상담을 한 내용이다. 물음에 답하시오.

(가) 경아의 진로 상담 내용

- 김 교사는 경아 부모님과의 진로 상담을 통해, 경아
가 ⊙고등학교를 졸업하고 취업하기를 원하는 것을
알게 됨.
- 김 교사는 경아 부모님께 고등학교 졸업 후 성공적
으로 취업한 영수의 사례를 소개함.

  ─────<영수의 사례>─────
  ⓒ 영수의 직업담당 교사는 인근 복지관의 직원과 협력하여
  영수가 개별적으로 지역사회 사업체에 배치되도록 지도
  하였음. 배치 후에도 계속적인 훈련과 지원을 하여 현재까지
  고용 상태를 유지하고 있음.

- 김 교사는 향후 경아의 진로 지도 계획을 수립하기
위하여, 올해의 진로와 직업교과의 성과를 ⓒ2011
특수교육 교육과정 중 기본 교육과정에 근거하여 평
가할 계획임.

1) ⊙을 위해 전환 과정을 '투입과 기초', '과정', '취업
의 결과' 3단계로 구분하여 중등학교 직업교육 프
로그램을 강조한 전환모형 1가지를 쓰시오.

   • 전환모형 :

2) ⓒ에 해당하는 지원고용의 유형을 쓰고, 그 유형의
장점을 1가지만 쓰시오.

   • 유형 :

   • 장점 :

06 _____

(가)는 초등학교 6학년 정신지체 학생 연우가 소속된
통합학급 최 교사와 특수학급 김 교사가 나눈 대화이
다. 물음에 답하시오.

(가) 대화 내용

최 교사 : 다음 주 실과 수업시간에는 '다양한 직업의 세
계'에 대해 공부할 거예요. 연우의 수업 참여를
위해 제가 특별히 더 계획해야 할 것이 있을
까요?

김 교사 : 선생님께서 늘 하시는 대로 보편적학습설계
(UDL)원리의 지침을 잘 적용하여 수업을 계
획하시면 될 것 같아요. 다만 연우와 같은 정
신지체 학생에게 실과 교과는 조기 전환교육
의 필요성에 부응하기 위한 과목이고, 특수
교육 기본 교육과정에서는 중학교의 (⊙)
교과와도 연계되어 있는 과목이라는 점을 염
두에 두시면 좋겠네요.

최 교사 : 그렇군요. 저는 전환교육이 학교 졸업 후 성인
기 생활에 잘 적응할 수 있도록 고등학교에
서 실시하는 교육인 줄 알았어요.

김 교사 : 꼭 그렇지만은 않아요. 예를 들어, ⓒ클라크(G.
M. Clark)는 개인은 발달 단계에 따라 전환
을 여러 번 경험한다는 점을 강조해요. 또 성
공적인 전환을 위해 의사소통 및 학업성취,
자기결정, 대인관계, 고용 등을 포함한 9개의
지식과 기술 영역을 각 발달 단계에 맞게 성
취해야 할 전환교육의 영역으로 보지요.

최 교사 : 그렇다면 제가 이번 수업에 적용하려고 하는
협동 학습도 연우의 성공적인 전환을 위한 지
식과 기술 습득에 도움이 될 것 같네요.

1) (가)의 ⊙에 들어갈 교과명을 쓰시오.

2) (가)의 ⓒ에서 설명하는 모델 명칭을 쓰시오.

07

다음은 일반 고등학교에 다니는 정신지체 학생인 준하의 개별화교육계획(IEP) 관련 상담 내용이다. 밑줄 친 ⓒ과 ©이 갖는 공통점 2가지와 차이점 1가지를 설명하시오.

특수교사 : 오늘은 준하의 IEP에 대해 의견을 듣고자 합니다.

어 머 니 : 저는 우리 아이가 졸업 후에 비장애인들과 함께 일할 수 있도록 교육을 받았으면 해요.

특수교사 : 네, 그렇군요. 장애학생의 진로를 결정하는 데 효과적인 방법의 하나로 ⓐ개인중심계획(PCP, person-centered planning)을 적용하여 전환 계획을 수립하는 것이 강조되고 있어요. 이제 준하의 진로를 위해서 우리도 전환 계획을 구체화 할 필요가 있겠네요.

담임교사 : 네, 준하는 친구들과 지내는 데 별 문제가 없으니까 친구들과 함께 일할 수 있겠네요.

특수교사 : 준하야, 너는 졸업하면 어떤 곳에서 일하고 싶니?

준   하 : 저는 우리 반 친구들이랑 같이 일하고 싶어요.

특수교사 : 그렇구나. 여러분의 의견을 들어 보니 준하는 졸업 후 ⓑ지원고용이나 ©경쟁고용을 고려해 보는 것이 더 좋겠네요. 이제 준하의 진로 준비를 위해서 직무능력 평가와 @생태학적 목록(ecological inventory)을 조사해 봐야 할 것 같아요.

08 _____

(가)는 지적장애 특수학교 고등학교 과정의 진로와 직업 수업 운영을 위한 김 교사와 최 교사의 대화이다. 〈작성 방법〉에 따라 서술하시오.

(가) 진로와 직업 수업 운영을 위한 두 교사의 대화

김 교사: 맞춤형 직업체험 활동을 진행하기 위해서는 먼저 학생 개개인을 대상으로 직업 흥미와 적성 등을 분석해야 하고, 분석을 위한 평가 방법으로는 심리검사 및 (㉠), 상황평가, 현장평가 등이 있습니다.
최 교사: 그렇군요. 저도 우리 학생들에게 ㉡실제 작업에 쓰이고 있는 재료, 도구, 기계, 공정을 작업 과제로 추출하고, 그 과제에 대한 작업 공정 중 핵심적인 목록을 평가도구로 하여 작업 결과를 질적, 양적으로 평가하고 있습니다. 이때 평가실에서 실제 직무나 모의 직무를 평가한답니다.

(나) 진로와 직업 수업 계획

영역	진로 준비
단원	지역사회 대인 서비스
제재	카페에서 대인 서비스 하기
주요학습활동	1차시
	2~3차시

1차시 내용:
○카페에서의 대인 서비스에 필요한 문장 학습하기

〈학습할 문장〉

> • **안**녕하세요?
> • **무**엇을 주문하시겠습니까?
> • **여**기 주문하신 ○○입니다.
> • **고**맙습니다.

위의 4가지 문장을 연습하기 위해 ㉢'**안무여고**'라고 알려주고 암기하게 함.

2~3차시 내용:
○카페에서 대인 서비스를 위한 ㉣역할극하기

카페에서 주문받고 서빙하는 상황 설정하기
⇩
(㉤)
⇩
작성한 대본 연습하기
⇩
카페에서 주문받고 서빙하는 장면 실연하기
⇩
카페에서 대인 서비스 역할극에 대해 평가하기

〈 작성 방법 〉

• 「2015 개정 특수교육 교육과정(교육부 고시 제2015-81호)」중 기본 교육과정 진로와 직업 '교수·학습 및 평가'와 밑줄 친 ㉡의 내용에 근거하여 ㉠에 들어갈 평가의 명칭을 쓸 것

09

다음은 ○○고등학교 현장실습위원회가 협의한 내용의 일부이다. 밑줄 친 ㉠에 해당하는 고용 모형의 명칭을 쓰시오.

장 교사: 학생들의 현장실습을 위해 교내·외 실습 장소에서 도움을 줄 수 있는 방법에 대해 논의해 봅시다.

홍 교사: 통합된 환경에서 실습이 어려운 중도 장애학생들을 위해 교내에서는 특수학급에서 워크 액티비티를 실시하고, 외부 실습은 ㉠장애인 직업재활시설 작업장에서 인근 사업체 하청 작업(볼펜 조립)을 반복적으로 수행하여 작업 기능을 높일 수 있도록 합시다.

민 교사: 분리된 환경에서의 실습은 사회 통합의 기회를 제한할 수 있습니다. 교내실습은 보조 인력을 제공하고, 외부에서 실시하는 바리스타 실습은 직무지도원을 배치하여 도울 수 있습니다.

최 교사: 유급 인력의 공식적인 지원에만 의존하는 것도 사회통합을 방해할 수 있을 것입니다. 교내에서는 비장애 또래를 통해 도움을 제공하고, 외부에서는 직장 동료의 도움을 활용하는 방법으로 지역사회 통합과 개인의 삶의 질 향상을 도모할 수 있도록 합시다.

10

다음은 ○○특수학교에서 마련한 진로 및 직업교육 지원 계획의 일부이다. 괄호 안의 ㉠, ㉡에 들어갈 용어를 「장애인 등에 대한 특수교육법」(법률 제16746호, 2019. 12. 10., 일부개정)에 근거하여 순서대로 쓰시오.

〈진로 및 직업교육 지원 계획〉

○목적: 교과 교육 및 지역사회 기관과의 협력을 통해 특수교육대상 학생을 학교에서 사회로 원활하게 전환하기 위함.

○추진 배경: 현행 진로 및 직업교육의 문제점을 파악하고 지원 방안을 마련하기 위함.

○현행 진로 및 직업교육의 문제점
• 자조 기술의 습득 기회가 부족함.
• 감염병으로 인해 공공기관 이용이 제한됨.
• 직업능력평가를 실시하지 않음.
• 지역사회 고용 가능 기관 파악이 부족하고 사후관리 체계가 미비함.

○진로 및 직업교육 지원 계획
• (㉠): 일상생활 적응기술 훈련과 대안적 사회적응훈련 구안 및 적용
• (㉡): 학생의 잠재 능력을 고려한 직업평가, 실제적이고 내실 있는 직업교육, 지역사회 유관기관과 연계한 고용지원, 사후관리 체계 확립

… (하략) …

11

(가)는 ○○특수학교 고등학교과정 학생을 위한 진로와 직업 교과 교수·학습 과정안의 일부이고, (나)는 지적장애 학생의 전환평가를 위한 대화 내용이다. 〈작성 방법〉에 따라 서술하시오.

(가) 교수·학습 과정안

단원명	5. 효율적인 작업	제재	지속적인 작업
학습 목표	지속적인 작업을 위한 신체를 준비할 수 있다.		
단계	교수·학습 활동		지도중점사항
	… (중략) …		
전개	〈활동 1〉 튼튼한 몸 만들기 • 올바른 식습관 알아보기 • 나의 몸무게 알고 관리하기 〈활동 2〉 간단한 운동 따라하기 ㉠ • 작업을 오래 지속하기 위해 필요한 내용 알기 • 교사의 시범을 보면서 운동 동작 따라하기		• 음식과 비만, 신체적 영향의 관계성 알기 • 운동을 통해 건강한 신체 단련하기

(나) 대화

김 교사 : 학생들의 세탁 보조에 대한 직무평가를 어떤 방법으로 해야 할지 고민입니다.

박 교사 : 우리 학교의 직업교육실을 실제 세탁 직무를 수행하는 장소와 유사하게 꾸미며 평가하면 좋을 것 같습니다. 작업 과제나 재료, 도구도 실제 세탁 직무에서 사용하는 것과 유사한 것을 활용한다면, 학생들이 더욱 실제적인 작업을 경험하게 되니 작업 동기도 향상될 수 있습니다. ㉡

김 교사 : 학교에서 활용할 수 있는 전환평가 방법일 것 같군요. 그렇다면 전환평가 방법 중 ㉢학생이 근무할 곳의 근로자 특성을 파악하도록 설계되어 다양한 직무 수행 잠재력을 평가하는 방법도 있겠군요.

박 교사 : 이외에 ㉣직무현장평가(On the Job Evaluation) 방법을 학생들에게 적용하는 방안도 고려해 봅시다.

─〈 작성 방법 〉─

• (가)의 ㉠에 해당하는 '지식과 기술 영역'의 명칭을 쓸 것[단, 클라크(G. Clark)의 종합적 전환교육 모델에 근거할 것]
• (나)의 ㉡이 의미하는 전환평가의 명칭을 쓰고, ㉡의 한 형태인 ㉢의 명칭을 쓸 것
• (나)의 ㉡과 밑줄 친 ㉣과의 차이점 1가지를 장소 측면에서 비교하여 서술할 것

12

(나)는 교육과정을 편성하기 위한 교사 협의회 회의록의 일부이다. 〈작성 방법〉에 따라 서술하시오.

(나) 교사 협의회 회의록

일 시 : 2021년 ○○월 ○○일 15 : 00~17 : 00
… (중략) …

홍 교사 : 학생들의 진로·직업 교육을 위한 의견을 묻고자 합니다. 진로·직업 교육을 위한 전문 교과Ⅲ 과목을 추천해 주시기 바랍니다.

최 교사 : 현재 운영 중인 '농생명' 과목 대신 지역의 특성과 학생들의 요구를 고려하여 2022학년도 신입생부터 다른 과목으로 변경할 것을 제안합니다.

이 교사 : ㉢사무 장비 사용, 우편물 관리, 문서 관리, 도서 관리, 사무실 관리, 고객 응대 업무를 배울 수 있는 (㉣) 과목 선호도가 높으니 검토해 볼 필요가 있다고 생각합니다.

홍 교사 : 학부모의 호응도 큰 것 같아요.

최 교사 : 맞아요. 마침 인근 도서관에서 내년에 졸업할 우리 학교 학생 중 1명을 고용하고, ㉤직무지도원 1명이 그 학생을 전담하여 전반적인 훈련과 직업 적응을 지원하기로 했습니다.

─〈 작성 방법 〉─

• (나)의 밑줄 친 ㉤의 지원고용 유형을 쓰고, 이 유형의 단점을 1가지 서술할 것

13

다음은 장애인 취업과 관련하여 두 교사가 나눈 대화의 일부이다. 괄호 안의 ㉠에 공통으로 해당하는 명칭을 쓰고, ㉡을 참고하여 괄호 안의 ㉢에 해당하는 내용을 쓰시오.

교사 A : 장애학생의 취업은 매우 중요합니다. 학교에서 실제적 지원을 위한 교육을 실시하기 위해 추천할 만한 모형이 있나요?

교사 B : 저는 쾰러(P. Köhler)의 (㉠) 모형을 추천합니다.

교사 A : 그 이유는 무엇인가요?

교사 B : 쾰러의 (㉠) 모형은 실제적 지원을 중심으로 유목화가 되어 있기 때문입니다.

교사 A : 네. 그렇군요. 저도 장애인 취업에 관심이 있어서 어제 ○○ 신문 기사 내용을 스크랩했습니다.

교사 B : 어떤 내용인가요?

교사 A : ○○시의 시장은 장애인 취업 확대를 위한 공약을 지키기 위해 ▲▲식품 회사의 회장과 '장애인 고용 비전 선포식'을 가졌다는 내용입니다.

교사 B : 그 행사에 어떤 분들이 참석하였나요? ⎤

교사 A : ○○지역 장애인협의회 단체장과 장애인 부모회 대표 및 교육지원청 특수교육 담당 장학사가 참석하였습니다. [㉡]

교사 B : ○○지역 장애인 고용 비전 선포식에 관련된 인사들이 참석하였군요. ⎦

… (중략) …

[쾰러의 (㉠) 모형]

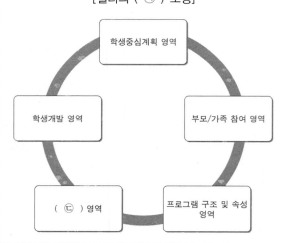

14 ㅤㅤㅤㅤㅤㅤㅤㅤㅤㅤ2024 중등A-11

(가)는 지적장애 학생 A의 특성이고, (나)는 초임 교사와 수석 교사의 대화 중 일부이다. 〈작성 방법〉에 따라 서술하시오.

(가) 학생 A의 특성

- 잘 웃고 인사성이 좋음.
- 혼자 있는 것보다 사람에게 먼저 다가가 말하는 것을 좋아함.
- 다른 사람의 감정과 태도를 잘 알아차리며, 상호작용을 잘하는 편임.

(나) 초임 교사와 수석 교사의 대화

초임 교사 : 선생님, 전공과 바리스타 수업 시간에 실습을 하는데, 학생 A에게는 여러 역할 중에서 에스프레소를 추출하는 연습을 시켰어요. 그런데 반복적으로 추출하는 일을 지루해합니다. 학생 A에게 더 적합한 역할이 뭘까요?

수석 교사 : ㉠학생 A의 강점을 고려하여 전환 계획을 수립하는 것이 중요해요. 학생 A에게 주문을 받고 계산하는 역할을 맡겨 보면 어떨까요?

초임 교사 : 네, 좋은 생각입니다. 학생 A는 친화력이 좋아서 잘할 거예요. 그런데 전환평가는 어떻게 하면 좋을까요?

수석 교사 : 전환 계획을 세울 때는 다양한 측면에서 평가를 해야 합니다.

초임 교사 : 바리스타 수업 시간에 카페 관련 직무를 연습하고 나면, 어느 카페에 취업을 하더라도 잘 해낼 수 있겠네요!

수석 교사 : 꼭 그렇게만 볼 수는 없습니다. 일반화가 쉽게 이루어지는 것은 아니니까요. 지적장애 학생의 교육과정을 구성하고 운영할 때에는 (㉡)을/를 전제로 가르쳐야 합니다.

(다) 초임 교사의 메모

전환 계획을 위한 전환평가 요소 : 밀러 외(R.J.Miller et al., 2007)
㉢ 학생의 미래 계획을 위한 요구와 목표를 평가하는 데 가정생활, 지역사회 참여, 레크리에이션 및 여가를 포함함.
㉣ 학생의 자기결정과 자기옹호 기술에 대한 평가는 프로그램을 중심으로 함.
㉤ 모든 관련 영역에서 학업 기술이 아닌 행동 기술 수준을 평가해야 함.
㉥ 생활 기술 평가에서 일상생활 기술과 사회성 기술을 평가해야 함.

〈 작성 방법 〉
- (다)의 ㉢~㉥ 중 틀린 내용을 2가지 찾아 기호를 쓰고, 틀린 부분을 바르게 고쳐 서술할 것

15

다음은 직업 현장 실습에 대해 ○○고등학교 특수학급 3학년 학생 A와 B의 보호자와 특수 교사의 전화 대화이다. 괄호 안의 ㉠과 ㉡에 해당하는 명칭을 순서대로 쓰시오.

안녕하세요? 학생 A에게 적절한 현장 실습 장소가 있어서 연락드렸습니다. 운동화 세탁을 주로 하는 특수학교 (㉠) '☆☆클리닝'입니다. (㉠)은/는 교육 과정과 연계하여 학생들의 현장 실습에 활용되고, 일반 사업장과 유사한 형태의 매장을 운영하기도 합니다.

특수 교사

네, 알겠습니다.

학생 A 보호자

안녕하세요? 이번에 '△△'에서 현장 실습생을 모집합니다. 현장 실습 후 고용으로 이어질 수도 있다고 합니다.

특수 교사

'△△'에서는 무슨 일을 하나요? 우리 아이는 또래 학생들에 비해 직업 능력이 높지 않고 주로 활동 보조인을 통해 이동을 하는데, 현장 실습이 가능할까요?

학생 B 보호자

네, '△△'는 주로 화장지를 생산하고, 제품을 하청 받아 생산하는 (㉡)입니다. 그리고 (㉡)은/는 중증 장애인에게 고용 기회를 제공하는 직업재활시설의 일종이며, 다양한 프로그램을 통해 사회적응 능력도 기를 수 있습니다. 다만 분리된 작업 환경이고 보수가 일반적으로 적습니다.

특수 교사

MEMO

김남진
KORSET 특수교육학 기출분석 3

초판인쇄 | 2024. 4. 15.　**초판발행** | 2024. 4. 22.　**편저자** | 김남진
발행인 | 박 용　**발행처** | (주) 박문각출판　**등록** | 2015년 4월 29일 제2015-000104호
주소 | 06654 서울특별시 서초구 효령로 283 서경 B/D　**팩스** | (02) 584-2927
전화 | 교재 주문 (02) 6466-7202, 동영상 문의 (02) 6466-7201

저자와의
협의하에
인지생략

ISBN 979-11-6987-879-1　/　ISBN 979-11-6987-876-0(세트)
정가 25,000원